温州学人
印象丛书

一代词宗

方韶毅 编

夏承焘

文匯出版社

出版说明

在温州五千年多年的文明史进程中，涌现了一批载入史册的文化名人，正所谓"人物满东瓯""永嘉前辈读书多"。这些人物在各自的领域推动了社会的发展、历史的进步。尤其晚清民国以来，温州人积极融入改革开放的历史变局，出现了多个知识群体，促进了中国现代化进程。

"一方水土养一方人。"这些人物成长，离不开温州这片土地的滋养。"东瓯人物""永嘉前辈"烙着深深的温州文化印记。

为了加强温州历史文化名人研究，温州市文史研究馆特策划出版"温州学人印象丛书"。这套丛书的研究对象以近现代学人为主，一人一册，收集回忆纪念该人物的"三亲"文章，原则上不收论文式的研究文章，突出史料性、系统性、可读性，以合乎"印象"之义，乃别样的人物传记。

名人是一座城市重要的软实力，希望通过这套"温州学人印象丛书"的出版，能为助力温州文化建设、传播温州良好城市形象贡献力量。让我们一起努力。

温州市文史研究馆

二〇二一年十月

目 录

我所认识的夏承焘老师

汪远涵

温州曾出现过两位夏氏大人物，一位是杰出的考古学家夏鼐，另一位是被学术界誉为"一代词宗"的夏承焘。他们都是中国乃至国际上闻名的大学者，均为当代学术界做出过巨大的贡献；可是他们取得成就所走过的道路，却是完全不同的。这里我只想谈谈夏承焘的一些情况。

夏承焘（1900—1986），字瞿禅，晚号瞿髯。我认识他是在儿童时代。瞿翁出生于一九○○年，从小学教师到中学教师直到大学教授，可说历经坎坷。他家原在温州五马街开设一爿小布店，兄弟四人只有他一人是知识分子，不过因家境不富裕，他只能去念温州师范学校。这是因为念师范既不必缴纳学杂费，还可以免费供给膳宿。

瞿翁成为词学大师经历过不少曲折，完全是由于他自己勤奋的结果。他没有任何嗜好，整天与书为伴。为了便于找书读，他还特地在籀园图书馆附近租屋居住。

记得一九二四年那年，我在温中附小五年级读书，班主任游止水老师介绍我和他的妹夫夏承焘老师见面。我当时十二岁，因在班中语文成绩较好，游老师就嘱我为夏老师抄写一些研究资料，交换条件是夏老师教我读古文和诗词。大概过了几个月，情况发生了变化，游老师随着夏老师一起向学校辞职，前往西安教书。小学的最后一年，我们这一班便由共产党地下党员金贯真烈士接任班主任，那时他是温师刚毕业的高才生。

瞿翁最初给我的印象，是一位敦厚温良、涵养有素的儒者。他不仅是大词学家，而且是响当当的大教育家，自教小学生到教研究生，其经历是极不平凡的。他对戚友、同事、学生，无不一心充满着爱，每当看到他所爱的人遭到屈辱时，就自然而然地发出不平之鸣。一九五七年"反右"扩大化，眼看所爱的许多人受到波及，他即写了一首打油诗："敢想容易敢说难，说错原来不等闲。一顶帽子飞上头，搬它不动重如山。"此诗曾传诵一时。

后来"文化大革命"开始，浙江师院发动了所谓"林夏战役"。林是校长林淡秋，夏便是"资产阶级反动学术权威"夏承焘。这首十年前写的打油诗，也成了反对无产阶级革命的罪名之一。他自己也被迫违心地写了"打倒夏承焘"五个大字贴在门首。此后，他在牛棚内外，触灵魂，受审查，度过了整整十年。据他后来说："我在牛棚里没有词书可看，但还能思想。我的《瞿髯论词绝句》八十首，绝大多数是在牛棚里写成的。"

抗战胜利后我住在杭州，常和瞿翁聚首畅谈。那时他和王季思师同寓于西湖畔浙大宿舍"罗苑"。他曾说自己不善说普通话，不爱写白话文。但当他翻阅了胡适的《白话文学史》《章实斋年谱》之后，曾特地去南京听胡适讲解中国古代哲学史。他对胡适非常钦佩。这位词学大师涉猎极广，除了能背诵中国多篇古诗文外，还看了旧小说李涵秋的《广陵潮》、沈三白的《浮生六记》，都表示赞赏。他就是这样一天到晚不停地读书，其勤奋精神，实非常人所能及。

当他遭到大批判时，被群起而攻之的是他所写的一篇批判岳飞《满江红》的文章，他这篇文章刊登在日本的杂志上。岳飞是老少皆知的民族英雄，怎能在他脸上抹黑？为此，他被扣上"汉奸"的恶名。其实，正如他自己所说，他对岳飞的精忠报国行为是异常钦仰的，是不可动摇的，所反对的是《满江红》的真实性而已。为了这篇文章而遭受到如此恶毒攻击，他一度"怒发冲冠"，难以克制自己。

我最爱听瞿翁的讲述，他说话时总给人特别亲切的感觉，而且富有幽默感。他的交游甚广，他曾说，在西安时与王陆一交往五年。王氏是一位学者，也是国民党的中央委员，他们经常接触，但不谈政治，只专注于诗词。一九四三年，瞿翁在龙泉浙大讲课，曾和同事、我的好友徐桂芳教授一道回乡探亲，途经丽水时，曾一同到水南东南日报社来看我。当瞿翁谈及与王陆一友谊时，我就请他写一篇短文，并留他们在报社吃饭。他毫不推辞，当即写了起来，桂芳在旁取笑说："您要写得认真一些，作为我们两人的饭费。"一会儿，他就交了卷，第二天我把此文加上方框，刊登在副刊专栏上。

抗战胜利后，东南日报大厦三楼，设有员工俱乐部办的电影院，所放映的都是美国文艺片。瞿翁常来观看，有一次，他看了《威尔逊总统传》之后，特地到二楼办公室找我，他侃侃谈论这部影片的特色以及美国总统的民主作风。当时，这部电影使他备受感动。他所阅读的书，常常给他特别良好的影响，当他读了胡愈之写的《莫斯科印象记》，异常感动，他说："彼都生活，真使我神往矣。"他就是这样一位容易动感情的人。

瞿翁与他的内兄游止水先生，儿童时代便建立了友谊。因夏家的布店和游家的"游裕生"商号近在咫尺，可能两家的结亲也与此有关。夏夫人游淑娇嫁后改名柔庄，她是一位贤妻良母型的女性，虽然受学时间不长，但夏氏这位大学者，对她不仅无轻视之意，而且格外钟爱照顾。她在病中，瞿翁总是不离左右，因她不曾生育，丈夫就像儿女一样护理她。后来她自知病情严重，就要求回乡，希望埋骨故里，所以她最后一段时间，住在游止水先生家。瞿翁一直陪伴身旁，直至她去世。

其实，游氏对夫君同样关怀备至。当瞿翁"文革"期间住牛棚时，她几乎天天去探望，送这样买那样，还多方安慰他，劝他宽下心来。现在她先走了，有人上门说媒要他续弦，他一概婉辞不受。直到一九七六年，我在游止水先生处，看到了瞿翁与吴无闻女士的结婚照时，一问，才知道其中的原由。原来，无闻女士之兄吴鹭山，是一位诗人，也是瞿翁的至交，他早已对瞿翁词诗无限钦佩，特地在乐清家中造了一间"来禅楼"，请他去住，以便就近观赏雁荡胜景，因此他与无闻女士很早就认识。一九四四年，瞿翁曾作词《清平乐》，题为《甲申九月望，访无闻于雁荡常云峰》。而无闻女士也和其兄一样敬佩瞿翁的创作才华。后来无闻女士嫁给仇氏，但仍不忘夏氏的为人，直到两人都失偶，才有了这个大好机会。他俩的结合，是在十年前瞿翁所有巨著由"大毒草"重新变为人间至宝之时。

瞿翁被海内外公认为"一代词宗"，绝非偶然。除了在词的理论修养和创作实践早已达到高深的境界之外，更由于他的人品和词品，都是人们所难以企及。他的老同事马叙伦，曾对他作出了精确的评价："敬其人如佛门尊宿，目所及，耳所往，心所向，无非词者，是化于词者也。"

瞿翁说自己的创作得益于师友者极多，如词界泰斗况蕙风、朱彊村大师、顾颉刚老师等。在温州参加瓯社、慎社时，从李仲骞、梅冷生等人中也获益不少。不过梅冷生在病床上，和我谈到瞿翁时，对他的成就没话可说，但当说到他的为人，认为太吝啬，甚至一毛不拔，表示极大的不满。而瞿翁却始终认他为挚友，曾写了《〈虞美人〉——寿冷生七十》；一九六七年，又写《〈减字木兰花〉——得冷生噩耗 京洛道上作》，文中还说："牙旷知音今已矣！"

瞿翁的"大毒草"重见天日之后，他的名誉理所当然恢复了。一九七八年十一月二十六日，《浙江日报》登载题为《把事实作为落实政策的根本依据》的报道中，公开为他平反。十多年来，压在他头上的"资产阶级反动学术权威"的大帽子从此摘掉了。

一九八六年五月，全国各报纷纷刊载新华社发布的一则新闻报道，新闻的开端写道："'一代词宗'缀有这四个大字的一面红旗，覆盖在我国著名词学家夏承焘教授遗体之上。红旗敬献者这一高度评价，正是学术界对教育家夏承焘先生的公论。"

二○○四年十月稿

本文选自《鹿城文史资料》第十七辑，温州市鹿城区政协文史委员会二○○四年编印。

师门回忆录

王权

一九二五年，夏瞿髯老师从西北南还，执教于温州高中。翌年，我到温高求学。到校三日，夏老师来上课，觉得他的言论、行动，写黑板、读诗文，都是别开生面，耐人寻味的。夏老师有时高声朗诵前人诗文，如"对酒当歌，人生几何？譬如朝露，去日苦多"。其抑扬顿挫的语调与笔势如飞的板书，使人加深了对课文的领会。至今已六十年矣，犹记忆在心，朗朗上口。

后来，夏老师在之江大学任教，我经常写信向他请教。他总是不厌其烦地以甘苦之言相勖勉。他回信说：

函悉，诗见性情，但嫌少警策，曩劝弟默读定庵诗，不知能背诵多少首？可试作心得笔记。定庵诗，好奇是一病，但可学其不落凡响。作诗性情真是第一着，但写性情，却不许脱口而出，"不识字人有好诗"是最上谛，但我们不应以此自解；能做到艰深之思，平淡出之，乃为能手。白居易诗稿，宋人谓有全篇改涂，不留原稿一字者，此其可师法处。昌黎有句云："奸穷怪变得，往往造平淡。"（此二句昌黎《送无本师》诗），又恨其多艰深而少平淡是自讨苦吃。初晴雪融，书此道意。

我接诵此函后，即展读《定庵全集》卷首之《仁和曹籀题辞》："朝取一编焉，通其意；莫取一编焉，玩其辞。明年复因定庵而交默深。三人者遂相视为莫逆。"益感夏老师笃教之至意。

昔有好事者，将并世或前代学者的某一特点，写成《文坛点将录》，甚有意趣，如汪某所编的《光宣诗坛点将录》，以陈石遗、金松岑比作宋江、吴用，惜未见其全，亦未见有词坛点将录者，因将此意请教夏老师，终于得到了启发。来示云：

昨读黄仲则《两当轩集·虎圈行》一首，真是奇作，因悟清人作《乾嘉诗坛点将录》以武行者比仲则，原据此诗云然。兹嘱明孙钞录奉阅。

一九六四年，我因病赴杭就医。夏老师几次冒雨到院来看我，并云："出院后，先住其校寓静养，以免长途乘车之劳顿。"我因想：出院后，又得夏老师的教诲，实为一大幸事。及出院，夏老师在京未回，但我仍遵嘱住其寓所。信宿，夏老师回杭，相见之下，如同隔世。夏老师因将京中盛况及观感，为予详

述，先后半月，所闻既多，复蒙改正诗篇十余首。临别时又蒙
惠诗留念：

> 怀籀亭边首屡回，胡尘无地间秦灰。
> 梦中海岳风吹过，头白西湖照影来。
>
> 莲花峰下竹筇轻，梦路函崤第几程。
> 奇事老来谁料得，共摩铜狄看河清。

夏老师为吴江诗人金松岑先生作词序，详述诗词的相互关
系，说他好为兵家言，但又饮酒温克，未尝有一放言旷论，则
又以为甚异。把他的内心外貌，写得如见其人，如闻其声。其
后，又由夏老师之介，得读金先生之《天放楼诗文集》及《卫
星杂志》，眼界为之一开。

夏老师与人交，态度谦逊，始终如一，但在讨论学术时，
却能本诸真理，侃侃而谈，并不唯唯诺诺，依违两可。如在姜
夔词谱学考绩方面，对前辈词人郑文焯所为《词源斠律》一书，
就据理陈说："横生枝节……不可不辨"，"综其论著，学优于戈
载，而好附会亦过于戈载。清人校谱之书，以郑氏为最后，亦
以郑氏为最多妄言矣"。

一九七五年八月，夏老师入京治病，蒙赐示云：

我于半月前来京治病，大约尚有半月左右勾留，连日遇旧友甚多，十年不见，大半已两鬓秋霜。京中形势大好。文学研究所已恢复，各同志忙于着手为科研工作；浙江形势想也会跟着有所变化。寄来词数首和文章，都已阅过，暂留此续看。昨偕家人参观故宫明清两代名画展览，珍品颇多，在浙江不可能见此珍品；又旧友夏鼐导游自然博物馆和看出土文物，有金缕玉衣，我作小诗一首赠夏鼐，录下博笑："贵人痴计欲千年，金玉妆成闷九泉。说与老农应齿冷，风林遗蜕万秋蝉。"

　　接诵翰教及诗篇后，常翘首北望，怀想不已。夏老师复于中秋节赐示云：

　　今晨接手书，并诵大作，至感盛意。因念与弟相识，焘方归自西安，年二十五六。顷与山妇说此，率成一小诗，即写此奉寄："似水交期五十年，江湖相望各华颠。东华门外中秋月，似为思君分外圆。"匆匆把笔，即承双安。

　　夏老师定居北京后，虽身体违和，但精神矍铄，治学不倦。端阳节，我复以小诗请正，夏老师示教云：

　　大作及玉照，快如觌面。吾弟诗本温稚，望能向快健豪纵方向进展，多多背诵李、杜此类诗，苏、辛此类词，能钞诵两三百首为一册，每日正楷写数首（正楷写豪放诗词，表里不同，亦是一点意思），吾弟规行矩步，亦须做到意识豪放，此点可与弟同勉之，往游武夷九曲，舟中想念朱、陈风格，曾为一词，但未思到此意。京中友人甚多，近欲以此意看眼前人物，取以自镜，姑与弟发此论。昨日王季思兄自粤来访，焘于晤谈中亦会此意。

此信到后，我即遵师意研习。

夏老师博极群书，精研奥义，但其写作，能自出机杼，不依傍古人。有《自赠》诗云：

古如无李杜，我亦解高吟。
莫拾千夫唾，虚劳一世心。
江湖秋浩荡，魂梦夜飞沉。
脱手疑神助，青灯似水深。

即此可以想见其胸襟之廖廓矣。夏老师朝乾夕惕，不肯自闲。能极其目力，观察人间大事，运其才思，写出胸中抱负。在《生查子》词里，看出他见到解放后天安门的壮丽图景而感到自豪，也想到李、杜、鲁迅不能及身见到而引为遗憾。他从不矜于已得、安于自是，而是无时无刻不期望美好的将来，也无时无刻不关心平日的论著，倘感不足，即予改正。他早期的词，为夏剑丞先生编入《忍古楼词话》;诗,为陈石遗先生编入《石遗室诗话》。近年来,他的著作,益为世人所珍视而风行寰宇。

夏老师诗词之造诣,当世自有定评,其论词绝句,真是一部向所罕见的"词学评论史"。当年朱彊村先生极为重视,惜近年所作,前辈已不及见矣。曩读慈溪陈训正先生所为文,知其主旨为"法上而不嫌于创",今读夏老师之诗词,其主旨当为"法上而善于革新",质之同门,以为何如?

我从一九二五年春到东瓯亲受夏老师的教导以来,整整六十个年头,其间虽离多会少,但内心连系,迄未有间。在此白发苍颜、"江湖相望"的美好岁月里,自应秉承师训,认真学习。岂可坐废时机,设辞自恕,致负厚望乎!写斯篇竟,不禁感愧低回而不已也。

本文选自《夏承焘教授纪念集》,中国文联出版公司一九八八年十月第一版。

夏承焘

游修龄

夏承焘（瞿禅）（1900—1986）是我的二姐夫。大我二十岁。我念小学五年级时，姐夫问我大哥游止水："修龄现在能看《阅微草堂笔记》吗？"大哥回答说："看不懂的，现在的教科书都教白话文了。"这是我第一次听说有《阅微草堂笔记》的书名。我是到十三四岁念初中时，才在语文课中接触到文言文，而承焘姐夫十三四岁时已经会作旧诗了，这是五四运动反对文言文，提倡白话文带来的影响。

二姐大我约二十岁，她与承焘姐夫结婚时，我还不满五岁，所以不知道他们俩结婚的时间和情况。承焘姐夫是一九一八年毕业于温州师范学校，毕业后去省立第九中学（即现在严州中学）任教。每逢寒假，姐夫都到我家度假，为此，他曾写诗一首赠止水大哥，这诗我至今还记得："两番借宅当还家，始信吾生未有涯。报汝一诗真草草，墙东凝笑有秋花。"那时我家天井里有个花坛，里面种有木槿，正好是初秋时开的花，所以说

"墙东凝笑有秋花"。

姐夫写作的书稿很多，需要端正地抄录一遍，这个任务由我二姐担任，二姐叫我帮忙，有一段时间里，我一直分担抄写他的书稿。姐夫每天都临帖学字，二姐在他督促下，也每天练字。姐夫在严州中学任教三年，在此期间，他不断地研究、破译了南宋词学大家姜白石的旁谱，被认为是了不起的成就，不久被杭州的之江文理学院聘为中文系讲师、副教授、教授，前后达十年之久。之江大学所在的山，名月轮山，姐夫在这期间写作了大量歌颂赞美月轮山景色的诗词。

承焘姐夫每逢回家乡，经常在我家度假，前来拜访他的客人很多，我记得的有刘景晨老先生、梅冷生、徐堇侯、方介堪、王季思等。姐夫喜欢临写黄道周的字，我也跟着学。姐夫还很推崇马一浮的书法。前来求他"墨宝"的人很多，每逢有人来求书法，在旁边磨墨的必是我。以上是一九三六年抗日战争前、我还是中学生时期的回忆。

姐夫执教严州中学期间，温州没有他自己的房子，所以每逢假期都在我家过。进了大学执教以后，情况转变了，大学教授的月薪高达三百银元以上，在之江大学十年的积累，使他有条件托他哥哥买下一座二层楼房，地址在谢池坊中段下岸靠河的一侧。谢池坊的取名，源自东晋山水诗人谢灵运曾任永嘉太守一年，住在积谷山下，边有池塘，故称谢池，这条坊巷称谢池坊。谢灵运任永嘉太守虽只一年，但他跑遍了永嘉各县的山山水水，留下许多不朽的诗作，流传最广的名句"池塘生春草，杨柳变鸣禽"（变即遍）是形容永嘉楠溪山水之美的。所以姐夫把新居取名"谢邻"。姐夫的挚友吴天五的妹妹吴闻，是姐夫的学生，买到房屋后，她即住在谢邻，就近请教姐夫。蒋礼鸿是姐夫的高足，抗战初起时，他的家乡陷敌，姐夫让他住到谢邻度假，并让我跟蒋进修古文，蒋先生后来是杭州大学中文系名教授。

二姐和姐夫结婚后，一直没有生育，因而他俩富有空闲时间游山玩水，拍摄、积累了大量的照片。他们最常去游览的地方是雁荡山，他俩几乎游遍雁荡山的每个角落。一次二姐不慎失足从岩石边跌下深渊，幸而中途身体被大树枝托住，得以营救脱险。他们俩因热爱雁荡，相约百年后，把骨灰也埋在雁荡，并且生前曾在山上选好岩石，开好两个没事穴，以便安放骨灰。二姐先姐夫走了，骨灰已埋进洞穴。姐夫退休后去了北京，不久即和吴闻结婚，他俩相约，百年后把骨灰葬在千岛湖的山上。因而姐夫的骨灰是分葬在雁荡山和千岛湖山上的。

姐夫是一代词宗，有关他的词学辉煌成就，已有专家和他的学生后辈反复追念陈述，何况我是外行，所以我就到此为止，不敢画蛇添足了。

本文原刊《温州读书报》二〇一一年第 5 期。

夏瞿禅先生的一些轶事

林天游

夏老师以勤学闻名，青年时代就是好学不倦。他在永嘉第四高等小学（即今瞿溪中心小学）教学时，我们学生早晚自修，都会听到他的琅琅书声达于户外。同时他每日写两张大字，从不间断。

二十世纪二十年代初，夏老师曾一度在温州几个中学教过书，凡是上过夏老师课的学生，莫不异口同声地说："夏老师的讲学好像在弹琴，琴声韵律，拨动了学生们的心弦，为之倾倒。"

三十年代初，我进入之江大学读书，夏老师也在这一年由邵潭秋先生推荐到之大教学，直到我毕业，仍在任教。他是我的老老师，听说夏老师来了，不禁手舞足蹈地前去晋谒，握手言欢。夏老师前在西北大学教学，气候、景物与南方大不相同，他说："我生在江南，爱江南的胜景。"

夏老师在之江大学中文系任教，所有关于中国文学方面的课程都由他担任。先是教我们读《昭明文选》。夏老师是位诗人，爱好韵文。凡是诗、词、散曲等无不教读。他经常说："中国人学习中国语文是非常重要的。不论干哪项工作，都需要语文。"他还用苏东坡的"嬉笑怒骂皆成文章"的写作能力教导学生来作文，做到件件事、句句话都能用文字表达心意。

夏老师每教课，强调文章必须朗读，否则，很难领会文章的精神和神韵。一次，夏老师要我们读庾信的《哀江南赋》，他认为该文是韵文之最，它的序比本文更美，必须熟读，读到能背诵。于是让我们中六人朗读全篇，方法令人意想不到。一个广东女同学以广东方言来读，另一女同学以杭州话来读，江北男同学读江北调，余下三个温州同学，分别以永嘉、乐清、瑞安腔来读。读毕后，他下评语：男同学江北音调最美，女同学以杭州语最妙，"余音袅袅，响遏行云"。言下极为欣赏。夏老师鼓励同学读语文，真是别出心裁。

夏老师不仅在教学上想尽方法提高同学们学习语文的兴趣，而且在批改方面也很精细。一次，我论写情诗的感情，说情之所至，诗就自然流露，引了一句郭沫若的话，诗是写出来的，不能硬作或苦吟的。夏老师就在卷后写上批语：郭语亦有病。他认为诗要下苦功夫写成，不能一挥而就。古代名诗人，把所写的诗，要三易其稿，方作定稿。甚至有些初稿和定稿，面目全非。他说李贺就是苦吟，有人说他要呕出心血来；杜甫称为诗圣，他的诗没一字无来处。写诗切不可轻易下笔。所以夏老师对作诗非常慎重，讲究韵律。我们初学写诗的人，对于平仄认为一、三、五不论，二、四、六分明。他则认为一、三、五也要论，不能太随便，太随便的诗，不能吟诵了。

夏老师治学，非常谨慎。他终生研究词学，虚怀若谷，一时国内词学名家，莫不向他商讨。当时暨南大学文学院院长龙沐勋先生是研究词学的，该院并出有《词学季刊》，夏老师是他的好友，在《季刊》上发表的文章就很多。夏老师还专心致志于宋代《九种词人年谱》，其中对姜白石旁谱所下的功夫最多，凡研究过姜白石旁谱的学者，总是写信向他请教。当时一位姓汪的先生说姜白石的旁谱可以谱唱，夏老师闻之，喜不自胜，连忙函商。回音后，夏老师说，这些都有了，而且比汪先生还进一步。燕京大学历史专家顾颉刚先生来访，索取一篇关于词学的论文，放在燕京大学学报上发表，寄来稿酬一百元，夏老师认为稿费太优了。他说，如果把自己的稿子都拿去发表，不知稿费有多少？一次，我问夏老师："你为什么不把《九种词人年谱》拿去发表？"他的回答是："尚未成熟。"他认为写作不是为了发表，而是学习的一种心得。他从早年就写《九种词人年谱》，尚未满意，因为常有新的材料发现，需要修改、充实。他认为发表太早，对人对己都无益处。如果把夏老师这种治学态度跟抱一本书主义的人相比较，何止霄壤之别。

诗、词都是夏老师的专长学问，我们后学之辈，真不敢赞一词。但是也有人加以区别。温州李仲骞先生，一时以诗名。他说："瘦禅的诗是词人的诗，我的诗才是诗人之诗。"骞听之下，李先生的话，傲气凌人，但细味此言，亦不无理由，否则夏老师怎能成为一代词学大师呢？

当我离开之江大学之后，在世界书局编译所工作时，同事黄云眉先生，曾在中央研究院工作过，他待人热情，学识高深，对宋诗很有根底，我把他牵引与夏老师相结识，他们之间华章往来，意义深长。黄先生对我说起夏老师的治学态度非常认真，炼字炼句很严谨，真是字无虚字，语无浮语。我听了之后，私下忖度，两位才学泰斗，实非后生小子所能窥测。

我虽离开之大，夏老师对我仍然很关怀，我也常去信问候他，如有差错，他必将原信附还，并作记号，指出该字同某字近似，一用不当，意义全非；这句在某处可用，不应用于此，用错了，必贻笑大方。他还说，如果以后做教师时，遇到批改文卷，必须问明出处，如遇模棱两可时，必须多查工具书，不可将自己陷于被动地位。因为出口下笔之后，难免给人以不可磨灭的印象。语重心长，使我终生难忘。

夏老师对一个学生的培养，总从多方面来磨炼他。一次，我从苏州来看他，一同乘车回城，路过净寺，他告诉我寺里的当家和尚是温州人，法名庆真，很会写诗，还说财政厅里有一位柳柯主人，经常有作品在《东南日报》发表，他说两位都是有学问的人，要我去看他们，会有收获的。净寺远些没有去，柳柯主人我去拜访了，见面时我作自我介绍，他即说："我知道了，瘦禅先生已有信给我，说起你了。"当下，我很惊讶，又很敬佩夏老师是怎样希望他的学生学习和进步。

夏老师说，求学不必选择名牌大学，完全依靠自己下苦功夫。他说自己仅在师范读书，没有读大学，在师范时，就爱好学填词，以后就是寻师访友，来磨炼自己。遇到困难或挫折，不可灰心或自卑，必须利用环境，克服困难，不可须臾放弃学习。夏老师说自己遭受到最大波折是在"文革"时期，当时有人批斗他，高呼口号："打倒反动文坛权威夏承焘。"这段时间内，使他处在逆境，不能抬头。他说：逆境到来，是不能抗拒的，也是不能避免的，只有逆来顺受，泰然处之，利用逆境来学习。当时他写了许多诗词，后来在中华书局出版。"文革"批斗无损于夏老师，他依然是一位词学大师，千古流传。

本文原刊《瓯海文史资料》第三辑，政协瓯海文史资料委员会一九八九年八月编印。

我与夏承焘教授

胡才甫

今年，一代词宗夏承焘教授以八十七岁高龄谢世。各方友好、莘莘学子无不同声哀悼。我和夏先生是五十年前的同事，回想起半生交谊，而今远隔天涯，不能亲临吊唁，使我泫然流涕，不能自已。

一九三〇年，我与夏先生同到杭州之江文理学院国文系任教，同住"月轮楼"，忝为邻居，历时七年。夏先生自学勤奋、暝写晨书，无间寒暑，并敦促我悉心写作。我初编《沧浪诗话笺注》，他为此书作序；续编《诗体释例》亦承他多所指点。此外，在日寇侵我东北时，为发扬民族精神，我还写成《民族诗选注》一稿，亦承他复核订正。平时谈论诗词，研讨学术，我亦得益不少。他长我三岁，是我的益友，也可说是良师。

夏先生初到之江时，致力于研究词学。为姜夔的《白石道人歌曲》考订、笺校和编年。姜词附有旁谱，他按谱度曲，吟唱终朝不辍。他和朱彊村、吴瞿安、唐圭璋、龙榆生、顾颉刚诸先生书札往还，探讨琢磨，并自谦:如不与瞿安交好，学业成就不大。足见他虚心接纳、刻苦自励、为后学楷模。实际上，他对古文、诗都有深入的钻研和卓越的见解。以后写成的词学专著有三十余种，待整理出版的著作也有多种。其中如《唐宋词论丛》《唐宋词人年谱》及《姜白石词编年笺校》等等，都是词林巨著。

抗战军兴，杭州沦陷，学校内迁。我到五战区前线工作，曾在襄河船上写过一首诗寄请指正，得到复书，对我多所奖掖，也指出其中不当之处，迄今还能记起。一九四一年，我回到衢州，这时他在英士大学执教。暑期中我专程到温州和他欢叙。

七十年代后期，我任严州师范教师，夏先生已赴京养病，并在文学研究所兼职。通过他的学生胡树淼，恢复通信，附七绝二首，以示问候。他复信附八十自寿七律一首，诗中称我为"邻翁"，有"小曲哦成容坐啸，稚孙学得莫嗔渠。壮怀昔昔横江约，吟兴迢迢入蜀图"等句，足见其晚年安适，壮怀犹未已也。

一九八二年暑假，我因事到北京，曾抽空到夏府奉访，不料夏先生因患高热住院，院方制度甚严，不能随便探望，竟缘悭一面，以至成为终生遗憾!

夏先生著作等身，虽然溘逝，然已足以流芳百世。因作斯文，以志纪念。

一九八六年五月

本文选自《江南好·浙江文史资料特辑》，政协浙江祖国统一联谊委员会文史资料编辑部一九八六年编印。

卅年点滴念师恩

琦　君

八十七高龄的恩师夏寿焘教授在北京仙逝已逾半年，到今天我才为文追念。实由于前尘似梦，思绪如麻，竟然整理不出一个头绪来。如今只能琐琐屑屑地追叙，也只好任行文凌乱无章了。

与恩师阔别将四十年，我也曾写过几篇怀念他的文字，但总觉师生之间，有一份"人天永隔"的怅恨。近年来这份怅恨愈来愈浓重。当恩师逝世的消息传来时，我却木木然的，并不觉得怎样悲伤。难道真个是"老去渐见心似石，存亡生死不关情"了吗？

据在天之涯的一位同窗来信说：恩师于近六七年来，记忆力日渐衰退。一九八二年他去拜谒，恩师频频问他："你尊姓？你是从何处来的？"这位弟子感到很悲伤。但我仔细想想，以一位历经浩劫的学人，阅尽人间沧桑，也贡献了一生的学问精力，最后失去记忆，浑然忘我，未始非福。我对恩师既早有人天永隔的感觉，如今确知今生不能再相见。纵然能再相见也不能再相识。岂不正如我当年悼念启蒙师一文中所说的"不见是见，见亦无见"啊！

恩师的道德文章，与他在词学上不朽的贡献，海内外已有多篇文章报道，毋庸我赘述。在我记忆中浮现的，都是在杭州、上海求学时代，他对弟子们传道授业的点点滴滴，与师生间平日相处言笑晏晏的情景。卒业后恩师曾嘱写"沪上朋游之乐"一文，而以战乱流离，未能动笔。抗战胜利回到杭州，重谒恩师于西子湖头。他问我此文已脱稿否，我却惭愧地交了白卷。他轻喟一声说："当时只道是寻常，你还是应当写的。"我愧悔自己总是等闲错过了许多值得怀念的时光。但深幸国土重光，正以为来日方长，"沪上欢聚"一文，定可缓缓写就以报恩师。却以生事劳人，又是迟迟未遑执笔。讵料局势剧变，卅八年匆匆渡海到了台湾。与恩师一别变成永诀。如今即使写了，又何能呈阅于恩师之前呢？

我进之江大学，完全是遵从先父之命，要我追随这位他一生心仪的青年学者与词人。我上他《文心雕龙》第一堂课时，却只是满心的好奇。他一袭青衫，潇潇洒洒地走进课堂，笑容满面地说："今天我们上第一节课，先聊聊天。你们喜欢之江大学吗？"那时同学们彼此之间都还不熟悉，女孩子更胆怯，只低声说"喜欢"。他说："要大声地说喜欢。我就非常喜欢之江大学。这儿人情款切，学风淳厚，风景幽美。之江是最好的读书环境。一面是秦望山，一面是西湖、钱塘江。据说之江风景占世界所有大学第四位。希望你们用功读书，将来使之江大学的学术地位也能升到世界第四位甚至更高。"

他一口字正腔圆的永嘉官话，同学们听来也许有点特别，我却是非常熟悉。因为父亲说的正是同样的"官话"。尤其是他把"江"与"山"念成同一个韵，给我印象十分深刻。接着他讲解作者刘彦和写《文心雕龙》的宗旨，并特别强调四六骈文音调之美，组合之严密，便于吟诵，易于记忆。然后用铿锵的乡音，朗吟了一段《神思篇》，问我们好听吗?我觉得那么多典故的深奥句子，经他抑扬顿挫地一朗吟，似乎比自己苦啃时容易得多了。下课以后，与一位最要好的同学一路走向图书馆，一路学着老师的调子唱"形在江海之上，心存魏阙之下"，又学着他的口音念"前面有钱塘江，后面有秦望山"，却没想到老师正走在我们后面。他笑嘻嘻地说："多好呀!在厥（这）样的好湖山里，你们要用功课书啊!"

中文系同学不多，大家熟悉以后，恩师常于课余带领我们徜徉于清幽的山水之间。我们请问他为何自号瞿禅，他说因自己长得清瘦，双目瞿瞿。又请他解释禅的道理，他说"禅并非一定是佛法。禅也在圣贤书中、诗词文章中，更在日常生活中"。后来他教我们读书为人的道理时，在他那平易近人，情趣横溢的比喻中，常常含有禅理，却使我们个个都能心领神会。那一点深深的领悟，常于他对我们颔首微笑中，感觉得出来，而有一份无上的欢慰。因此我们同学之间对他都称瞿师。当面请益时称他"先生"。

瞿师常常边走边吟诗。有的是古人诗，有的是他自己的得意之作。他说："作诗作文章，第一要培养对万事万物的关注，能关注才会有灵感。诗文看似信手拈来，其实灵感早在酝酿之中。比如'松间数语风吹去，明日寻来尽是诗'，看去多么自然，但也得细心去'寻'呀。"他站在高岗之上，就信口吟道："短发无多休落帽，长风不断任吹衣。"弟子们看着他的长衫，在风中飘飘荡荡，直觉得这位老师，有如神仙中人。大家都说："先生的境界实在太高，学生们及不到。"

他说："这两句诗并不是出世之想，而是入世的一份定力。人要不强求名利，任何冲击都不至被动摇了。"在九溪十八涧茶亭中坐定，一盏清茗端来，他又吟起词来："短策暂辞奔竟场。同来此地乞清凉。若能杯水如名淡，应信村茶比酒香。 无一语，答秋光。愁边征雁忽成行。中年只有看山感，西北阑于半夕阳。"这是瞿师的得意之作，也是弟子们背诵得最多最熟的一首词。那时瞿师行年仅三十余，就已到了看山是山的境界。他才能体会"名如杯水""村茶胜酒"的况味。

瞿师又侃侃地与我们谈起他的苦学经过，尤为感人。他并非出身书香门第，父亲只是位小小的布商，家中人口众多，无法供给他兄弟二人同时念书，但又很想培植一个儿子做"读书人"，因而心中踌躇不决。那时他才六七岁。有一天，他父亲一位老友来访，看他耳朵轮廓中多长一个弯弯，觉得此子有点异相，就问他："你喜欢读书吗？"他答道："我要读书，长大后要做一个顶顶有学问的人。"父亲听了好高兴，马上决定给他读书，他哥哥也自愿放弃求学，随父经商。所以他每回想起兄长就非常感激地说："如不是哥哥牺牲学业培植我，我哪得有今天。"手足之情，溢于言表。

他小学毕业后，考进有官费补贴的永嘉省立师范。不但免学费，还可有几文零用钱带回家。在那一段日子里，他把学校图书馆的古典文学书全部读遍。对于诗词尤感兴趣，已能按谱填词，这就是他立志学词之始。师范毕业后，无钱马上念大学，就暂在乡村小学教书。在幽静的乡村里，他就作了不少诗、古文与骈文，那时他还不及廿岁。"昨夜东风今夜雨，催人愁思到花残"，是他少年时的得意之作。

他执教的小学，就在我出生的故乡瞿溪小镇。所以到我念大学时，他回想起来，赠我诗云："我年十九客瞿溪，正是希真学语时。"我记得幼年时，他曾来我家拜访过先父，先父就赞叹说："这位年轻人将来一定是大学问家。"希望我能追随他读书，十余年后，他果然已主大学教席。我进之江才半年，先父的挚友刘贞晦伯伯指着我向别人介绍："这是瞿禅先生的女弟子。"我真是又得意又惶恐，得意的是"女弟子"三字听来多么有学问，惶恐的是自知鲁钝，难以得老师之真传。

瞿师于西北大学归来后，卜居于籀园图书馆附近，几乎翻遍了图书馆全部藏书，打下了历史文化的深厚基础，立定了他一生为人为学的方针。他谦虚地说自己很笨，认为"笨"这个字很有意义，头上顶着竹册，就是教人要用功，用功是人的根本，所以"笨"字从"竹"从"本"。

他说："念诗词如唱歌曲，可以养性怡情。唐宋八大家几乎个个在政治上都受过许多打击，但没有一个怨气冲天，就是文学之功。这比方在幽美溪山中散步，哪里会对人动仇恨之念呢？你看有没有一个画家，画两个人在清光如水的月亮底下竖眉瞪眼地吵架的？"听得我们都大笑起来。

他又抬头望钱塘江汹涌的波涛，便讲起伍子胥、文种与勾践的故事，不免感慨地说：政治是最最现实、最最残酷的，多少有真知灼见的英雄豪杰，都做了政治斗争的牺牲品。所以读圣贤书，悟得安身立命的志节，也要有明哲保身的智慧。为正义固当万死不辞，但也不应作愚蠢的无谓牺牲。孔子说"君子不立于危崖之下"，也就是这个意思。

瞿师在抗战八年中，眼看河山变色，沉痛地作过几首慷慨歌词，其一是为浙江抗敌后援会作的，其词云：

人无老幼，地无南北，今有我无敌。越山苍茫兮钱塘呜咽。我念我浙江兮，是复仇雪耻之国。

他又作了四首鼓舞士气的军歌，今录其二：

不战亦亡何不战，争此生死线。全中华人戴头前，全世界人刮目看，战，战，战。

火海压头昂头进，一呼千夫奋。左肩正义右自由，挽前一步死无恨，进，进，进。

他也目睹许多读书人，有的为了生活，不得不屈志事敌，有的却是利欲熏心，认贼作父。他曾作《瑞鹤仙》以"玉环飞燕"讽汪精卫的"辛苦回风舞"，见得他的心情之沉痛。他对于一个士子的出处进退，评定水准是非常严肃的。

自民国廿六年至卅一年，四所基督教联合大学（沪江、之江、东吴、圣约翰）借英租界慈淑大楼开课，虽然弦歌不绝，但总不免国破家亡，寄人篱下的感触。瞿师在讲授词选时，常提起王碧山咏物词的沉咽，乃是一份欲哭无泪的悲伤。比起可以嚎啕大哭尤为沉痛。他回忆杭州，怀念西湖与之江母校，曾有词云："湖山信美，莫告诉梅花，人间何世。独鹤招来，共临清镜照憔悴。"他看去笑容满面，可是他内心是憔悴的，忧伤的。

据闻在"文革"那一段天昏地黑的时日里，他就在自己大门前贴上"打倒夏承焘"几个大字，总算得免于难。他之所以运用超人智慧渡过危厄，也就是他深体"君子不立于危崖之下"的深意吧！

瞿师的教诲既宽厚亦严格,真可说得是"夫子温而厉"。他勉励我们必须趁年轻记忆力强时多读书,多作笔记。指示读书笔记的原则是"小、少、了"。即:本子要"小",一事一页。分门别类地记(有如今日的做卡片),记的要"少",即记的文字务求精简,不可长篇大论。最重要的是"了",即必须完全领悟,而且有所批评与创见才是"了"。他说"博闻强记并非漫无目的,须就自己兴趣,立定方向目标,不可像老学究似的,装了一肚皮的史学典故,却不能消化。那不是学问,连知识都不能算。他认为博与约是相成的。由于某种专题研究,就向某方向求博。愈博则愈专,愈专亦愈博。比如作李杜研究,必须读全唐诗、全唐书、宋诗及唐宋名家诗文集。由研究探讨中,又产生新灵感新题目,如此则愈来愈博。"这正如胡适之先生说的:"为学要如金字塔,要能博大要能高。"但如此的功夫毅力,实在是难以企及。

记得最牢的,是他有一句话:"案头书要少,心头书要多。"他说:"一般人贪多嚼不烂。满案头的书,却一本也未曾用心细读。如此读书,如何会有成就?"我到今天还是犯了此病。书架上、书桌上、床边,都堆满书,也都是心爱的书,却又何曾细读消化?如今是去日苦多,连"补读生平未读书"的心愿都不敢存了。

瞿师并不勉强我们死背书。他说,读书要懂得方法,要乐读——不要苦读,读到会心之处,书中人会伸手与你相握。也不要去羡慕旁人的"过目不忘",或"一目十行",天才不易多得,天才如不加努力,不及平凡人肯努力的有成就。他说自己连十三经都会背,是因为当时读书无人指导,劝我们不必如此浪费时间。他把读书比作交友。一个人要有一二共患难的生死之交,也当有许多性情投契之友,以及泛泛之交。书要有几部精读的赖以安身立命的巨著,也要博览群籍以开拓胸襟。于是他又重复地解释那个"笨"字,认为用功的笨人反倒有成就,自恃才高者反误了一生。

有一位教文字学的任心叔老师,他对学生要求严格,上课时脸上无一丝笑容。他也是瞿师的得意弟子,常常"当仁不让于师"地与瞿师辩论,他认为瞿师对学生太宽容,懒惰学生就会被误了。瞿师微笑地说:"如卿言亦复佳。"他又正色说:"我讲的是做人的道理,你教的是为学的态度。"他非常钦佩心叔师治学之严谨。自谦不如他。曾作过两句诗:"事事输君到画花,墨团羞对玉槎枒。"因心叔师善画梅,瞿师则喜画荷。他赞美心叔的梅花是玉槎枒,自己的荷花是墨团。四年前,辗转得知心叔师已逝世。他教我们文字学与《论》《孟》。将圣贤的微言大义,与西方哲学、佛教思想取予以融会,旁征博引,对我们启迪至多。他瘦骨嶙峋,言笑不苟。顽皮的学生,把一位老态龙钟的声韵学老师比作"枯藤老树昏鸦",把心叔师比作之"古道西风瘦马",风趣的瞿师则是"小桥流水平沙"。以心叔师不妥协、嫉恶如仇的性格,真不知在大动乱期间,何以自处?他又焉能不死呢？

幽默轻松、平易近人、谦冲慈蔼，是瞿师授课的特色。因此旁系以及别校同学，都常来旁听他的课。他见到外文系同学，就请他们介绍西洋名著给他阅读。也启发他们以研究西方文学的分析技巧，来欣赏我国古典文学。他讲授《左传》《国策》《史记》笔法时，常说史家实在是以小说之笔写史传，其中有许多想象穿插，才能如此动人。他认为写传记要传"真"、传"神"之外，还要传"情"，才能打动人心。听得我们个个都眉飞色舞趣味无穷。他常引西洋小说，与《史记》《红楼梦》等作比较，可见他早已有东西文学比较的新观念了。他自叹早岁对新文学运动未太注意，故得赶紧补读，以期对古典文学有更深领会。他就是如此的学不厌、诲不倦。

他如此耐心教导我们，培养我们作诗词的兴趣，是因为他自己有感于老师的启迪至多。他认为老师的一句赞美与鼓励，可以影响人的一生。说着，他在黑板上写了两句词："鹦鹉，鹦鹉，知否梦中言语？"问我们懂不懂，好不好，我们都说懂，而且非常好，因为它借唐宫词的"含情欲说宫中事，鹦鹉前头不敢言"的意思。他高兴地说："对呀，把原句化开来活用，才见得活泼又含蓄。"问他是谁作的，他更高兴地说："是我十几岁时作的第一首《如梦令》，那时老师在我这两句边上密密地加了圈，连声夸我作得好，真使我感激万分，从那时起，我马上下定一生要研究词的决心。"

他又劝我们如将来当老师，不要对学生过分苛求。不要希望人人都是天才。聪明禀赋，人各不同。你在课堂里讲了几十分钟的话，难免有的学生在打瞌睡，有的在想心事，只要有某一二句话，进入某一二人心中，使他一生受用不尽，你就算对得起学生，对得起自己了。

他恳切的神情，令我们好感动。其实瞿师的每一句话，都深深进入我们每个同学心中，终生不忘。在上他的课时，没有一个同学打瞌睡，相信也没有一个同学在想心事的。

他不仅以诗词文章教，更以日常生活教，他教我们要设身处地，宽厚待人。有一回，我们同挤电车，司机态度恶劣，我非常生气。他劝我道："不要生气，替他想想，他的工作多么辛苦单调？而我们乘客只几分钟就下车，各有各的目的，有的会朋友、有的看电影、有的去上课，而他却必须一直站着开车，如此一想你就会原谅他了。"

大学四年，得恩师耳提面命的亲炙，获益无穷。毕业后留校任助教，与家乡音书阻绝，承恩师师母照拂尤多。瞿师对世界战局似有预感。记得有一天我们在先施公司购物遇暴雨，师生在茶室避雨闲谈。他想起杭州西湖雨中的荷花，回家后作了一首诗，后四句云："秋人意绪宜风雨，归梦湖天胜画图。一笑横流容并涉，安知明日我非鱼。"那时太平洋战争尚未爆发，而瞿师竟已有"陆沉"的谶语了。

不久珍珠港事变，日军占领租界，四大学联合校长明思德博士因兼上海工部局局长，被日军囚禁于集中营。四大学解散分别内迁。瞿师、师母与我都先后历尽险阻，回到故乡，一同在永嘉中学执教。瞿师教高二、高三，我教初三、高一。上课时，我常为瞿师捧着作文簿，放在他讲台上，再回自己课堂，学生们都拍手表示欢迎，我也有重温在大学任助教，为各位老师改作业的快乐。

瞿师后来的师母无闻女士是我的好友，她是瞿师得意弟子。我们一同住在他谢池巷寓所。两人常上下古今地谈至深夜不寐。那是我们最快乐的一段时光。无闻师母与其兄长天五先生是乐清才子才女。天五先生与瞿师交情至笃，经常诗词唱和，都满怀家国之忧。他常常深夜步月中庭，高声吟辛弃疾"吴钩看了，阑干拍遍"之句，看来他胸中自有难吐的块垒。他赠瞿师的诗，有一首承他写在我纪念册上，特抄于后，以见他的才情与一股郁勃之气："腾腾尘土闭门中，但说龙湫口不空。怪底君心无物竞，只应吾道坐诗穷。片云过海皆残照，新月当楼况好风。莫负明朝试樱笋，一生怀抱几人同。"

瞿师非常欣赏无闻性格豪爽，学殖深厚。在浙大时，他曾来信勉励我云："无闻有'强哉矫'气度，汝事事依人，未肯独立，此不及无闻处。境遇身体不好，固可原谅耳。汝之不及无闻，犹我之不及心叔。望各自勉力学去。"他的谦冲和对弟子期勉之切，于此可见。

柔庄师母性格内向，且体弱多病。瞿师与她虽非爱情结合，却非常重视夫妻情义。他早年曾有一首《临江仙》记夫妻间同时重病初愈的心情云:"未死相逢余一笑,不须梦语酸辛。几生了得此生因。五车身后事,百辈眼前恩。"他离故乡去龙泉浙大任教后,有一次来信对师母昵称"好妻子",她淡然一笑说:"不要肉麻了。"但那几天她显得特别快乐。

瞿师给我的信中,曾提到要写一篇《婚姻道德论》。我因而想起大学将毕业时,他在黑板上写了两句赠我们大家的对子:"要修到神仙眷属,须做得柴米夫妻。"他说:"这就是爱情的道德责任。"在读了叔本华哲学后,他又来信说想写一篇《不婚论》,说西方哲人多不婚娶,可以专心学问。似乎他对婚姻的看法,有点矛盾。也似乎隐约中有一段深埋心底的爱情故事,做学生的自不便多问。有一次,他一口气朗诵了放翁的几首沈园诗,且反复地念"年来妄念消除尽,回向蒲龛一炷香"。我定定地望着他问:"先生对放翁身世有何感想?"他说:"放翁是一位了不起的诗人词人,我很喜爱他。"又吟道:"得失荣枯门外事,囊中一卷放翁诗。"对于放翁的爱情故事,他却略过不提。还记得他写过一首《菩萨蛮》给我与一位同学看:"酒边记得相逢地,人间却没重逢事。辛苦说相思,年年笛一枝。"问他何所指,他笑而不答。想来他的一段相思债只有不了了之。

瞿师不善饮,而词中常出现"酒边"二字,如以上引的"酒边记得相逢地",又如"无穷门外事,有限酒边身""诗情不在酒边楼,浩荡川原爱独游",都隐隐显示出一份深沉的寂寞。

柔庄师母逝世以后，瞿师一定过了一段独往独来的日子。但自一九七三年与无闻女士结婚后，才女学人的黄昏之恋，使他真正享受到美满的婚姻生活。客岁有一位前辈学人王季思教授，自香港赐寄一篇悼念瞿师的文章，也提到瞿师与无闻女士婚后非常幸福。并有赠夫人的《天仙子》词云："人虽瘦，眉仍秀。玉镜冰心同耐久。"另有一首《临江仙》云："到处天风海雨，相逢鹤侣鸥群。药烟能说意殷勤。五车身后事，百辈眼前恩。"最后二句竟然与几十年前赠柔庄师母的《临江仙》末二句完全相同。足见瞿师是一位非常重夫妻恩情的人。他们婚后，无闻师母不但照顾他起居饮食，更为他整理著述，使传世之作得以源源出版。对我国学术文化的贡献，她也是付出极大心力的。

六年前我在台北时，香港友人曾寄来瞿师赠我的一首《减字木兰花》："因风寄语，舌底翻澜偏羡汝。往事如烟，湖水湖船四十年。　吟笻南北，头白京门来卜宅。池草飞霞，梦路应同绕永嘉。"他怀念杭州西湖，也怀念永嘉谢池巷故居。（谢池巷因永嘉太守谢灵运诗"池塘生春草"之句而得名。）

瞿师是一位非常念旧怀乡的人。在王季思教授的文章中，引到瞿师在一九七八年曾有一首《减字木兰花》纪念塾师的，其词云："峥嵘头角，犹记儿时初放学。池草飞霞，梦路还应绕永嘉。"末二句与赠我的词几乎完全相同。可见他思乡心情，与日俱增，因而在给同乡写的词中，不由得一再出现同样的句子。

他晚年因养疴客居北京，但心中一定系念故乡故土。回想他在沪上时，赠我诗中屡屡提到故乡。例如："人世几番华屋感，秋山满眼谢家诗。""我有客怀谁解得，水心祠下数山青。"

在沪上时，他曾作过一首古风："去年慈淑楼，窗槛与云齐。今年爱文路，井底类蛙栖。下流诚难处，望远亦多悲。谢池三间屋，令我梦庭帏。亲旁一言笑，四座生春晖。嗟哉远游子，廿载能几归。"游子情怀，我至今念起来，仍不禁泫然。

两年前，梁实秋教授自港回台，有友人托他带瞿师的《天风阁诗集》转我。里页题有"希真女弟存览，瞿翁赠"，字体极似瞿师，但我认得出是无闻师母代笔。想见瞿师健康情形已远不如前了。

客岁承《大成月刊》主编沈苇窗先生与旅居美国的寿德棻教授先后寄赠瞿师的《天风阁学词日记》，捧读后才知瞿师自十余岁即学为日记。七十年中，虽历经兵乱流离，日记未尝一日中断。这份坚持毅力，非常人所能及。日记原已积有六七十册，十年浩劫中，颇多散佚。这一集是由无闻师母协助整理，自民国十七年至廿六年十年的日记。自序中说："此十年正值作《唐宋词人年谱》及《白石道人歌曲斠律》诸篇，且多有读书、撰述、游览、诗词创作、友好过从、函札磋商等事迹。"此书不但于学术及词学上有莫大贡献，于细心拜读中，尤可以体认一代词宗超凡的思想，真挚的感情，与他一生为人治学的严谨态度。虽是日记，却是一部不朽的著作。

在拜读瞿师的日记与诗词时，我仿佛又回到大学时代，与同学们追随在恩师左右，恭聆他慈和亲切的教诲。他对弟子们的学业、心境、生活、健康，无不时时关怀。记得我离永嘉中学去青田高院工作后，曾一度患严重肠炎，他立刻来书殷切存问，信中说："不久将与诸同乡买舟东下，如在青田小泊，拟上岸一视希真。望此笺到时，汝已康复如平时，当有病起新诗示我矣。古句云：'维摩一室原多病，赖有天花作道场。'化病室为道场，非聪明彻悟人不能。幸希真细参之。"

师生暌违的一段时日，他总频频赐书嘱我专心学业，勿为人间烦恼蚀其心血。他的片纸只字，我无不一一珍藏，时时捧读，有如亲聆教诲。他赐赠的诗词、格言、书札，虽于战乱流离中，总是随身携带。每到一处，必恭敬地捧出，将诗词悬诸壁间。每于愁怀难遣之时，便以瞿师微带感伤的乡音，低低吟诵，感念师恩，绝不敢妄自菲薄，心情亦渐渐开朗了。

自闻恩师逝世以后，我又一一细读他的每一封函札。深感他的谆谆诲谕，不仅对我个人，即对今日青年的进德修业，都有受用不尽的裨益。但因限于篇幅，只能就其中选录数节于后，以见一代学人对弟子的关怀勉励：

书悉，得安心读书，至慰至慰。庄子卒业，可先读老子，篇幅不多，须能背诵。四子书仍须日日温习。自觉平生过目万卷，总以《论》《孟》为最味长也。《虞美人》词尚能清空，希再从沉着一路做去。年来悟得此事，断不能但从文字上着力。放翁云"迩来书外有功夫"，愿与希真共勉之。体弱易感，时时习劳，乃无上妙药。月来欲以一日一评自课，恨偷懒不能自践其言耳。

工作忙否？读书习字最好勿一日间断，汝与无闻前途皆无限量，切勿为世俗事烦恼分心，专力向学，十年以后，不怕无成就也。近有从贞翁学诗学字画梅否？此机会不可错过也。

近读奥尔珂德《小妇人》，念希真他日如能有此不朽之作，真吾党之光。以汝之性情身世，可以为此。幸时时体贴人情，观察物态，修养性格。对人要有佛家怜悯心肠，不得著一分憎恨。期以十年，必能有成，目前即着手作札记，随时随处体验，发挥女性温柔敦厚之美德。

比来耽阅小说，于迭更司《块肉余生》一书，尤反复沈醉，哀乐不能自主。念汝平生多拂逆，苟不浪费精力，以其天分，亦可勉为此业。流光不居，幸勿为闲烦恼蚀其心血。如有英文原本，甚望重温数过，定能益汝神智，富汝心灵，不但文字之娱而已也。

放翁诗云："生死津头正要顽。"此顽字诀甚好。一生恐惧软弱心，便为造化小儿所侮弄。正宜书放翁语置座右。比来生活如何，公余读何书，一事一物皆当作学问看。外物俗念，不能摇动我心。此亦练顽之一道。大雨中燃灯书此，时甲申清明后一日。

后山诗："仰看一鸟过，愧负百年身。"涉世数十年，幸未为小人之归，兢兢以此自制其妄念，期与希真共勉之。

恩师读任何中西文学、哲学名著，及古文诗词，每有特别会心之处，必随时手抄数则分示弟子，期望于我的是，能以十年为期，完成一部长篇小说。与恩师别后四十年已悠悠逝去。我竟然因循地只写此短简零篇，长篇迄未动笔。来日苦短，将不知何以慰恩师在天之灵。在重重忏恨中，我只能以短诗一首，向恩师祝告，亦未遑计工拙矣：

师恩似海无由报，哭奠天涯路渺茫。
杖履追随成一梦，封书难寄泪千行。

据闻恩师于病革之时，多次嘱无闻师母为其低声吟唱他早岁所作的一首《浪淘沙·过浙江七里泷》。此词是他少年时代的得意之作，曾多次为弟子们吟诵过，我们都耳熟能详：

万象挂空明，秋欲三更，短篷摇梦过江城。可惜层楼无铁笛，负我诗成。　　杯酒劝长庚，高咏谁听，当头河汉却相迎。一雁不飞钟未动，只有滩声。

遥念恩师近年虽患脑神经衰退症，而智者的一颗灵心，必然澄明如天际洗月星辰。况他以毕生心血致力学问，以满怀仁爱，付与人间。以他的佛心佛性，必然往生西方。他临终时听师母为吟他自己少年时得意之作，正如摇着短梦，飘然归去，内心必然因不辜负此生，而感到万分欣慰吧！

本文原刊台湾《中国时报》，选自《夏承焘教授纪念集》，中国文联出版公司一九八八年十月第一版。

回忆瞿禅在上海

何之硕

我很怕写悼念文字，每当提起笔来，一方面免不了回忆前尘，往事历历，有不堪回首之感。同时自己也年逾古稀了，"逝者如斯，行自念也!"

我和瞿禅订交相当早，他在家乡教学时，到上海来，常到书法家马公愚那里。我和公愚先生是忘年交，瞿禅来时，有时就住在马家，还有一位书法家邹梦禅，也是常到马家的。他们三人都是温州人，在一起便亲切地谈着家乡话，而我是上海郊区人，他们在说些什么，常常感到莫名其妙，但看来大家对瞿禅都很尊重。特别是公愚，曾对我说过：瞿禅完全苦学成家，踏实钻研学问，是温州最有前途的年轻学者。

瞿禅平时衣着朴素，而且说话讷讷，不善词令，公愚夫人是很精明干练的，她常用温州土话嘲笑瞿禅，说他像一位乡里进城的"姑爷"。我觉得公愚夫人的话，很形象地刻划了瞿禅当时的风貌。

那时我在时事新报社编辑部工作，报社在山东路福州路口，而公愚则在福州路邮政储金总局工作，我们离得很近。瞿禅来时，我们总在福州路一家西餐社同进午餐，有时也把在附近的郑午昌拉来，瞿禅总是很高兴地和我们在一起，说我们几个人虽然工作单位不同，但大家相距很近，可以经常在一起相叙。

瞿禅到了上海，也常去拜望夏映庵先生，他对夏先生很尊敬，那时夏家的常客很多，龙榆生、吕贞白二人是夏先生的江西同乡后辈，我是夏先生的门生，所以经常在一起，瞿禅后来同榆生成了知交，就是在夏家认识的。后来午社成立，社员都是在上海的"词流"，只有瞿禅算是唯一在外埠的社员。因为午社根据冒鹤亭老先生的意见，不希望人数太多，因为人多了，难免意见纷歧，而且每月一次的聚会，集合也不方便。瞿禅当时还不算是位词学名家，所以这样，完全出于对他努力词学的钦佩。

抗日战争初期，上海四匝沦陷，租界形成了孤岛！东南词流多数避难在孤岛上，互相见面的机会也较多了。瞿禅在杭州沦陷的一段时间，也曾住在上海，记得我曾陪他去访候过陈匜石、袁伯夔、仇述庵等几位词坛前辈，也尝陪他在梵皇渡访问过林铁尊先生，林老当年做过浙江省温台道道尹，对永嘉、瑞安的情况相当熟悉，和瞿禅谈得特别亲切，林老还约我们待抗日胜利后，去昆山作客，并告诉我们马鞍山（昆山别名）发现了南宋词人刘龙洲的坟墓，已经过初步修茸，我们听了很高兴，想不到稼轩的这位知己，会葬在昆山。可惜不待抗日胜利，林老因病逝世了！我们也就没有去过马鞍山。

瞿禅很虚心向老辈词人请教，同时也能很好团结同辈的词人，能够博采众长，提高自己，这一点我对他印象特别深。

本文原刊《词学》第六辑，华东师范大学出版社一九八八年七月第一版。

夏瞿禅先生

肖 佛

夏先生是个有名的词人，也是一个诗人——真正的诗人。

我对于夏先生知道得很少，不过，我总还算知道；在教职员一览中是这么印着的：夏承焘，瞿禅，男，浙江永嘉，国文系教授，北京大学毕业，曾任西北大学教授。（编者按："北京大学毕业"一句有误，原毕业于温州师范大学。）

夏先生是个典型的国文教授，却没有永远不刷牙齿的名士派，老是剪个平头，青哗叽长衫，不下雨不穿皮鞋，眼睛不很近视，然而从没有忘记把白金丝眼镜搁在鼻梁上。

夏先生会讲诗，讲得很动人，不可以言语形容的句子，摇摇头，学生们就懂了。这不是学生们聪明，也不是巧，实在是夏先生够这个劲。如果一定要说理由，就是夏先生的表情有诗的"神韵"，神韵！连神韵都不懂还读诗？

夏先生对于诗的评论是如此的：要情中有景，景中有情，如果是抒情诗，最好是要用两句实景的句子作结。对句呢，一句就该写鹏鸟，另一句就该写鹪鹩，一大一小才够味。

夏先生说:“做一个诗人不容易，要性灵，情感，时代背景(所谓‘国家不幸诗人幸’哪)，本身的困厄，四者具备。”那么，夏先生自己该是不容易中容易的一个。夏先生有好的性灵，真的情感，国家事更何须说，至于本身的困厄，我不顶清楚，不过，我知道夏先生去年曾害过一场厉害的病，危而复安，固然我们为他庆贺，然而，如果这次病对他的诗的成就有帮助，是我们所更欣喜的。

夏先生喜欢叫学生们读诗，站起来读给大家听，他自己也读，大概是温州调，不大好听。然而真读得有情感，悲哀的句子会读得人伤心。他不但读得动人，还读得教人懂，声调抑扬顿挫，很讲究。

夏先生不故意幽默，也许他根本就没听过林语堂的名字，然而他的举动有时候真有那种味，他说的话教人笑，不光是笑，还有另外的一种味道。打了下课钟他不走，一揩就揩掉学生们几分钟油。有时候一听见钟响，就掉头径去，一句话没写完他不管，有时候只写了半个字。

夏先生喜欢杜诗，读到苏诗上三下四的句子就好笑，他不说不好，但是我们明白他的意思。清代诗人他最崇拜江湜和黄仲则，“昨夜家书至自驿，母氏之言父手迹。灯前一读百叹息，泪与空檐雨同滴……”“似此星辰非昨夜，为谁风露立中宵……”他一读就好几遍，他用叹息代替赞美。夏先生的学生可以不懂诗，但是没有人背不出这几句。

夏先生的作品很多，课上完了，我们总请他写几首出来读读，他老是客气，逼得太厉害，他就写，写了也不肯讲，脸上是怪不好意思的神气，夏诗人会这样?我们奇怪!

是的，我们当着他的面叫他夏先生，背着用诗人作为他的名字，我们叫得很顺口。

听说夏先生和夏太太感情很好，可是走起路来，老是离开五六尺远，这是夏先生的老派，因为他已经四十挨边的人了。

夏先生的词比诗还有名，然而我没读过他教的词选，不知道他的见解。不过他讲文学史的时候，讲到温飞卿和晏几道的时候，特别起劲，由此可以知道一点他的信仰之所在了。

录一首诗和一阕词（都是夏先生的近作，登在《年刊》上的），以见夏先生的作风，并作本文的结束。

临江亭

临江阑槛倚晴宜，高处还怜春色奇。林影约风同写月，滩声笑客不能诗。

小盘谷（调寄忆江南）

之江好，幽境在盘阿。春眠那如溪面好，梅花更比饭香多。击壤有人歌。

廿五，九，十五，于之江大学。

本文原刊《大公报》一九三六年九月二十六日。

回忆夏瞿禅先生

王瑜孙

金针度人

抗战初期，江浙一带学校因受战争影响，纷纷迁避上海租界，夏师瞿禅随之江大学来沪执教，并兼太炎文学院及无锡国学专修学校教课（其时约在一九三九年春）。太炎文学院租赁福州路五洲大楼二楼为校舍，我在那里肄业。夏师担任"古今体诗"，第一堂课在黑板上写了"鸳鸯绣了从教看，莫把金针度与人"几个字，有的同学知道这两句出自元好问的诗，但不明是何用意，夏师接着把"莫"字圈掉，换上"欲"字，一字的改动，意义全变，具体而生动地阐述了他的教学宗旨。不仅要欣赏美丽的鸳鸯，而且要学会怎样来绣鸳鸯。开宗明义第一堂课，已吸引了很多学生。

意在言外

夏师多次向我们指出写诗需有言外之意，那时我看到他题写纪念册，不止一次地引用江湜《伏敔堂集》里的诗句："计年不食五石米，莫向饥寒生惧心。"开始时还没有深刻理解其用意，后来看到有的和夏师熟识的教授，投入南京汪伪政权的怀抱，往往以迫于生计为由，为了一家人吃饭似乎"落水"有理了，才加深了解夏师题词的真实含义。那时他以"垒空居士"的笔名发表的词学论著，既可见其自励之意，也可看出对那些"落水"文人的讽刺。

要求作业，严中有宽

夏师担任"古今体诗"课程，指定课本为曾国藩的《十八家诗钞》。自曹子建、阮步兵而下，每一作者选择一二首细加讲释，广征博引，听课者兴味盎然。对作业要求既严格，又不拘泥。其次命拟古乐府。我交的作业中用的韵按之平水韵不同属一部，夏师批示："乡音若协，亦复无妨。"因为音韵几经变迁，古今已不尽同，拟古之作不必拘拘于平水韵。我曾将十三四岁时写的诗稿呈正，对诗稿中咏乡风的竹枝词送灶、接财神等等，夏师不仅不加排斥，反而认为可见当地风俗。

学术研究不苟同

夏师与如皋冒鹤亭（讳广生）先生相交甚笃。夏客授沪上，时相过从，冒师曾在太炎文学院讲授词学，主张词导源于诗。曾作"诗词演变"的专题报告，我任记录。事后冒师将记录稿稍加修订，拟加发表，夏师索阅记录后，认为尚未具备发表条件。在学术讨论方面所持态度，郑重认真，绝不因友谊之故，稍加假借。

书法鄙视侧媚

一九三九年左右，夏师赁居于上海麦根路舢板厂新桥，我在礼拜天曾数次走访。居处在二楼，书室与卧房接连，布置极为朴素。壁间悬有某童子所书楹联"鹏翼垂天九万里；长松拔地八千年"（字句可能稍有出入），并有装裱成轴的其挚友谢玉岑的词稿，那天我适挟有某先生所赠的斗方数页。夏师询知后展视，连连摇头，大不以为然，接着很认真地对我说：学书与学诗，切忌侧媚。书似其人，其品不正，贻误终生。我为之凛然。某先生以擅书法著称，执教上庠。所书碑帖列入当代名人法帖，但夏师直抒己见，毫不隐饰。

夏师少时诗作

夏师为诗，少年时取法随园（袁枚）和两当轩（黄仲则），我曾遇永嘉任某，系夏师执教本乡中学时学生，出示夏师当时作品数十首，其中有吊项王墓等，大抵均七言今体。我曾录存副本，惜抗战时屡经播迁，已不知下落。后来编印的夏师诗词集均未载，我以为将少作全部勘落，反不易窥见整个学诗进程。

热心助人之一例

抗战中期，号称"孤岛"的上海，形势发生急剧变化，太炎文学院因拒绝汪伪收购（后知系汪伪傅式说所为），不得不宣告停办，部分师生转赴重庆、昆明等地。一度有在中央大学附设章黄学院之议。我因父母年迈，独子单传，未能远离膝下。其时之江大学尚在慈淑大楼开课，因夏师在该校任教，拟设法转学，夏师多次为之探询，终因三年级不招收插班生，格于章程，无可如何。夏师曾写信劝慰，以为"以吾弟之成绩，何必吃亏两年，从头开始，不如就近进一相当之学校"。他的热忱关切，至今难忘。

探索诗词改革，孜孜不倦

早在五十年前，夏师已深深感觉固有的诗词形式用以表达新的思想已不能适应，探索改革的路径。曾将自己写的新体诗，试改写成格律诗词，在《天风阁学词日记》中一再提到，在今日读来仍给人不少启发。我在主编《华兴诗词》联合版，某年的新年献辞中曾加援引和阐述，说明夏师的学术思想照耀着我们前进的道路。

本文原刊《文坛杂忆》卷十六，选自《小忍庵丛稿》，二〇一二年自印本。

夏瞿禅两三事

王瑜孙

永嘉夏瞿禅，讳承焘，以诗词讲授南北大专院校者五十余年，著作宏富，驰誉海内外。抗战时，余肄业太炎文学院，尝从之学诗，有数事虽相隔四十余年，记忆犹新。某次上课前，有雀误入教室，为同学朱某捕获。上课铃响，夏先生进入教室，朱不及藏雀，即虚握掌中，时时窥看，为夏先生所察，使纵雀，谓之曰："这么顽皮。"退课后，至朱生身旁温语慰藉，嘱毋介意，朱面赤过耳，自后即悉心听课。夏先生为人蔼然可亲，其责朱生理属应当，且并无疾言厉色，乃事后复温语慰藉，其风度非常人所可企及，促使对方心中悔愧，其效果胜严词训斥多矣。近读《天风阁学词日记》记有此事，足见先生当时心境极不平静也。其时同学间颇多以袖珍手册倩师友题字留念，余为女同学徐竞题字，引用宋陈与义诗句："正待吾曹红抹额，不须辛苦学颜回。"为夏先生所见，询以用意何在，出自何书。余答以抗日正殷，男儿当慷慨从戎，安能钻研故纸?故引简斋之语。

先生频频颔首，并随手记入笔记本中，其虚怀若谷，不耻下问有如此者。先生虽蔼然可亲，但遇事不模棱两可。某次余访先生于麦根路寓楼，适携有某公所书赠之册页数幅，先生展视后以为纤媚近俗，不足取法。某公执教大学多年，其书法已列入《近代名人墨迹》，而先生坚嘱慎毋受其影响，其鲠直敢言，亦有如此者。以上虽属夏先生一生中的琐事，但亦可窥见其为人。

本文原刊《文坛杂记》卷三，选自《小忍庵丛稿》，二〇一二年自印本。

杏坛琐忆

翁璇庆

抗战军兴，余自历下随家来申，之江大学亦自杭迁沪，有幸得列瞿禅师门墙，绛帐春风，受益良多。爰记数事，聊寄思慕之忱，籍申捧羿之敬云尔。

忆尝选修瞿师《唐宋名家词选》课。讲至五代南唐冯延巳词时，师称"冯延巳"乎？"冯延己"乎？向有争议。余以为冯当名延巳，巳即辰巳午未之"巳"。何则？冯字"正中"，"正中"为午时，岂非"延巳"乎？众咸信服。

授《古诗为焦仲卿妻作》，师曰：兰芝被遣之前，晨起不痛哭，不"懒起画蛾眉"，而是"新妇起严妆"，而是"事事四五通"；穿戴已毕，则"纤纤作细步"，更显出"精妙世无双"。被遣，辛酸事也，宁有心情着意"严妆"耶？是作者以艳丽写悲辛。作者于兰芝写得愈美，读者愈觉兰芝之可爱，愈同情兰芝遭遇之可悯也。瞿师于作品体情入微，实非常人所能及。

授《陌上桑》诗，师曰："'来归相怨怒，但坐观罗敷'是侧面、间接写罗敷之美，美到使耕者犁者不愿回家见黄脸婆，而只在田间'观罗敷'。"座中一同学提出异议："我以为此二句意为回到家，愈看妻子愈不顺眼。为什么?都是因为看了美丽的罗敷。"师微笑颔首曰："这样讲也好。"于此可见瞿师教学民主、善纳众议、虚怀若谷的风度。

瞿师极赞赏白居易之《新乐府》，于古代被压迫妇女之命运深表同情，曾谓："日本帝国主义侵华，多少男丁被迫离家渡海，闺中人望穿秋水，只盼得装亲人骨灰之银瓶归来。"痛恨侵略战争之情溢于言表，并嘱我等以此为题材仿作歌行一首。潘希真同学曾赋《银瓶行》。余亦试作《双燕行》诗，中有句云："浩浩不尽东流水，了吾一生了吾恨。左足才下右足却，回视娇儿才弥月。抱儿在手泪愈垂，汝何不幸属须眉!抚汝教汝十余载，终见军书来相催。来相催，不能归。慈母眼枯即见骨，银瓶载得儿灰回。恨儿不作女儿身，拈针引线伴娘亲。春闺寂寂非不苦，终生幸得依乡土。总胜儿渡海出征去，身死异国骸骨无觅处。"谬承吾师赞赏，以为"结尾处换韵，长达八九字一句，结得有力"。

大学四年级时，双亲返里，余寄住宿舍。瞿师曾赠诗曰："不倚阑干不映楼，肯随软舞共低头。抛家傍路浑无事，只有飞花最自由。"是鼓励，亦是期望，至今思之，犹深感奋。

诗词课上，瞿师常喜以永嘉乡音朗诵，韵味醇厚，抑扬动听。有时指定同窗徐家珍以松江乡音朗读，亦颇可听。一次徐君读《茅屋为秋风所破歌》，竟误作"床头屋漏无干处，'两'脚如麻未断绝"。同学等皆忍俊不禁，师仍庄容谛听，予徐君无限鼓励。

同窗杨君毓英新婚燕尔，瞿师赠联云："若要修成神仙眷属；须先能做柴米夫妻。"确是至理名言。四十余年来，同窗诸子均已成家立业，儿孙绕膝，虽在十年动乱中饱经忧患，而伉俪之情弥笃，胥吾师之赐也。

本文选自《夏承焘教授纪念集》，中国文联出版公司一九八八年十月第一版。

天风阁问学随忆

谢孝苹

　　抗战军兴，我于一九三九年秋，从苏北来到上海，进入东吴大学。翌年春初，同学陈逸夫君一天兴致勃勃地和我说，当代词学大师夏承焘先生在之江开宋词课，咱们一块去旁听吧?我立即表示同意。我早就读过先生的文章和词著，私衷仰慕，平居以无由拜从门下为憾，得逸夫言益邴邴然。此时，下意识中遂冉冉升起一位宿学老儒的形象，似乎这位夏先生一定是一位宽衣博带，鹤发童颜的老者。盼望的一天，终于来到。一天下午，逸夫和我跟随着一位之江同学（已佚其名），走进了先生的课堂。出乎我的意料之外，这位在词学研究已经有了很高的声望，眼面前站在讲坛上的老师，却是一位精神抖擞的中年学者。夏师看到进来两个陌生的年青人，知道是来旁听的，便嘱咐我们在空位坐下。旧时代的大学制度，尚不无一些可取之处，自由选课旁听不需要任何烦琐的审批手续，就是其一端。我以一东吴学生，来到之江旁听，有幸忝列当代词学大师门墙，事有似偶然，亦非偶然。从此，我和之江同窗，在师门问学的共同道路上，结成深厚的文字交，历经劫难而不渝，他（她）们并不把我看成是一个"冒牌"的之江生。

夏师学问渊博宏深，有如大海之汪洋浩淼，未可识其涯涘。在课堂讲学，则深入浅出，生动而不时出之诙谐，同窗至今犹能记忆当时的许多逸闻趣事。夏师讲学有两个重要方面给我留下了深刻的印象。一是讲坛上反映了夏师在词学上的贡献；一是夏师用爱国主义精神教育和熏陶年青一代。

中国词学在本世纪初，自归安朱彊村先生树帜以来，作者如林，众星璀璨，词坛出现一派新兴气象。但同时也有一股严守四声，把词体引入歧途的暗流在潜行。夏师反对这种作茧自缚，高天厚地甘作楚囚的思潮，当时就在之江课堂上大声疾呼，予以抨击。师云，一曰词体不可破，二曰词体不可诬。认为四声阴阳可以完全不管，甚至连拗句也允许写成顺句，这叫割裂词体。认为必须严守四声，丝毫不能通假，像万红友所标榜的方千里之和清真，这叫诬害词体。夏师以为其坚守四声者，应仅限于警句及结拍。夏师这一精辟的见解，后来写进了他的词论《词四声平亭》里。夏师的论说，似中流砥柱一样，维护了词体的纯正性。夏师是词学的功臣。当时词界名流如如皋冒师，丹徒吴眉孙前辈，纷纷撰文响应，成为四十年代初期词学研究的一次重要学术讨论。夏师在词学上的重大贡献，非此戋戋短文所能尽述，此不过课堂讲学的一鳞半爪。然即此一端，其影响之深远，直到今天，仍有重要的意义。

夏师讲词，从未孤立地为讲词而讲词。夏师之讲宋词，实际上亦是讲宋史。在那四郊多垒的战乱日子里，上海虽矗立于东南一隅，却处于敌伪的四面包围中。同学们多有心情抑郁，前路茫茫之感。夏师讲词，却凛凛然以爱国主义精神为纲，教育诸门人。同学们从讲坛上看到了民族的前途，精神为之振奋。记得夏师讲授辛弃疾《破阵子》"醉里挑灯"一解，《鹧鸪天》"壮岁旌旗"一解，除细致分析词体结构而外，至情绪高昂处，放下书本，引吭嘌唱，瞬息间似有匝地风雷激荡于庭户几席间，座中同学无不深受感染。姜白石词不似稼轩词豪迈高昂。夏师讲授姜词，特别于其深沉掩抑，感慨时事，黍离之悲，故国沧桑之感，三致意焉，因之深深引起同学们的共鸣。夏师讲授姜尧章《扬州慢》"淮左名都"一解，给我留下的印象最深刻。记得抗日战争结束，内战危机四伏的一九四五年冬，我辞家远行，投宿扬州，黄昏时刻，听到空城中吹起的号角，一下子把我的思绪拉回到夏师的讲坛上，缅怀师友，复念远人，踯躅孤城，不觉哀吟成调、歌竟凄然。

在之江听讲，共约两年。太平洋战争爆发后，学校不能正式开课，在同学们的要求下，夏师在他的麦根路寓所，设帐讲授白香山讽谕诗和《左传》。那时我家住上海西南郊徐家汇，去麦根路甚远，但风雨无阻，从未间断听课。

夏师在麦根路的寓所，四壁都是图书，有坐拥百城之乐。

东壁还悬挂一张名为"万壑松风"的七弦古琴。在十丈软红的闹市中，大有"松径横琴陶靖节，芸经传谱郑康成"那样的赠典雅趣。不久，我从虞山吴景略师学琴，四处物色古琴迄无当意者。当夏师从同学那里得知这一情况后，慨然摘下壁上琴相借。直到我物色到一张比较满意的雷氏斫琴，才将"万壑松风"璧还。这张"万壑松风"音响清亮松润，是明人所斫，也是一张好琴。夏师对门人的奖掖提携，可谓无微不至矣。四十余年后，朱镜清、宓逸群二兄来北京，夏师招宴于团结湖新居，我亦叨陪末座。席间谈到这张琴，方知"万壑松风"之原主人为吴鹭山先生。

一九四二年后，上海沦为敌占区，夏师离开上海赴雁荡山师专任教。在严装待发时，撰《好事近》一词，书以四尺玉版宣贻我，祝我新婚。可惜这一法书墨宝，由于连年动乱，早经佚失。夏师去沪后，四方多难，寄书常不能达，思念之情，与日俱增。一九四四年春天，如皋任心叔先生赴闽，途经上海。我们同窗稔友数人，假朱镜清兄家中设宴为心叔饯行。马夷初师亦莅临参加。同人均有怀念夏师的词作，请心叔过雁荡时转致。马夷初师亦有五绝句相寄。其一云："芒鞋竹笠一身轻，东道犹多肯送迎。似有啼声行不得，陆横豹虎水横鲸。"当年道路难行，豺虎当道，似曹孟德赋"北上太行山"光景，至今思之，犹有余悸。今夷初师墓木已拱，心叔先生亦已作古。任彦昇才调纵横，不幸早逝，识者衔悲。

回忆当年在之江同受夏师教诲的同学，除朱镜清、宓逸群二君外，尚有翁璇庆、杨毓英、潘希真等人过从较密。记得年时选韵命题，留连诗酒，好像世界就属于我们几个人所有。现在朱、宓、翁、杨四位都定居上海，我们经常有书信往还。潘希真自离沪回永嘉后，初期鱼雁尚通，不久即音书断绝，一转瞬间，四十余年矣。去年获知，海峡那边，一位被尊为文坛大家的琦君女士，就是潘希真君。笔者因有《减兰》一解寄怀云：“梅边觅句，高躅亭林曾小驻。擫笛歌残，剩有仙音落佩环。长城自许，羞我鬓丝千百缕。望远当归，惆怅南楼又几回。”结拍实借用希真诗句。记得四十余年前，希真写示绝句《思归》二首，尚留行箧。诗云：“年年梦堕六桥舟，怕见秋来月满楼。鼙鼓声中常作客，湖山虽好莫回头。”又：“长悲故里经年别，人事悠悠心事违。惆怅南楼空望远，可能望远暂当归。”此琦君与故里小别经年时所写，曾在侪辈中广为传诵。今琦君旅居海峡那边已寒暑数十易，思归之意当更浓。今祖国已跃上了千里马的雕鞍，在康庄大道上向前方奔跑。夏师和旧时同窗，无不盼望琦君早日命驾来归。我们将和琦君一道，或在西子湖旁六桥舟上，或在析津城内，团结湖边，举杯共为夏师八秩晋五华诞，称觞祝嘏，这将是时代所赋予现代词林盛事，愿琦君有以图之。

五十年代末，我以言事获罪，窜居渤海之滨。急雨敲窗，荒村僵卧，百无聊赖，益念师友。一日忽于上海某报，见到夏师《洞仙歌·赠阿昌》一阕，讽籀再三，如亲謦欬。知师在杭州浙江大学任教，亟为投书问讯。不久即获福音（一九六四年六月三十日函）。师热情问我别后情况，问我有子女几人，今在何许，师欣然告我六十初度时所撰自寿联。我寄书曾以《水龙吟·和赵朴初》三阕求师诲政。师复书云："和朴初词三首，文事之工是意中事，书法之美，则出意外。《水龙吟》末句，应依'搵英雄泪'句法，三首惟此句可商。"多年未获亲炙，师并未因我穷居林下，学殖荒疏为不可教，私心庆幸。至谬许书法，则不敢当此。复函还告诉我说，时任全国政协委员，每年至北京开会，下榻民族饭店。嘱我翌年于政协开会时，至民族饭店相晤。不料第二年即开始了史无前例的大动乱，全国政协陷于瘫痪中。直到十一届三中全会以后，落实政策，我回到北京，方始探听到师朝阳楼住址。因得以摄齐句指，重谒师门。师今年春秋八十又五，耳聪目明，精神矍铄，是上寿期颐之征。我亦垂垂老，秉烛重游师门，这种特殊的幸福感，是上海诸同窗所羡慕不止的。

本文选自《夏承焘教授纪念集》,中国文联出版公司一九八八年十月第一版。

悠悠师生情
——忆夏承焘教授

冯 坚

"一代词宗"夏承焘教授仙逝已有十六年了，回忆抗战时期他在龙泉浙大分校任教时的情景，至今仍历历在目。

一九四二年秋，我考取了浙大龙泉分校文学院，那时候一年级的语文课，由夏承焘教授任教。夏教授名闻遐迩，我早有所闻，如今能得到他的教导，真是喜出望外，感到非常荣幸。

开学后，夏教授给我们上第一节语文课，课题是《庖丁解牛》。这篇文章选自《庄子》，故事情节生动，充满文学色彩，寓意深刻。夏教授上课时没有带教案，他把课文背得滚瓜烂熟，意旨全融化在他的语言里。我们看着讲义，他慢条斯理地、滔滔不绝地讲述，全班同学的注意力都被他吸引着，教室里鸦雀无声，偶尔发出阵阵笑声。夏教授的声音，抑扬顿挫，说到重点词语时，才在黑板上写几个板书，字迹十分飘洒。间或他穿插几个问题启发同学们思考，整堂课又好似在和我们谈话一样，边问边答，谆谆教诲，引人入胜。他的课堂艺术正如庖丁解牛一样地高超，庖丁依照牛体的天然组织结构，顺着骨节间大的空穴，运转着刀子，动作缓慢地下来，謋然一声，牛体骨肉已分离，牛肉块像土块那样散落在地上。夏教授讲解课文，正如庖丁解牛，顺着文章的组织结构，层层分析，讲得深入浅出，所有重点难点都迎刃而解。

记得当时有一位同学举手提问说："作者为什么不直截了当地说庖丁技术高超，而要转了一个大圈呢？"夏教授笑着回答说："《儒林外史》记载：天上只有文曲星，没有文直星，懂吗？"这位同学会意了，我们也都领会了。

我读了这课书后，深深感到处世处事、待人接物，都应该注意顺着自然规律去做，才会事半功倍，收到良好的成效。同时对夏教授的课堂艺术，如春风化雨、潜移默化，深感可敬可佩。

浙大龙泉分校有一幢教授住的二层楼，取名为"风雨龙吟楼"。夏教授单身住在这幢楼的楼上，课余或假日，我常常去请教他。有一次，我走进他的房间，夏教授正在批改我班同学的作文，见我进来，他就特地把我的作文簿抽出来，给我当面批改。记得我的那篇作文是写抗战期间初到浙大龙泉分校的生活情况，文章末了附有一首打油诗，抒发我内心的情感。夏教授看了以后，就提笔改了那首打油诗，原诗写着："豆菜家，梦鱼虾。"夏教授将它改为"鱼虾归梦远，豆菜旅情安。"以接应下二句："只恨敌氛恶，长桥泪栏杆。"因我家乡在东海之滨——温州，盛产鱼虾，到了龙泉分校，这里生活十分艰苦，一日三餐除了豆菜之外，别无他肴。上述"长桥"，是指龙泉大桥，为龙泉一大景观，课余我常到大桥上眺望。经夏教授这样一改，我这首打油诗就显得很有诗意，故至今仍记忆犹新。

有一个星期天，我到夏教授的房间里，见他正在练书法，他先用淡墨水写在覆影帖子的纸上，然后再用较浓的墨水，重写覆影纸上的字。我奇怪地问："为什么如此重复再写，是节省纸张吗？"他回答说："不是省纸，这样反复临摹好处多，摹写原字不会走样，顺其笔势能入神。"夏教授早年临摹明代书画家黄道周的字，以后临摹清代书法家沈曾植（寐叟）的字。黄字峭厉方劲，别具面目；沈字欹侧犯险，矫健凝重。夏教授吸取黄沈两家的长处，自成一家。我受到夏师的启发，就在那一年利用每天午休的时间练习书法，一连数月，自觉大有长进。此后由于功课繁忙，没有坚持练习，实感遗憾！

又有一次，夏教授生病，发寒热，我和同乡同学魏忠、朱鹏、徐定豹去看望他，并向他慰问。几天后，夏教授病愈，他赠我们一首五言律诗，表示谢意。这首诗写在一张信纸大的宣纸上，全诗充满了师生的深情厚谊，诗云："孤灯休作态，小病我无嫌。药味如诗涩，人情比酒甜。忆家同脉脉，看月乍纤纤。防有啼鹃语，花时不卷帘。"此诗今已编入夏承焘《天风阁诗集》。

夏教授的家，温州旧城拆迁前在城区谢池巷，一幢五间二层的小楼房，屋的大门前台额上题有"谢邻"二字，意思是择谢灵运为邻。因谢池巷有池上楼、春草池，是纪念谢灵运的遗迹。每年暑假，夏教授回温度假都住在这里，如今拆迁后，谢池巷已看不到"谢邻"的房子。夏承焘故居迁移到五马街登选坊四十号老屋内，此地曾是夏承焘少年时生活过的地方。院子内尚无文物陈设，只见芳草鲜美，落英缤纷。

温州市人民政府已将夏承焘教授的旧居，作为温州市文物保护单位，并于二〇〇〇年四月二日在夏教授旧居外竖立了两块石碑，碑上所刻的简介称：夏承焘（1900—1986），字瞿禅，当代词学大师。历任浙江大学、浙江师范学校、杭州大学中文系主任、教授；中国科学院文学研究所特约研究员、《文学研究》编委、《词学》主编。有《夏承焘集》八巨册传世，词学专著近三十种，其中《唐宋词人年谱》《唐宋词论丛》等负盛名。

二〇〇二年九月

本文选自《鹿城文史资料》第十五辑，鹿城政协文史委二〇〇三年编印。

一代词宗今往矣
——记夏瞿禅（承焘）先生

王季思

夏瞿禅先生逝世时，我电告吴无闻夫人，说他"一代词宗，芳流海外，等身著作，光照人间。人生到此，可以无憾"。又写了一首《金缕曲》词，抒写我的哀思。我从二十年代初期就认识瞿禅先生，直到他逝世前不久，还在病榻前见他一面。想起这六十多年的交游，影事历历，不时在脑海里浮现。不及时写出，不仅个人遗憾，也将影响后人对他的了解。就零星琐碎地记下我们之间的交游，纾释我对他的怀念。

夏先生老家在永嘉（今温州市）谢池巷，邻近东山，有飞霞洞、春草池、永嘉诗人祠堂等胜迹。春草池相传是南朝诗人谢灵运梦中得"池塘生春草"句的遗址。先生别号"谢邻"，表示对这位山水诗人的倾慕。他诗词多写永嘉山水的灵秀，龙湫雁荡的雄奇。晚年长期养疴京华，还形之梦寐，跟他青少年时期的生活环境和历史影响有关。温州从南宋以来，名流辈出，形成永嘉学派、四灵诗派。晚清的孙衣言、孙诒让父子，黄绍箕、黄绍第兄弟，文采风流，照映一代。后来黄氏蓼绥阁藏书移藏永嘉籀园图书馆。瞿禅三十岁以前曾移住籀园附近，几乎翻遍蓼绥阁藏书，打下了深厚的历史文化基础。

瞿禅出身贫寒，童年时读过私塾，塾师是黄筱泉先生。郑振铎当时跟他同学。他一九七八年写的《减字木兰花》词，有"峥嵘头角，犹记儿时初放学。池草飞霞，梦路还应绕永嘉"之句，表示对这位塾师和郑振铎的深沉怀念。一位塾师门下，出了这样两位卓有成就的文学家，那是很不寻常的。

瞿禅小学毕业后考进浙江省立第十师范。师范生有官费津贴，就读的多清贫子弟，作风比较朴素。瞿禅一生不嗜酒，不抽烟，连茶也少喝，长期保持俭朴的作风，跟少时过惯清贫生活有关。记得在龙泉浙大分校共事时，我一夜酒醉归寝，还高吟李白"天生我才必有用，千金散尽还复来"自解。瞿禅引宋贤语相劝，说"凡人内重则外轻（意说一个人重视了学问品德的修养，就会轻视物质生活的享受），苟内轻外重，将无所不至"。至今记忆犹新。

瞿禅在师范学校读书时，就以词笔见赏于瑞安张震轩先生。在同级同学中，他和李仲骞最投契。他们都爱读王渔洋、黄仲则、龚定庵诗，都爱看《随园诗话》，诗风也接近。李仲骞是我邻村人，经常到我家里来看书，偶然也把瞿禅与他写的诗念给我父亲听。"昨夜东风今夜雨，催人愁思到花残"（瞿禅句），"桃花落后梨花落，不信春愁如许多"（仲骞句）；我在童年时就念熟了他们这些风流自赏的句子。瞿禅、仲骞后来都在大学里教诗词课。并继续写诗填词，跟他们在这时打下的基础有关。但当时五四运动已经开始，新文学旧文学，新体诗旧体诗，正在先进青年跟老一辈学者之间展开争论。他们旧文学有根底，对新文学运动的反应就比较淡薄。

师范毕业后，瞿禅先生在永嘉瞿溪小学任教。"我年十八客瞿溪，正是希真学语时"，记下了他少年的踪迹。潘希真是瞿禅后来在之江大学任教时的学生，我最近还看见她在台湾发表的怀念瞿禅的文章。在瞿溪小学过了一年，他改在梧埏小学任校长。我中学毕业后曾在梧埏小学教书，那时他已离开两年，有些高年级学生还记起他在国文课读韩愈《祭十二郎文》的声调铿锵和讲《聊斋志异·张诚》篇的动人情景。梧埏盛产柑橘鱼虾，又离瞿禅家近。小学经瞿禅整顿，渐有起色。瞿禅本不想离开，由于一些地方绅士的横加干涉，被迫辞职，经友人介绍到西北去，在西安中学任教，后又兼任西北大学中文系讲师。这一人生道路上的转折对瞿禅后来事业的影响极大。瞿禅在龙泉不止一次对我说："小人千方百计诬陷君子，到头来恰好成全了君子。"似乎也在说明这一点。

民国初年，温州成立了两个文学团体：慎社和瓯社。慎社写诗，瓯社填词。其中有老一辈的乡里名家，也有新一代的诗词作手。他们有时结伴访胜，有时分韵题诗。瞿禅和我姐夫陈仲陶都参加了这两个社的活动，以诗词创作为老一辈学者所赞赏。瓯社是吴兴林鹍翔在温州做道台时倡举的。林鹍翔曾从著名词人朱古微学词。朱古微当时与另一著名词人况周颐都流寓在上海。瓯社社员的词稿经林鹍翔筛选后又寄给朱、况二先生评定寄回。瞿禅后来专力于词的创作和词学的研究，和这一段文学活动有关。我比瞿禅、仲陶年轻六七岁，在诗词创作上赶不上他们的趟，但从仲陶那里知道他们的活动情况，还看到一些经朱、况二老圈圈点点的社课卷子，总觉得不是味。特别是他们有一次到永嘉江心屿凭吊文天祥的诗碑，有些老辈就借南宋的亡国表现他们对清朝的怀恋，引起一些激进青年的反感。今天看来，朱、况二老对词书的整理和词学的研究是作出了贡献的。在指出他们词创作中的遗老气的同时，还应该看到这一点。我当时年少气盛，不免一笔抹杀，不像瞿禅对他们的虔敬态度。后来我在诗词创作和古典文学研究工作上既接受瞿禅的影响，又形成和他不同的趋向，从这时就已见苗头。

西北的五年壮游，使瞿禅在人生道路和词诗创作上都开辟了一个新境界。温州背山面海，鱼米丰饶，从清初耿精忠叛乱被平定后，一直没有经过大变乱。自然环境的温馨，文化传统的深厚，使故乡知识分子不大愿意到外地谋生。因此有"温不出""十鹿九回头"（温州一名鹿城）等谚语。瞿禅到西北后，汉唐故都的雄伟，华岳莲峰的高寒，打开他的眼界。军阀内战对人民、民族带来的灾难，改变了他的诗笔和词风。我先从仲陶处看到他"一丸吞海日，九点数齐烟""足下千行来白雁，马头一线挂黄河"等登高望远之作，已引起内心的向往。后来又从仲陶处读到他下面的两首词：

吟鞭西指，满眼兴亡事。一派商声笳外起，阵阵关河兵气。马头十丈尘沙，江南无数风花。塞雁得无离恨，年年队队天涯。（《清平乐·鸿门道中》）

鼓角严城夜向阑，楼头眉月自弯弯。梦魂险路轘辕曲，草木军声塞战山。　投死易，度生难，有谁忍泪问凋残。纸灰未扫军书到，阵阵哀鸿绕古关。（《鹧鸪天·郑州阻兵》）

格调悲凉慷慨，反映了军阀混战给北方人民带来的灾难，沉痛次骨。比之他少年时旖旎风光、惆怅自怜的词风，是两种截然不同的境界。

我与瞿禅交游最密的时期是在浙江大学龙泉分校共事的三年。分校设在浙南龙泉的坊下，是方山丛里的一条小沟沟。战时物资供应困难，教师待遇菲薄，生活相当艰苦。我们住在一座竹竿松皮搭盖的集体宿舍，令人不能入睡。照明只有桐油灯，夜读稍迟，次晨起来，满鼻孔都是烟灰。当时中文系教师同住在集体宿舍的，除瞿禅和我外，还有嘉善徐声越、如皋任心叔、寿县孙养癯。他们家乡早已经沦陷，永嘉地处沿海，敌人随时可能登陆。为了抗战的胜利，我们力图以爱国思想教育学生，在诗词创作里反映国民党统治区的黑暗、腐败现象。思想上的同仇敌忾，使我们休戚相关；学问上的志趣相投，又常得文字商量之乐。物质生活虽艰苦，精神上还是愉快的。我们习惯于称坊下为"芳野"，称那座集体宿舍为"风雨龙吟楼"，多少表现我们的共同情趣。

我和瞿禅一度同住一间小房子，白天对桌，夜里对床。他治词，我治曲，相约作读书笔记，有创作也互相交换看。我曾经把自己的近诗请他修改。他说我的诗明白如话，农夫妇女一读就能上口，但没有为读者留有余地，也是一病。过了几天，他把改稿还给我，还在稿后题了两首诗：

窗明日暖几新篇，斫鼻搜肠枉可怜。
出手肯从元祐后，用心要到建安前。
"不识字人知好诗"，冯公此语耐寻思。
试从江郑重翻手，倘是风骚觌面时。

"斫鼻搜肠枉可怜"，是他的自谦之词。冯公是当时无锡国专的冯振心教授。江、郑是晚清宋诗派作家江弢叔和郑子尹。我读过江、郑二家诗，多少受过他们的影响。但他们都在功名失意时归隐田园，寄情山水。在民族战争的艰苦年代，我没有他们的心情。我当时想从唐人乐府和民间歌谣的结合上探索一条诗创作的道路，因此也不想再在晚清诗家里兜圈子。

瞿禅早年爱南宋的白石、梦窗词，晚清的水云、莲生词。抗战初期，他寓居沪上，痛心祖国河山的沦陷，目击志士的奋起杀敌，流民的倒毙街头，有些平时高谈阔论以书节自许的朋友，这时竟梳妆打扮投向汪精卫的怀抱。现实形势的教育激发了他的爱国热情，也改变了他的词风。不独迈越莲生、水云，即白石、梦窗集中也无此激越苍凉之作。我当时读到他下面的这首词，不禁为之击节。

词流百辈，望惊尘喘汗。回首高寒一轮满。料海山，今夕伴唱钧天，笑下界，无限笙繁筑乱。　竹枝三两曲，出峡铜琶，打作新腔满江汉。忍听大河声，四野哀鸿，盼天外、斗横参转。但羽觞，黄楼几时归，怕腰笛重吹，梦游都换。（《洞仙歌·庚辰腊月，东坡生日，与诸老会饮，归和坡韵》）

这首词借东坡的出峡铜琶，反衬那些罔顾两河沦陷、四野哀鸿的无病呻吟之作，指斥得多么有力啊。他同时写的《水龙吟》词，借肥皂泡的凭风轻举，顷刻幻灭，《木兰花慢》词借杏花的匀脂抹粉，强嫁东风，讽刺上海无耻文人投身汪伪组织，也深为同辈所赞赏。但我总觉得他用典过多，含意稍晦，有些地方不易为读者所领悟。

瞿禅性格内向，有时半日兀坐，如泥塑人。名心淡泊，对个人毁誉不大计较。但在国家民族存亡，社会风气隆污等重大问题上，胸中了了，毫不含糊。日寇侵占永嘉时，尝夜起论形势。他说敌人玩火必自焚，汉奸投敌，正如飞蛾扑火，也绝无好下场；中华民族经过这场战火的洗礼，必将获得新生。当时前方部队往往遇敌即退，后方官吏贪污成风，不少人对抗战前途失去信心，甚至说"中国不亡，是无天理"。他能有此定见，很不容易。

我青少年时期爱好体育运动，在竞技场上养成好胜习气，每以小事与人争执，说"是可忍孰不可忍"。瞿禅曾劝我说："当于忍无可忍之处，常存若无其事之心，才能专心志学，不以杂务分心。"我们性格差异较大，却正好互相补充，因此相处很融洽。我佩服他的温厚宽容，他称道我的虎虎有生气。有一次我灯下靠在椅子上睡着了，他用粉笔把我投射在板壁上的影子描下来，还题了"睡虎图"三个字。第二天学生到房里一见就认出来。从此"王老虎"就在浙大分校师生中被叫开了。

瞿禅生活有规律，早晨见光就起，晚上十时就上床。我往往坐到深夜，未免影响他的睡眠。一天深夜，他从帐子里探出头来说："季思，你还没睡？做学问靠命长，不靠拼命。"他还不止一次对我说："无论什么事业，要准备付出一生心血才会有成就。"他在词学上取得如此辉煌成就，体现他这种坚持勿失，百折不回的事业心。

我们当时也经常谈起诗词创作与文艺欣赏问题，有时谈得很细致，很具体。现就当时残存日记，转录一节于下：

寝前与瞿禅论诗。瞿禅谓："一诗中如能以阳刚而兼阴柔，常愈显其美。如'誓扫匈奴不顾身，五千貂锦丧胡尘'二句，何等悲壮。承以'可怜无定河边骨，犹是春闺梦里人'二句，却极其凄婉。又如放翁诗：'商略今朝须痛饮，细腰宫畔过重阳'，'痛饮'之下承以'细腰宫'，亦别饶韵致。"予谓："此只是修辞中相反相成的反衬一法。凡诗文中疏密相间、浓淡相映处，皆是也。然主题仍只是一面，'誓扫匈奴'二句，亦只在愈显下二句之凄婉耳。"

解放后瞿禅以"肝肠如火，色笑如花"论辛弃疾词，我以"柔情如水，烈骨如钢"论《辞郎洲》剧中女主角陈璧娘的形象，仍是沿着这条思路发展的。

一九四四年夏，日寇窜据永嘉，从永嘉到龙泉的通路被打断。我到瑞安龙川的浙东第三临时中学任教，瞿禅避处雁荡山中，彼此音问断绝。直到抗战胜利，龙泉分校迁回杭州，与从贵州遵义迁回的浙大本部合并，我们才重回杭州，跟声越、心叔都住在湖滨的罗苑，颇极一时文酒从游之乐。然而好景不常，国民党反动派正在挑起内战。我与浙大部分教师为反内战发起罢教，为营救被捕的浙大温籍学生奔走。声越从我个人前途考虑，每劝我勿多事。瞿禅不仅在精神上支持我，有时在行动上也跟我一致。这是十分难得的。但这时他写的词如"不去待何年，春心陌路边，看流红逝水连天。欲挽高枝商暂住，风共雨，正茫然"（《唐多令》），"六桥携酒约，盼得春来，第一番风遽如此。吩咐试妆人，慢画眉峰，怕明日还无晴意"（《洞仙歌》），仍如此温婉含蓄，没有一点火气。跟我的《湖上吟》《乌云涨》《赋得梅花接老爷》等诗词以嘻笑怒骂、淋漓痛快为能事的作品大异其趣。我深知彼此不同的性格与笔路，不但没有强人从我，往往还从对方特异的风格中看到自己的不足。这一点，跟我们比较接近的朋友，有时也觉得诧异。

一九四八年中秋前夕，我和瞿禅同舟赴沪。舵楼对月，天海晶莹，凉快无比。念及国事蜩螗，民生凋敝，又百感交集。瞿禅先填了一首《洞仙歌》：

中年哀乐，乍茫茫对此，不待言愁便心死。乱鸥边，看变一片涛头，壶峤外，几度红桑换世。　舵楼呼酒去，吸尽青天，梦踏蛟宫似平地。镜影问姮娥，不见山河，但叠雪层冰无际。笑绮阁秋人赋相思，也解道今宵，月华如水。

我当时和了他一首：

舵楼高卧，任凉风翻被，残照苍然唤人起。断霞边，依约百舰遭逢，鏖战罢，烟焰烧空未已。　鱼龙飞舞处，转眼无痕，不见鲛人泪如水。海客采珠回，踏浪相看，正雪满一壶天地。甚倚树吴刚尚无眠，怕修到神仙，仍难忘世。

在抗日战争、解放战争期间，我和声越、瞿禅时有唱和。我诗逊声越，词让瞿禅，但在追步之中也不无寸进。此后天各一方，彼此唱和的机会就很少了。

全国解放后，瞿禅留杭州，我在广州中山大学任教，见面不易，但仍时有通信，商量学术问题，交换诗词创作。我们长期经过旧社会的颠沛流离，对解放后的新中国怀有好感。但又觉得用旧体诗表现新现实，困难很大，因此都在探索一条新的诗词创作道路。瞿禅在这方面花了很大气力，成就也更显著。他的《玉楼春·在北京天安门看焰火》《玉楼春·陈毅同志枉顾沪寓谈词学》《内蒙古杂诗》等，都为爱好诗词的同辈所叹服。现转录于下，以见他在诗词中创造的新意境。

归来枕席余奇彩，龙喷鲸呿呈百态。欲招千载汉唐人，同俯一城歌吹海。　天心月胁行无碍，一夜神游周九塞。明朝虹背和翁吟，防有风雷生謦欬。（《北京看节日焰火，次日乘飞机南归，歌和一浮、无量两翁》）

君家姓氏能惊座，吟上层楼谁敢和。辛陈望气已心降，温李传歌防胆破。　渡江往事灯前过，十万旌旗红似火。海疆小丑敢跳梁，囊底阎罗头一颗。（《陈毅同志枉顾沪寓谈词》）

千林艳杏拥重关，出塞哀歌放手删。

唤起文姬应羡我，春风词笔写阴山。

兵气都随冰雪融，九边笙笛漾春风。

藏僧笑指阶前树，岁岁花枝尽向东。(《内蒙古杂诗之一、二》)

"文化大革命"期间，我们都受到人所难以想象的冲击，彼此都无音信。广州一度传说瞿禅已从杭州被揪到温州批斗，伤病不起。我想起他在龙泉教我的"忍字诀"，估计他会熬过这一关。瞿禅在杭州也传闻我已病逝，为我写了挽联，后来才知是讹传。一九七四年夏，我从北京南归，迂道杭州去看他，商量在词曲研究上的合作问题。我回到广州时接到他的信说：

前承对《词问》(按即《论词绝句》) 提许多珍贵意见，感谢不尽。顷删剔十之二三，嘱无闻作注解初稿成。无闻屡鼓励弟写《词史》，弟拟写《词史札丛》一稿，每条数百字或数千字，期三年成之。朋辈中唯兄可写《词曲史》。此事可共商榷者，海内友好，惟兄与半塘，倘得聚首一堂，真梦寐以之！(一九七四年十月三十一日信)

后来他移家北京，还来信说："拟明春为西南之游，兄如有兴，甚盼同往。"我寄悼他的《金缕曲》词："闻道锦江春正好，想吟魂长绕巴东路。"抒写了他一生的遗憾。

一九七八年后，瞿禅记忆力逐渐衰退，近几年来，连有些老朋友都不认识了。我每次到北京开会，总要去看他。只要说起"王老虎"，他就清醒了些，能点头示意或作简单的对答。今年全国政协会后，我约在龙泉浙大分校的学生杜梦鱼一起去探望，他已双眸紧闭，卧床不起。我说："王老虎来看你了。"他微微张眼，似有反应。这是我留给他的最后一句话，也是这一代词宗留给我的最后一个印象。

瞿禅在龙泉曾跟我谈起他的初恋，对方是他邻居少女。他放学回来常见她在门口等他，她是嘉善人。在她跟妹子一起回嘉善时，瞿禅正好同轮到上海。她叫妹子约瞿禅到她房舱里话别，后来就没有再见面。瞿禅当时吟咏为她写的《菩萨蛮》一词："酒边记得相逢地，人间更没重逢事。辛苦说相思，年年笛一枝。"还不无感慨。可是他后来编的词集，在这首词后自注："此首假托情词，谴责失节朋友。"看来对这段因缘的不终，仍怀余憾。

瞿禅前夫人游氏，没有生养。瞿禅在词里也"山妻""孱妻"地提到她，看来似乎缺乏爱情基础。瞿禅一心从事学问，对她没有过高要求，可以理解。但偶然也有所流露。他在龙泉时准备替陆放翁作年谱，读了他的全集，说放翁的《沈园》诗，《钗头凤》词感情如此深挚，写到他妻子的只"学书妻问生疏字"一句，言外似乎流露对封建婚姻的不满。

七十年代初期，游夫人逝世，瞿禅家无主妇，成了孤独老人，而就食者却纷至沓来。有一次，我到杭州看他，见客人坐满一桌。饭后客散，我问他是些什么人，他只摇摇头。瞿禅后来不愿回杭州，多少跟这点有关。

瞿禅真正的美满家庭生活，是跟无闻夫人结婚开始的。无闻是他在谢池巷同住的好友吴天五的妹妹，瞿禅看她从小成长，后来又是瞿禅在无锡国学专科学校兼课时的学生。解放后她曾任上海《文汇报》驻京记者，我在北大编教材时曾见过她。她国学有基础，长期记者的生活又锻炼了她的文笔。瞿禅和她结婚时写信告诉我，我回信为他们祝福，以为她不仅是他生活上的好伴侣，还将是他学问上的好帮手。他们结婚后，无闻的身影就多次在瞿禅的词里出现。"一点浮云人似旧，唤下长庚斟大斗。双江阁上梦词仙，人虽瘦，眉仍秀。玉镜冰心同耐久。"（《天仙子》）"到处天风海雨，相逢鹤侣鸥群。药烟能说意殷勤。五车身后事，百辈眼前恩。"（《临江仙》）记下了这一对晚年夫妇的恩爱生活。一九七八年我到北京朝阳门内寓庐去看瞿禅，瞿禅出门送我。无闻说他忘了带手杖。我说："你就是瞿禅的手杖，还带什么！"他们夫妇笑得多美啊！后来瞿禅的著作陆续整理出版，无闻就起了一个最得力的助手作用。然而就是这种正常的夫妇生活，在杭州也有一些流言蜚语。今天看来，这是多少无聊啊！

一九八六年七月十五日

本文原刊香港《文汇报》一九八六年八月十八日，选自《夏承焘教授纪念集》，中国文联出版公司一九八八年十月第一版。

癯翁旧事

黄礼芳

一九四二年春，在浙大龙泉分校，我第一次结识夏瞿禅先生。当时，我是师院国文班学生，先生教授楚辞。浙大分校校址在离城数十里的两个小村庄：一个叫坊下，一个叫石坑陇。师院教室建在石坑陇山坡的顶巅，先生的宿舍在山下庆宁寺旁边，每次讲课要坡行数百步，这样相处约三年。石坑陇地处深山老林中间，古老的松树，圣洁的岩石以及山坳里盛开着的殷红的杜鹃，迄今还留下永不泯灭的记忆。毕业后，在杭州的西湖、温州的谢邻、乐清的雁荡山以及上海诸地，还曾多次师事拜谒。先生的道德风貌，词章文采以及处世为人的态度，对我一生有深刻感染。四十年过去了，往事历历，《癯翁旧事》仅记雁荡山伴游一段。

一 乱离

一九四四年夏天，先生假归住谢邻。经先生介绍，我到雁荡山淮南中学担任国文教员。这所学校原名"雁荡中学"，因纪念当地名人张冲（淮南）而改名的，校址在响岭头，处灵峰、灵岩之间。校长名叫吴子卿，白溪人。

到校不久，日寇攻陷温州，我不知道此时先生身在何处。一天，仇岳希君入山，谈起先生避乱到大荆，住吴天五先生家。我听后既欣喜，又担忧；喜的是先生已脱离危城，忧则是那时候正兵荒马乱，先生在流亡途上，颠连激荡，哪堪风雨飘零！我便决定去拜候先生。午后从淮南中学出发，经灵峰寺，过谢公岭，薄暮时分，找到天五先生住宅，会见吴天五先生。天五先生字鹭山，是当地一位著名学者，是先生挚友，家有草堂，取名"来禅楼"。先生居楼上。当天五先生领我踏响楼梯的时候，先生即闻声连呼我的名字，那亲切的呼唤在我脑海里蓦地映现出先生往昔那般和蔼的仪容，相见的情景迄今记忆犹新。"千里依君宿，堪当我半归。"原先我担心先生会因战乱而居不宁，讵料一见到先生，竟坦荡如大云，依旧是谈笑风生，依旧是语切切，依旧是步悠悠，一切都依然如旧。天五先生待客甚殷勤，当晚安顿了我的住宿，还差人送来一壶酒、一碟菜、一碗家乡人最爱吃的素油米粉干。

次日晨，我随先生在楼前花园中散步。我问先生："将何日返回风雨龙吟楼？"先生微笑着说："我住此如在自己家中。"那时候，我只有二十四岁，而生平已有三分之一时间生活在狼烟烽火之中，先生看到我这种戚戚忡忡的状态，又说："要关怀时局，要善于在乱离中做点学问。"我向先生陈述了雁荡山风物人情后，先生问："当今山中还平静？"我说："雁荡山目前还像个世外桃源，先生有入山之意否？"先生踌躇了一会，说："若去雁山必将自食其力，安步当车。"

二 入山

这时候，乐清县立师范也迁来雁荡山，借灵岩寺作临时校舍。校长名叫俞天民，此人早年在之江大学读过书，也是夏先生的学生。校中还有几位原先也是龙泉分校的同学。我回雁荡山后，与他们见面时谈起先生近况，大家都殷切盼望瘿翁入山。

雁荡山的秋天，格外迷人。白露过后，草枯叶落，峻峭的岩石，雄伟的峰峦，更显示出名山的本色，此时虽游客稀落而风景宜人。不多久，瘿翁果然入山了。

瘿翁席设灵岩寺，寺前有一条曲径斜坡直达响岩门。此处与淮南中学相距不过三五里，是一条平坦的公路，大道漫步，目不转睛即可饱览二灵间主要的景色：朝天鲤鱼、听诗叟、将军抱印、展旗峰、天柱峰，先生于此均能一一给指点。人云师道如春风化雨，我可日日沐浴在化雨春风之中，先生诗才横溢，我却生活在诗的怀抱之中。我身随先生左右，愧未能将先生浩瀚学问学到手，但先生的许多哲理名言实际上都指引了我生命的航船。这时候，在我年青的生之历程中正遇到婚姻方面的挫折，时复陷入迷惘之中。我敬仰先生，将个人生活上的坎坷也经常向先生作请示。记得有一次在响岩门一条石凳上，我向先生坦率地诉说自己郁郁的情思，先生笑着对我说："用不着为此而悲愁，这年代唯莘莘学子最可爱，要认真教他们读书，自己也多做点学问，课余时看看山与水，山水能陶冶人之性情。"我领略先生的教诲，从此就克制自己的情绪，白天专心致志于教学，入晚即挑灯夜读，并决心将教育淮南中学学生为己任。

三 一份机密材料

数十年来，我学无长进，却一直敬仰先生之为人，只要有机会与先生相处在一起，生活中有些什么疑难不解之事，总要到先生跟前请问。

这一年冬天的一个早晨，起床后，发觉住室靠马路的窗户被人打开了，书桌上斜放着一束"讲义"似的东西，是一件印刷品，拆开一看，我呆住了，这份"讲义"第一页上端映出："论中国四大家族：蒋，宋，孔，陈。"原来是一份机密材料，来不及细看，就把它揣在棉袄里，又一口气跑到灵岩寺，告诉了先生刚才发生的事情。先生带我走上去小龙湫的山坡，选了一个向阳地方席地坐下来，我把这份材料递到先生手里，先生一页页仔细看了，笑了笑说："这些东西，我过去没看到过，但这些情况，我知道一些。"他向我打听了怎么会拿到这份材料之后，随即说："现在政府里对这类事一定查缉甚严。"又再三告诫"要小心放好，勿令他人知悉"。那时候，抗日战争已到了结束阶段，欧洲大陆同盟军已转败为胜，希、墨轴心正穷途末路，我人民抗日战争即将取得最后胜利，国民党反动政权的腐败与堕落已为国人所不齿，却还暗中勾结日寇汪逆对我党领导的抗日军民实行法西斯统治。这一切，先生虽翰林人士确实已先我而"知道一些"。近读《天风阁诗集》，先生自述学诗经过时提到："抗战以来，怅触时事，其不可明言者，辄假诗词诸体，一抒胸中感慨。"捧读全书，不乏慷慨悲愤之作。我幼年时爱慕侠者言行，见路有不平辄拔刀相助，又看了很多无政府主义者的论文和小说，对所谓"斗争的策略""革命的正确道路"，只不过是一个在海滩上拾贝壳的弄潮小儿。而先生胸襟宽广，又虚怀若谷，如海涵之弥深，对后生晚辈又爱怜如亲人。在这份"机密材料"事件上，我永远记住先生的教诲，联想到此后十多年的一件事：一九五七年夏，我到杭州去探望先生，先生带我上了黄龙洞，那时，我在上海担任一所中学的党政负责职务，谈话间，先生还清楚地提起当年在雁荡山看到那份"机密材料"之事。先生说："这几年，我也认识了许多新的问题。"他又提到天五、心叔两位先生的遭遇，言下复有"不可明言者"之意；其后又十年，祖国大地出现腥风血雨，正义之士广罹浩劫，先生名列浙江三大重点人物之一，正蒙垢受辱，其封号是"反动学术权威"，其罪是"里通外国"，我则是上海文教界一名小小的"死不改悔的走资本主义道路的当权派"，正靠边接受严格的审查。有一次，红卫兵到杭州外调，向先生查对我的"反动历史"，先生直言不讳告诉他们："在龙泉、在雁荡山我只知道他是一个进步的青年，有无做过其他坏事，我不得而知。"当我恢复了自由，重新担任工作时，听到当年红卫兵转告我上述情节，不禁热泪盈眶，敬佩先生刚正不阿。直至今日，回顾当年在雁荡山小龙湫山坡席地而坐先生讲的那番话，暨而后几个十年与先生相处的身察体会，足见先生对新旧社会早已判若泾渭，对社会人生足具真知灼见。全国解放后，更加是非分明，政治上益显坚定，即使身处逆境亦大义凛然；更可贵者，对真理之探求，始终虚怀若谷，言谈中虽无"革命""斗争"之类的词藻，对后生晚辈，却经常指引他们走诚挚、正直的道路。

本文选自《夏承焘教授纪念集》，中国文联出版公司一九八八年十月第一版。

怀念恩师夏承焘

郑祥孝

一九四五年初春，我考入乐清师范学校。当我接到入校通知书时，就匆匆整理行装，从家乡永嘉峙口开始，步行经陡门、马鸟岭、湖边、虹桥、朴头、清江渡、白溪等地赶到学校。由于当时交通不便，环境恶劣，到校时新生注册工作已过两天。那时候，乐清县城被日寇占领，学校已暂时迁移至雁荡山灵峰寺上课。我向经办老师再三要求，他却一口拒绝。后经该校温州同乡指点，我到夏承焘先生处说情，才入了学。从此我内心深感夏先生对我的提携，因此一有空就去他家玩。

夏先生是永嘉城区人，我们也可算真正的同乡了。当时乐清师范学校的校长俞天民，教导主任周铁梅，教师林松祺、曹兆汉等都是夏先生的学生。夏先生在乐师也担任高师部的语文、历史课，高师部班级设在北斗硐。夏先生每天一手打着伞，一手拿着讲义夹很费力地准时去北斗硐上课。夏先生和师母俩性情温和，特别可近可亲。先生性格内向，平时不多说话，其威严真令人敬而生畏;师母姓游，态度和蔼慈祥，处事大度有方，可称得大家闺秀。夏先生夫妇年届半百，却无男无女，因此特别喜欢我，尤其是师母，在雁荡山的半年时间里，我可算是他家的常客。师范是穷苦人选读的学校，吃饭不要付钱，餐费全由国家供给。夏先生家住在灵峰寺东首楼上，有一个专职的厨工为他烧菜，享受"小灶"生活，可见他吃的菜比学生和其他教师好得多。师母经常叫我到她那里用餐，有时我在师母家吃饭很不自然，实在有点拘束，她就经常把大块的猪腿肉夹来放在我的饭碗里，就像对待亲生儿子一样。

一到星期天，夏先生总是有事没事将我叫到他家。有好几次，叫我到大荆去替他买东西，用的如买蒲扇、拖鞋、草帽，吃的如买花蛤、牡蛎、紫菜、鲜虾等。当时我个子虽小，可行走如飞，买了东西就马上回来。同时，我把剩余的钱一起交给师母，而师母每次总会把零钱塞进我的衣袋。由于我家人口多，父亲种田，生活确实有困难。那时候，我身上穿的衣服长的长，短的短，旧的旧，破的破，很不像样，我自己也觉得难看，师母也看在眼里，疼在心里。一个星期天的傍晚，师母从布贩那里买了些青色斜纹布，做了一身挺合身的中山装给我，一穿上身，人人都说我变了样，全校同学都向我投来羡慕的眼光。

有一次，是清明节的前一天，恰好是星期天，夏先生与师母要我陪他俩去百岗尖游玩。听说这里是雁荡山最高的山峰，师母就备好一袋干粮、一军壶白开水和一架望远镜在旅行袋里。

夏先生拿条手杖，师母拿条白色的毛巾，那个淡黄色的旅行包就让我背。早晨七点出发，一路上三人有说有笑，夏先生不时拿起望远镜向四周眺望，领略大地风光，赞不绝口。夏先生上山时还可以，神采奕奕用手杖一拄一步向上攀登，可师母就不行了，她年少时缠过足，步履蹒跚，气喘吁吁，真叫人担心。到达顶峰时足足走了三个半小时，后来在一棵大树底下一边休息一边吃干粮当中餐。因这天天气不好，四周迷漫着薄雾，拿望远镜来看，到处都是一片白茫茫，根本看不见什么景物，真使夏先生有点遗憾。只能在上面徘徊了一个多小时才下山。在下山时，师母真的脚骨酥软，脚底磨了好几个血泡，时时双腿向前跪倒。在万般无奈下，她只得双手搭（压）在我的肩膀上，我一步，她一步，慢慢下去。回到学校后，师母才发现自己这件淡蓝色的旗袍后襟撕了好几个大洞。夏先生真有点懊悔，师母是病非病躺在床上休息了半个多月才勉强下地行走。一天，我在他家吃晚饭时，夏先生语重心长地说："祥孝啊，这次将你害苦了，如果没有你同去，师母真的下不了山来。"这一番话，真使我感到莫大的欣慰。

一九四五年，社会非常混乱，有国民党部队，有日本鬼子，还有"三五支队"。日本鬼子到处杀人放火、强奸掳掠，清楚记得淮南中学校长被日寇在雷雨夜杀害，全身被刺刀戳了很多洞，真叫人惨不忍睹。送葬时我们学校全体师生集中去，因此教师们一听到有日本鬼子来，就慌得脚骨摇铃。好几次夏先生将自己的贵重家当一只皮箱，一个网篮交给我随身挑着逃跑，他自己和师母拄着手杖各自逃生，并嘱咐我，如果真的挑不动了可将你自己的东西扔掉。幸好，每次都只是虚惊一场。

该学期五六月份，由于乐清县城长时间沦陷，学校领不到粮食，无法开课。在万般不得已的情况下，校方决定向学生暂借，每人暂借一百二十市斤大米，以解燃眉之急。雁荡山到永嘉我家乡，路途确实有点远，那时候根本没有交通工具，隔山隔水只得步行，起码要走两天。再加正当青黄不接时刻，我家也拿不出这么多米。接到通知后，我对夏先生说，这次我回家可能再不来了，因为家庭困难不说，家乡还被日寇占驻。夏先生当即告诉我，你不要去，我向校长打个招呼就好了。结果全校学生停课回家，学校停火，唯我一人住在夏先生家。

记得学期结束前的一天，师母告诉我，日本鬼子退去了，夏先生马上要到杭州去，他说要把你带杭州去读书，杭州学校比这里好，先生很喜欢你。此前，师母曾问我家有几个兄弟姐妹，我告诉她，两个弟弟，一姐一妹，全家七口，家里生活很穷苦。当时我虚岁只有十六岁，说者有心，听者无意，师母说的话，似懂非懂，也拿不定主意答应她。这总算是我没有福分，在人生的转折点上失去了好机会。

一九四六年的暑假里，当我得知夏先生与师母已回到老家温州谢池巷时，特向母亲要了一大饭桶的上白面粉去拜望他们。夏师母见我到她家，看她脸上的高兴，我真无法形容。只见她激动得眼眶红红的，马上把夏先生从楼上叫下来，二老对我问长问短，真的像见到久别的儿子从远方回来一样。他们留我吃了中饭，师母怕我就走，把大饭桶藏得好好的，不让回家。下午夏先生与师母带我到大南门一带遛了一圈，并在五马街口一家照相馆照了一张黑白相片，先生站左，师母站右，我站在中央，且师母还将左手搭在我肩膀上，俨若一家人。这张照片我如珍宝一样收藏了廿几年，可惜的是在"破四旧"期间被"红卫兵"强行拿走，真太可惜了。师母还在街上买了两件棉纱的格子背心汗衫给我。当晚，我在先生家二楼一间窗明几净的房间里过了一宿。翌日上午，我向师母要求回家，并说如果再不回去，家里妈妈也不放心。师母勉强让我提着大饭桶出门，并拉着我的手硬塞给我一张仟元面值的金圆券当路费。（编者按：作者回忆有误，金圆券于一九四八年八月才发行，此处应非此货币。）看到慈爱的师母眼泪盈眶，当即我也哭了。谁知从此一别，我们再也没有相见过。

在后来漫长的岁月里，我经常打听夏先生的消息，只因永嘉杭州两地相隔旅途遥远，加上生计窘迫，一直无缘去看恩师夫妇一面。我有一个弟弟叫郑祥理，曾在温州电机厂工作并担任厂党委副书记。"文革"中，我弟弟担任电机厂的工宣队队长。有一次，厂工宣队进驻市十四中，在处理一个案件时因牵涉到夏先生，就由我弟弟与人一起去杭州调查。当时，杭州的学校也停课了。夏先生作为学术权威，也是一直被批斗。我弟弟见到夏先生，就问他还记不记得有一个叫"郑祥孝"的学生，他想了想说：记得，记得。还向我弟弟简单地问了一些我的情况。这也是我们师生别后唯一一次联系！后来，听说师母去世了，接着有一个学生名叫吴无闻的愿奉侍夏先生终身。一次，永嘉县退教协组织离退休老师去江心屿旅游。一上码头，我便看见夏先生的遗像贴在宣传窗里。当时我不由心情激动，眼含泪水，端端正正地站着向恩师三鞠躬。当大家要走时，我还呆呆站着不肯离去。夏先生逝世时，《人民日报》首版刊登着"一代词宗"四个大字。

古人云：滴水之恩，涌泉相报。夏先生与师母对我深恩似海，而我却报答无门！今世无缘，再待来生吧！

本文原刊《温州文史资料》第二十九辑，中国文史出版社二〇一三年十二月第一版。

春风风人 夏雨雨人

徐润芝

　　一九四六年到一九五〇年，我在浙江大学文学院中文系读书。当时竺可桢先生担任校长，名师辈出，誉满中外。中文系教授最负盛名的莫过于夏承焘先生。

　　我跟随夏先生学习三年。中文系学生最少，我这一班中不到十人。有时老师在课堂讲课，学生寥寥无几。可是每逢夏先生讲课，教室内桌椅往往不够。同学中除了文学院的，外文、史地、教育、人类学系来选修以外，理、工、农学院来的也不少，课堂内坐不下，就站在教室外边。夏先生往往穿着灰色长衫，戴着眼镜，穿着布鞋，登上讲台。同学们静谧无声，聚精会神地谛听。他那平易近人的语调像春天的风，和煦拂面；又像夏天的雨，润泽万物。感人肺腑，难以忘怀。

　　夏先生讲词，朴实无华、博采众长，取其精华、弃其糟粕。他虽然批评《花间集》侧艳绮靡，却指出它是词中总集的滥觞，取其精粹动人之作，如温庭筠（飞卿）的精丽，韦庄（端己）的疏秀，比拟为浓妆与淡妆之别，两人词品显而易见。他赞许东坡词的豪宕清雄，稼轩词的激扬奋发，白石词的风骨高朗，也指出他们的不足之处，大醇不免小疵。他讲词不矜才使气，不随声附和。如讲到南唐后主李煜，提到王国维对李煜评价最高："词至李后主而眼界始大，感慨遂深。……尼采谓一切文学，余爱以血书者。后主之词，真所谓以血书者也。"夏先生对王氏这些评语是肯定的。王国维又说："宋道君皇帝燕山亭词，亦略似之，然道君不过自道身世之感，后主则俨有释迦基督担荷人类罪恶之意，其大小固不同矣。"夏先生否定后者，指出后主李煜和宋徽宗赵佶相似，为人主而不能治国，只能在文学艺术史上独树一帜。前人所谓："男中李后主，女中李易安，极是当行本色。"

十年浩劫期间，夏先生虽饱尝忧患，却坦然处之。有一次我去看他，他正在伏案作书，随手写了一首陆游的《夜游宫》给我，遒劲的书法，洒脱飞舞，最后两句是："有谁知，鬓虽残，心未死。"我默默地体会着夏先生虽是双鬓似雪，却是寸心如丹。他和师母吴无闻先生每天到黄龙洞去散步锻炼，趁便汲些白沙泉水回来煎茶。那天，他就叫师母泡茶给我吃，微笑着说："龙井茶叶和白沙泉水好吧！"

一九七四年初春，孤山梅花盛开，夏先生与师母共来我处小坐，问起长沙马王堆汉墓出土的文物，很想前去参观。我想：马王堆出土文物中有完整的二十五弦的瑟和竽，和夏先生研究词曲古乐有密切联系，因此他是那么关心。当时挫折虽多，他对研究工作老而弥笃，丝毫不懈。不久，夏先生偕师母北上，定居北京。一九八〇年前后从文物部门的老师处得知他在京经常和老朋友谈词倚声，意兴甚豪。一九八一年四月七日（旧历三月三日），我到绍兴参加兰亭书会，见到夏先生手书贺词，挂在王右军祠，书法界人士瞻仰赞美。绍兴沈园开放时，夏先生也写了《陆游词》寄去陈列。去年十一月，我接到文学研究出版部门的八个单位联合发起的请柬，庆祝夏先生学术与教育活动六十五周年，在政协礼堂举行。感奋之下，难以言宣。

夏先生一贯热爱祖国，追求真理，他作画喜欢莲花，象征着出污泥而不染。他的艰苦奋斗精神和严谨踏实的学风，在门墙桃李中产生了深远的影响。

本文选自《夏承焘教授纪念集》，中国文联出版公司一九八八年十月第一版。

如沐好雨 如坐春风
——回忆与王季思、夏承焘先生的初次见面

徐正纶

也许是有缘，两位温州中学的老校友，被温州人引为自豪的现代文学大家——研究宋词的夏承焘和研究元曲的王季思，我都是在温高读书时第一次与他们见面的。当时他们两位已经在各自研究领域卓有成就，而我只不过是一名高中生。大概正因为这个差距，这第一次见面给我留下了深刻印象。

与王季思先生第一次见面，是在一九四六年暮春季节。当时他正从外地回温探亲，受校方邀约，对全校高中同学发表讲话。我站在靠前位置，清晰地看到王先生满面酡红，眼镜片后面那对眼睛还有点迷糊，大概因为中午校方的邀请，让他多喝了几杯酒。在金校长介绍后，他用温州方言，像谈家常那样，向我们讲起了自己童年的学习生活。他说年少时家境比较贫寒，父亲省吃俭用供他上学。当他拿着书本离家时，父亲常常叫住他，从身边抖抖索索掏出几个铜板，塞在他的衣兜里，叫着他的奶名对他说："饿了，你就上街买些点心吃。"说到这里他再

也说不下去了，眼泪随之流了下来。停了好一晌，他拿出手帕揩拭镜片，想把刚才的话题继续下去，可是几次张口都哽咽着发不出声音。金校长见这阵势，连忙宣布："王先生中午喝了点酒，不胜酒力，今天的演讲就此结束。"散会以后，很多同学窃窃私语，颇有微词，但我却另有想法，觉得王先生这次演讲虽然没有完结，给我们留下太多遗憾。但我毕竟见到久闻大名的王先生，领略了他的风采和口才，特别是窥探到他丰富的感情世界。

时隔多年，我读到一本古人笔记。内载：元朝大戏剧家汤显祖创作《牡丹亭》时，家人有一天突然在书房里找不见他，寻遍角角落落，终于发现他躲在僻静的柴仓里掩面痛哭，家人惊问他为什么哭?他答：我为丽娘悲矣!读到这则笔记，我忽然记起了王季思先生演讲时的呜咽。汤显祖是带着感情塑造角色的，我想戏曲研究者要大有作为，除了扎实的学识功底，也应拥有丰富的感情世界，这样才能与剧作家产生心灵的共鸣。王季思先生正是拥有丰富感情的人，这也是他在古典戏曲的研究中取得如此巨大成就的主观原因吧!

就在与王季思先生来校演讲相隔不久，我又第一次见到夏承焘先生，也是在夏先生回乡休假时，校方请他来与同学见面的。他这次来是举办一次关于如何欣赏唐诗宋词的讲座。我对夏先生也心仪已久，在他到来之前我就听到过一些关于他的奇闻轶事。比如夏天群蚊肆虐，他夜读时伸在桌下的两条腿，常常成为饕蚊的盛宴,痒得他根本无法继续读下去。怎么办?他向白酒坊借来两只空酒坛, 把双腿塞进坛里, 这样既阴凉又使蚊子奈何他不得。这则传闻富有传奇色彩, 但我听到后却对夏先生的好学精神肃然起敬。

我原以为夏先生是个风度翩翩的白面书生, 那天一见, 出乎意料: 方盘脸, 黑肤色, 络腮胡, 鼻梁上架着的那副高度近视眼镜, 镜框也是黑色的, 给我的总体感觉是"其貌不扬"。但待他一开口讲话, 我的第一印象马上改变了。他讲话节奏很慢, 声调低柔, 吐字清晰, 出口成章, 条分缕析, 娓娓道来, 一下子便把听众吸引住了。近两个小时的精彩演讲, 在不知不觉中就过去了。

那次讲话的内容已记忆不清了, 但他演讲时引为例证的两首诗, 至今我还没有忘却。一首是王昌龄的《闺怨》:"闺中少妇不知愁, 春日凝妆上翠楼。忽见陌头杨柳色, 悔教夫婿觅封侯。"另一首, 我以前未曾见到的, 记得后面两句是:"枕边泪共阶前雨, 隔个窗儿滴到明。"夏先生说:"一切景语皆情语也。"中国古诗往往离不开描写自然景物, 但不是为写景而写景, 而是为了借景抒情。这两首诗虽然都是抒写闺中思妇情怀, 但是前者用景物"反衬"心情, 用盛装的少妇春上翠楼, 见到野外艳丽春色, 来烘托她远离亲人的寂寞之感; 而后者用景物"正衬"心情, 以连绵不绝的雨声, 强化独居少妇通宵不眠, 对离人的凄苦思念。他特别欣赏后一首, 说它没有引用典故, 没有华丽辞藻，文字如此直显浅白，却把深闺少妇那种羞于启口的思念恋人的深沉感情，表现得如此淋漓尽致，这不能不归功于诗人对以景写情手法的娴熟运用。

夏先生这些话，当时对我大有启发，从此我对古诗的阅读兴趣也就越来越高了。

五十余年过去，每当我想起第一次见到这两位文学大家的情景，感慨良多。如今青年学子中有不少痴迷的"追星族"：追歌星，追球星，追影星……有的学生甚至追得废寝忘食，晕头转向。本来，这种崇拜偶像心理无可厚非；但我总觉得学生的主要任务毕竟是学习，学校应当努力营造浓厚的学术氛围，引导学生多追求文学、科学等等各种学术之星。从我当年的经历看，请各方面的特别是校友中的学术名人来校演讲，不失为一个有效的促进举措。

听说母校现在的领导层一直在努力这样做，并取得不少成绩；但愿今后能做得更多、更好。

———————

本文原刊《温州一中八十周年校庆专辑》，温州一中总务处一九八二年编印。

梦路还应绕永嘉

江国栋

一九四七年暑假，我有幸拜识夏承焘教授于他的谢池巷寓庐——谢邻。传闻中这位温籍学人，治学严谨，谦逊慈蔼，是性情中人。岂知识荆之日，我更增加一番印象：一袭青衫，超凡脱俗。

我少年家贫，拜师无以为贽，倒蒙夏师赏赠了一杆湖笔、一方徽墨、一柄用檀香木做骨子的折扇。更可贵的是扇页上洋洋洒洒地留下了词人的得意之作——《鹧鸪天》："短策暂辞奔竞场，同来此地乞清凉。若能杯水如名淡，应信村茶比酒香。无一语，答秋光。愁迁征雁忽成行。中年只有看山感，西北阑干半夕阳。"

名如杯水，村茶胜酒，教人不为名锁利缰。这是人生入世的一份定力，任何冲击都不会动摇。也正因这份定力，夏师在"文革"初期的"林（淡秋）夏（承焘）战役"中才能轻松幽默地跨过了重重险关。

半个世纪过去，春去秋来，而夏师早已作古。

夏师是自学成才的。弱冠之年曾在乡村小学执教。咏怀诗中有"鸡比学生多"之句。岂知十载寒窗，刻苦自励，治宋明儒学，拾词人遗掌，精研细讨，学业精进，刚及而立之年，竟主之江大学文学教席，成为此后四十年来钱塘江畔，秦望山上月轮楼的风月主人。当时学人圈中称他为瞿禅先生。

瞿禅，这个别致的名号，作何解析？一见面，我便猜对了一半，夏师短发瞿瘦，双目瞿瞿，这个瞿字，正点出了他的外貌特征。下一个字呢？则要细细地咀嚼：在他情趣横生的谈笑里，在他宽厚仁恕的行车间，在他藕花墨团的画幅上，在他兰因絮果的词章中，才能一次深一次地领悟出这深奥的"禅"机来。瞿禅，它概括了夏师清朗的风采和广博的内涵。

夏师谈起过他学词是受少年求学时一位塾师的启迪。他十四岁时，偶填了一阕《如梦令》，结句是"鹦鹉，鹦鹉，知否梦中言语？"这是由唐人宫词"含情欲诉宫中事，鹦鹉前头不敢言"两句化解出来的。经那老师密密加圈并向众学子示范。谁知这朱笔红圈，竟奠定了夏师一生研究词学的决心，也造就了"从理论修养和创作实践上远承苏辛之业"的一代词宗！

夏师晚年因养疴客居北京。在念旧怀乡的词章中，一首《减字木兰花》就是纪念这位老师的。词云："峥嵘头角，犹记儿时初放learn。池草飞霞，梦路还应绕永嘉。"（编者按：此句乃纪念黄筱泉，非为纪念的张震轩而作。）

解放初期，我执教于文成县中，每有所作，邮呈审览，至今夏师作古多年，而谆谆诲谕，时萦梦寐。每读函札，感念良深，今选录数节于后，对后学者也有所裨益："有志研古典文学，鄙意须从作品着手，名家名作，须有百首左右能背诵，能通透了解，文学理论固甚重要，然作品不熟，理论必落空……一部文学史，作品似瓜果，史的规律似藤蔓，二者不可偏废，然终以瓜果为重……"

片纸只字，墨迹犹新。仿佛儿时古聆教益，那一袭青衫，飘飘欲举，临风遐想，不胜依依。

本文原刊《温州日报》一九九五年八月二十七日。

春风化雨
——怀恩师夏承焘先生

琦　君

　　恩师夏承焘先生字瞿禅，他是浙东大词人，也是先父当年最钦佩的年轻学人（先父与他年龄相差近廿岁）。我童年时在故乡，记得他常来家中，和父亲在书房里论文吟诗，琅琅之声，萦绕庭院。他走后，父亲总显得心神格外怡悦。对我的家庭教师说："我女儿得你启蒙教导，稍有基础以后，希望将来能再追随这位夏先生学诗词。"我在旁听了就背起那一百零一首唐诗来，表示自己"颇有资格"。及至我卒业高中，升入杭州之江大学，才有幸真正受业于瞿禅老师。所以他赠我诗中有"我年十九客瞿溪，正是希真学语时。人世几番华屋感，秋山满眼谢家诗"之句。（老师寓所在谢池巷，为纪念永嘉太守谢灵运名句"池塘生春草"而命名。）

　　我曾请他解释"瞿禅"二字的意义。他说："没有什么特别意义，只因我很瘦，双目瞿瞿，且对一系列事物都怀惊喜之情。至于禅，却是不谈的，一谈就不是禅了。其实禅并非一定是佛法，禅就在圣贤书中，诗词中，也在日常生活中。慧海法师所说的'饥来吃饭困来眠'，不是日常生活吗？"于是可见老师的人生观。

他授课时总是笑容可掬，使满室散布温煦的阳光。讲解任何文字篇章，都和人生哲理、生活情趣融成一片。他教《文心雕龙》，每每以铿锵有节奏的乡音高声朗诵那优美的骈文。使我们对深奥的文学理论，好像已领会了一大半。诗词经他一吟诵，也就很快会背了。他教《左传》《史记》，都予以独特的评价。他说左丘明与司马迁表面上是传史实，骨子里是写小说。但因中国在仕途得意的文人都不重视小说，小说只是落魄的失意文学家拿来作为消愁解闷工具的。因此传记即使有小说的味道，有小说的娱乐性，文士们也不敢强调，连作者自己也不得不以"究天人之际，通古今之变"作幌子。他卓绝的见解，许多都与今日的新文艺理论不谋而合。他说读书要乐读而非苦读，故极力培养我们"乐"的心境。另一位教《论》《孟》、文字学的任老师却非常严肃，总怪他对学生太宽容不够严厉。他笑嘻嘻地说："你是教做人为学的道理，我是讲娱乐人生的道理，心情本来就不一样的。逼着他们背和做，就不是娱乐了。"任老师始终不赞成他的说法，一再与他争辩，他又笑笑说："如卿言亦复佳。"

他虽然以轻松洒脱的态度教学，而自己治学，却非常认真严谨的。他研究杜甫诗、姜白石词。当时我看他着手作《白石词笺校》《白石道人行实考》，搜集资料，编年次第，所下工夫极深。我因对考据没有兴趣，对白石词的过分研辞炼句也并不太喜欢，所以除了背他的几首名作以外，并不曾多作钻研。于此可见我不是个做学问的人，辜负恩师期望，惭憾无已。

瞿禅师除了对宋词的研究以外，于佛学及西洋哲学，也极有兴趣。他一面读佛经，一面读西塞罗、康德、歌德的著作，每有特别会心或喜爱之处，必手抄数则，分赠诸同学作为座右铭。

他抄给我一段云："歌德说'生活无论如何终是美的'。又云'各种生活皆可以过，唯求不失却自己'。又云'我有敢入世之胆量，下界苦乐，我愿一概担当'。此即佛家'我不入地狱谁入地狱'的救世心，也正是孔孟一个'仁'字的心中思想。"卒业后，同学们各分东西。我僻处山城中，书信逾月始达。老师来函，仍时常引先贤西哲之言，或记录自己读书心得相告，并指点我如何读书、作词，诲勉谆谆。感念师恩，此心实不敢稍有懈怠。

老师虽不谈禅，而于论文学作品时，多寓禅理。他说"杜甫热爱人生，入而不能出，故有'风定花犹落'之句，俞曲园则甚豁达，故曰'花落春犹在'。我却更乐观，要说'未有花时已是春'"。我非常喜欢这一句，请求他完成一首诗。他想了一下，在我书页上写下："莫学深颦与浅颦，风光一日一回新。禅机拈出凭君会，未有花时已是春。"这是老师第一次以"禅机"二字入诗。问他是何禅机，他颔首说："只在低徊一笑中。"

抗日胜利回到杭州，我因久咳不愈，几疑得了肺病，精神十分萎靡。瞿禅师来探望我，看我忧焦神情，他只是笑而不语。次日，即寄来以黄道周体写的《维摩诘经问疾》一章。命我慢慢体会。我读本文时一知半解，但看老师解释道："我空则病空，不以病为苦。""在痛苦中体味人生，不起厌离念，怨恨恼怒念，以一身所受，推悯大众之苦。"使我略略懂得化烦恼为菩提的妙理。老师嘱我每天五时起身，以工楷抄经一遍，不但字会进步，病也就痊愈了。我照着他的诲示做了。果然咳嗽渐止，心境开朗。

那是民国三十六年的事，现在是六十六年，整整三十年了，不知恩师近况如何？

_____

本文选自《千里怀人月在峰》，台湾尔雅出版社一九七八年版。

忆夏承焘师

蔡义江

尚余德业在人间，桃李栽成去不还。

少小从游今老矣，梦魂犹绕月轮山。

我的母校之江大学（杭州大学前身）很美，她坐落在钱塘江畔的月轮山上，那里莺啭深林，溪喧幽壑，座中观海日，枕上看江潮，令我难忘。在那里我度过了我的大学生生活，走上从事中国古典文学教学和科研的岗位，其间，使我得益最多、对我影响最大的是恩师夏承焘（字瞿禅）先生。

新中国成立后不久，我被保送入学，一进校，我就听说："中文系最有名的是夏承焘教授，他讲课时总是满堂笑声，外系的学生都来旁听，连过道上窗台上都坐满了人。可惜我们第一学期没有他的课。"我们那时课时不多，自修课占了一半以上，为了早日得名师"真传"，我就把夏先生所教的各年级的课，全抄在课程表上，上完正课，就去别的年级旁听，断断续续，东听一点，西听一点。夏先生发现了，就在课堂上问道："坐在角落里的那位小同学，你是新来的一年级学生吧？叫什么名字？你听得懂我讲的课吗？"我一一作了回答，并说："讲音韵的，有的不太懂，其余都听得懂，很有兴趣。"后来，系里安排夏先生为我们开"中国文学"（韵文部分）和"唐宋诗词"课，同学们别提多高兴啦。

夏先生上课从不照讲稿念，也不按什么程式来一套开场白，没有长篇大论，说话很从容，笑咪咪的，一点也不急。一开始就接触问题的实质，并且总能立即引起学生的兴趣，抓住他们的注意力。要讲的几点意思，总是表达得非常简明浅显，但又深入透彻。说理不多，而能出语惊人。他最喜欢举许多例子来说明道理，以加深学生的印象。在这方面，他讲课就像思想本身那么活跃，信手拈来，触类旁通。讲一首诗词，忽而提到荷马史诗《伊利亚特》如何写海伦的美，或者雨果、莫泊桑小说出人意料的结局。又联想到前一天晚上自己读到某本书中的几句话，或学校里刚放映的一部电影中的某个细节。有时，讲一二句诗，甚至一二个字，便用了一节课的时间，然而因为举一反三，同学们由此而获得的启示，却远非只对某首作品本身的理解可比。凡夏先生讲过的诗词，根本毋须再复习，早就在听讲的过程中自然而然地记住了，会背了。其中要点，不记笔记也不会忘记。有些人因钦佩夏先生而想学他的讲课风格，由于没有他那样的根基修养和明确的目的性，而只从表面形式上进行模仿，反而成了效颦，结果流于信口开河，东拉西扯，漫无边际地"跑野马"。

夏先生讲课，最善于用启发式。一次，他讲到艺术上相辅相成、对立统一的道理时，列举了许多例子。如说，要写喜，偏写悲，举了"喜心翻到极，呜咽泪沾襟"；为写乐，反说愁，举了"荷花娇欲语，愁杀荡舟人"；本写心情急切，却说胆怯害怕，举了"近乡情更怯，不敢问来人"；要说人死了，再也见不到了，却偏偏说还有三个地方能见到，那就是"梦中地下更来生"，等等。然而，他说，我有一天晚上，读到一首清人的《点绛唇》曲子词，有两句写鬼的，于是在黑板上写了"朦胧见，鬼灯一线，露出□□面"几个字，要学生猜猜看，空着的两个是什么字。同学们有的说是"狰狞"，有的说是"青蓝"，猜了一会，都不是的。然后他才写了"桃花"二字，并且说"桃花面"本应是最漂亮、最可爱的，故有"人面桃花相映红"的诗，可是在黑夜里鬼灯下见到，你们怕不怕?同学们想，鬼灯下的"桃花面"果然比所谓青面獠牙更令人毛骨悚然，一下子都乐了。他兴致来了，又讲了一个故事：有许多文人凑在一起喝酒，行酒令作诗，要以"红"字押韵，作一句。一个人作了一句花红的诗，一个人作了枫叶红的诗，还有作晚霞红、猎火红的。最后一个人想了想，作了一句诗说："柳絮飞来片片红。"大家都笑他作错了，哪有柳絮是红的?要罚酒。"同学们，你们说他该不该罚?"大家知道必有奥妙，不敢回答。一位同学低声地说:"不该罚。"夏先生就问他为什么不该罚。他说不上来。夏先生笑着说，是不该罚。那个作诗的人也不服气，说:"你们不知道我的诗前面还有一句呢，连起来是'斜阳返照桃花坞，柳絮飞来片片红'。……"教室里立即又腾起了一片笑声、赞赏声。夏先生说:"你们作诗，不要作花红、火红的诗，就要去作'柳絮红'一类的诗。"

　　夏先生对学生在学习过程中所表现出来的优点或进步，总是热情地表扬，鼓励他们要有超越前辈的志气。他曾经说:"第一流的教师教出来的学生往往是第二流的，而第二流的教师反而能教出第一流的学生来。"他解说道:"因为第一流教师，学生太崇拜了，就容易迷信，以为老师说的都是对的，不敢有别的想法了，这样，学得再好，也总是比老师差一等。"俄国思想家别林斯基说过:"学生如果把教师当作范本而不是敌手，他就永远也不能青出于蓝。"说的都是学生不要迷信老师，要充分发挥学习的主动性和创造性。夏先生用其个性独特的语言来表达，耐人寻味，又令人难忘。另一方面，夏先生也常常教育学生要尊重别人，虚怀若谷地听取各种不同意见。他曾作了一首语重心长的诗赠给学生，其中说:"我爱青年似青竹，凌霄志气肯虚心。"真正把传授知识和传授做人的道理很好地结合在一起。

　　说到虚心，夏先生真是我们的榜样。我当学生时，常去夏先生家里串门，坐下来，我听他说，他也听我说。后来留系当助教，跟着夏先生学唐宋诗词，去他家的机会就更多了。夏先生手边有一本小笔记本，在谈天中，他时而拿起来写上几句。不论是我转述读过的书、文章中的话，耳闻别人的谈吐，还是我自己的想法、意见，只要夏先生觉得有点意思的，他都会记下来。老师听学生谈话而记笔记的，不但从未遇到过，实也闻所未闻。一次，学生向他请墨宝，他谦逊地写道："南面教之，北面师之。"意谓既做学生的老师，也以学生为老师。现在想起来，夏先生之所以有那样大的成就，受到人们普遍的崇敬，这必定是一个重要的原因。

夏先生常把自己治学的切身体会、经验向学生介绍，也曾发表过《我的治学经验》等文章，为青年学生指明路径。记得有些学者在谈到"博"与"专"的关系时，意见颇有分歧，有的主张先"专"后"博"；有的主张先"博"后"专"；还有的主张"专"与"博"相互制约，相互促进，不应分出先后。听了有点茫然无所适从。夏先生并不纠缠这样的争论，他只告诉我们说："心头书要多，案头书要少。"还进一步说："只有能做到案头书少，才可能达到心头书多。"夏先生说"案头书要少"是力戒学生读书心不静，性子浮躁，见异思迁，没有定力。今天想读这本书，读不了几页，就丢开了；明天又换另一本，从没有认真地从头至尾读完一本书。夏先生并不反对很快地随便浏览、不求甚解地略读一些书，他认为这样的读书也有必要，但只能作为一种辅助手段，更主要的还应该是对研究的对象能静下心来，下真功夫。比如你想研究一位诗人或者一部小说，就应该首先把主要精力放在细心地阅读原著上。在相同的时间内，也许别人已经看了十本、二十本论这位诗人的书，而你因为慢慢地读，边读边想，细心地体会，结果连他的集子也还没有读完。在夏先生看来，你的得益很可能比别人大得多。因为你是"采铜于山"，并非搜罗现成的废铜烂铁。书，从案头到心头，全靠扎扎实实地积少成多。夏先生的话，实在也是针对许多青年学生的通病而发的。写到这里，我想起了前几年在杭大的一件事：一位选了"史记研究"为毕业论文题的研究生，化了许多时间精力，收集了所有论《史记》的专著、文章来读，由此而写成了一篇洋洋洒洒数万字的论文。但他的指导老师只勉强给了他一个"及格"，并加了批语，大意说："别人谈到的见解，你的文章里都有；别人没有谈到的，你的文章里也没有。"我想，如果这位研究生能听到夏先生的忠告，也许不会犯这个错误。

夏先生品评诗词的眼光很高，他常常把他的见解深入浅出地告诉学生。比如他说："有些诗一读，你就觉得诗原来这么简单，诗中的想法自己也有，为什么被李白、王维先写去了呢，好像自己也能轻易地就写出来，这样的诗往往是第一流的；有些诗一读，你就觉得高不可攀，以为自己一辈子也别想写出来，这样的诗反而可能是第二、第三流的。其实，那些看似容易的并不容易，所谓'看如容易实艰辛'。诗，最好写到'人人心头所有，人人笔下所无'。艺术上的单纯常常不是低级而是高级，是真正的上乘功夫。"有人将一部诗词选的书稿请夏先生审改。

夏先生只对入选诗词作删减，说："选诗要严，不怕漏，只怕滥。好诗漏选多少都没有关系，因为选者所好所见不同，所取也必定不同。但平庸的诗、不好的诗却一首也不应该入选，选了就表示你不知诗的好坏。所以宁缺毋滥。"这些教导都使我受益匪浅。

夏先生自己是写旧体诗词的高手，但他并不强求学生也都要学作旧体诗词。不过，他认为有志于研究古典诗词的人倒有必要学学作诗填词，因为只有通过实践，体验作诗的甘苦，才能更深切地领会古人的创作。因而，对学作旧体诗词的学生，他总是耐心指导，多方鼓励，并不厌其烦地为他们改诗。一次，我把自己学步所作的诗都抄在本子上，拿给夏先生看。夏先生一首首认真看下去，写得不好的，他只笑笑，不说什么；认为还有点像样的，便给加上了圈，有时还改上几个字。记得有一首五绝，被圈了双圈，诗说："信步循林薄，春花处处寻。流泉声似咽，始觉入山深。"但即便是这首二十字的小诗，"循林薄"三字，还是先生改的。原先我好像写了"行幽谷"什么的。先生说："诗写幽深，精华不应预先泄露，改一下，就有层次了。"夏先生解放前有位最得意的学生，是他温州同乡，叫潘希真，即大名鼎鼎的琦君，琦君在台湾是名列榜首的、最受欢迎的女作家，被誉为"台湾文坛闪亮的恒星"。现留居美国。两年前，她给我的一封信中谈到她学生时代读《红楼梦》和夏先生为她改诗的情况说：

记得大二时，与一位要好同学一同躺着看《红楼梦》，比赛背书，背回目，我总是输；书中情节，则二人都了如指掌，如数家珍。我曾口占打油云："红楼一读一沾巾，底事干卿强效颦？夜夜联床同说梦，世间尔我是痴人。"瞿师（夏先生）改为"世间儿女几痴人"。他说，迷红书岂止我与那同学？那时，我们把瞿师比作贾母，中文系同学各代表一人物，现在回想起来，十分有趣，转眼已是四十多年前的事了。

夏先生性情旷达，我从来没有见过他有发怒或发愁的时候，遇见任何事，对任何人，从不高声厉色地说话，却会呵呵大笑。平时谈吐，充满诙谐幽默，特别喜欢讲笑话。凡做过他学生的，记忆中必定有夏先生讲的笑话。不用思索，就可举出几个来。一个笑话说：有一个人生性吝啬，买一把扇子用了十年还是新的。人家问怎么用的。他拿起扇子作竖掌状，说："就这样，只摇头，不摇扇子。"还有一个笑话说：有一个人老婆很凶，他对人家说："我见到茶壶就害怕。"人家不明其意，他解说道："茶壶使他想起老婆骂他时的样子。"说着以一手叉腰，伸一手戟指作骂人状。"文革"一开始，红卫兵贴出大字报要"打倒牛鬼蛇神夏承焘"。有人把消息传给夏先生，让他有个心理准备。谁知夏先生听了后，只是笑笑说："真的吗？蛇神不像，我不是蛇神，我大概是牛鬼吧。"夏先生很赞赏苏轼在仕途中备受打击，多次被贬谪到僻远地区而不改变其乐观的处世态度，他自己的那种处变不惊的修养，或许多少也受到过东坡的影响。

夏先生的生活非常俭朴，没有烟酒嗜好，也不讲究吃穿。我进校第一次见到他是在一次有学生代表参加的中文系教师会议上。他进会议室时穿着一套很旧的白布对襟衫，一双布鞋，我竟误以为他是来冲开水的工友。若干年后，因为先生要去北京或外地开会，还常常要会见外宾，才在别人劝说下做了一套呢衣服。我与夏先生熟悉后，有几次上他家时正好他在吃饭，饭菜都特别简单。一天，他只捧着一碗面在吃，我说："夏先生，吃什么呢？"他说："肉丝面。"可我见到的只有面，哪有什么肉丝。我知道，这位被后来誉为"当代词宗"的夏先生，在五十年代里，就有《唐宋词人年谱》《唐宋词论丛》《姜白石词编年笺校》《怎样读唐宋词》《唐宋词选》等多种重要专著出版，还在报上连续发表唐宋词欣赏的文章，稿费收入自然不少。但许多人都不明白为什么夏先生的生活仍节俭如此。据我所知，夏先生的钱大部分都为词学研究作了贡献，或资助了出版，或在他逝世后留作了"夏承焘词学奖金"，以奖掖后进。"若能杯水如名淡，应信村茶比酒香。"夏先生在他《鹧鸪天》词中写下的这两句话，正可作为他清净淡泊的生活志趣的写照。

夏先生逝世已经六年了，我这个学生也已经超过当年夏先生教我们时的年龄了。他的音容笑貌至今仍清晰地留在我的记忆中。

月轮山令我梦萦魂牵，因为月轮山不仅风景秀美，而且同时也是夏先生生前最喜欢的地方。夏先生给我们上课时，曾在黑板上写过自己填的几首《望江南》小令，都以"之江好"开头，还记得其中一首说："之江好，面面面江窗。千万点帆过矮枕，十三层塔管斜阳，清昼在山长。"愉悦之情，溢于言表。他还把自己论词的集子名之为《月轮山词论集》。据师母无闻说，夏先生生前表示，他希望自己死后能埋骨于月轮山。师母准备遵其遗愿，终因风景区不宜再建坟墓，只得改变打算，将墓建在浙江另一风景优美的千岛湖。我以为此事不足遗憾，夏先生自己早在月轮山上建起了一座丰碑，这块碑也会永远矗立在每一个曾经受教于恩师的学生的心头。

本文原刊《文史知识》一九九二年第八期。

和夏承焘老师同在"运动"中

陈美林

　　我于一九五〇年秋季考入浙江大学文学院中文系，当时的校长为马寅初，教务长是苏步青，文学院院长为孟宪承，中文系主任为郑奠（石君）。古典文学课程主要由夏承焘（瞿禅）教授负责。根据国家建设需要，一九五〇年入学的大学生提早一年，即于一九五三年毕业。毕业后离开学校，离开瞿禅师，直到八年后的一九六一年，夏师应邀来南京、苏州讲学，我陪侍在侧，方得重聚。一九五〇——九五三年、一九六一年的《天风阁学词日记》（下称《日记》）中，在这两段时间内，我与夏师一起参加的有关活动，夏师都有记叙，并出现了我的名姓。一九六一年与夏师分别后，又一直未曾联系，直到一九七四年秋，瞿禅师通过唐圭璋先生找到我，方给夏师写信。瞿禅师收到我的信后，随即于十一月七日复信，首先言及"十余年不见，得书快慰，忆解放初在嘉兴参加土改时，一日与你席地睡一处"云云，可见土改运动给夏师留下的深刻印象。至于夏师的《天风阁学词日记》出版部分至一九六五年八月为止，晚年与我的联系，不可能再从《日记》中得到印证，但夏师给我的十余封信及三帧墨宝，却全是一九七四年恢复联系后到一九八六年夏师逝世前所写，亦可证。本文拟以一九五〇—一九五三年期间夏师的《日记》为线索，对我与其一同参加的土改、"三反"、思想改造运动略作回顾。夏师的《日记》不仅"反映了夏承焘先生在这一时期的教学、科研、社交活动和思想生活情况，还直接或间接地折射出周围许多知识分子的思想生活面貌"，《日记》所反映的"心路历程，在经历新旧两个社会的高级知识分子中具有一定的典型性"，而且所记"历次运动中的见闻"，"均出于当时据事直书"，"既是一份珍贵的史料，又具有高度的学术价值和文学价值"（吴战垒《编后记》）。文中凡注明年、月、日并加引号者，均见该《日记》，不再反复注明。

一

一九五〇年下半年学期行将结束时，传来中共浙江省委意见，文科师生要关心社会，接触实际，当时嘉兴地区正在轰轰烈烈地开展土改运动，建议中文系师生前往参观，体验农民疾苦，关心阶级斗争。一九五〇年十二月二日，夏师在《日记》中记道："午后中文系开系会，商下乡参观土改日期。"十二月二十七日又记道："理行装，预备明早赴嘉兴参观土改。"这两则日记都明白无误地写作"参观"，而《天风阁诗集》中有关嘉兴参观土改的诗作，则作"参加"，显然是误记，因为去嘉兴仅仅十余天，是不可能完成一期土改工作的（据此后去皖北五河参加土改的实际情况看，完成一期土改工作大约需要一个半月左右），《日记》中有记："（十二月二十八日到一月十日）在嘉兴真西乡参加土地改革，另有日记，已佚。"可见在嘉兴时日不多，不可能参加土改，只能参观土改。

一九五〇年十二月二十八日，由系主任郑奠先生率领，师生同赴嘉兴。由于二、三年级同学已在各地参加土改，此次赴嘉兴的同学全为一年级学生，加上夏承焘、沙孟海、蒋祖怡、王荣初等几位老师，总数不过十余人。下午抵达嘉兴后直奔县委机关而去。当时县委领导见到省委的介绍信，来者又是大学教授、学生，极其重视，主要领导正在主持会议，便命办公室同志安排好住处，我等便在机关院内闲走，见到厨房中杀鸡烹鱼，不知有什么宴请，岂知到了晚餐时，县委领导与几位老师重新见礼，将我们一齐邀进餐厅，才知道原来是招待我们的。当县委书记听说郑奠老师曾与鲁迅先生在女师大同事，而且郑老师当时还是系主任，鲁迅先生是兼任讲师，于是倍加敬重，频频敬酒，以致善饮的石君先生也酩酊大醉，不得不将他扶进卧室。

次日上午，在县委会议室内由有关领导向我们介绍了嘉兴县的历史、现况以及自然条件，重点介绍了正在进行的土改运动。县委负责同志特别强调，此地解放不久，反动残余势力尚未完全肃清；更由于河港交错，交通不便，偏僻村庄尚有零星匪徒活动，会在夜深人静时加害乡村干部和革命群众。因此反复叮嘱我们下乡后要特别注意安全，集中住宿，不要单独活动，以策安全。

下乡前，县委负责同志又仔细检查了安全措施。十几人分乘几条小木船，每船只能乘五六人，其中有两名持有武器的解放军战士，一在船头，一在船尾，保证我们的安全。这是县委根据省委的指示，一定要保证浙大下乡师生的安全所采取的有力措施。不过，也闹了一个小小的"误会"。因为刚刚下过一场雪，两岸白雪皑皑，河道中寒风刺骨，木船无篷，没有任何遮挡。个别老师依旧是城里的穿戴：长袍或大衣，羊皮帽子，又长又宽的围巾，只露出半张脸来。两岸农民哪见到大学教授下乡来向他们学习的事，又见到持枪的战士同船，便很自然地把我们当作逃亡的地主豪绅了，拍手欢呼道："逃亡地主捉回来了！"弄得几位老师好不尴尬，一时间成为谈笑的资料。为时不久，就到了乡政府，这场面也就很快过去了。

我们被安排在一所小学里，全体师生十余人都住在一间教室，只有一张课桌，别无椅凳，沿着墙角，铺上厚厚的稻草，师生相对而卧，睡成两排。白天常有附近的小孩来看我们这些"奇装异服"的"城里人"，渐渐熟悉后，也有大胆的小孩坐到我们的地铺上来，摸我们的被褥，搜我们的衣服，问我们吃什么，睡得惯否。我们"城里人"三三两两地去附近农民家"做客"，也问问他们的生活，老乡们从有些拘束到无拘无束地与我们交谈起来。一旦见天色暗淡，大家便一齐回到学校中来。晚饭后整个教室只有一盏煤油灯，大家就半躺半靠地在各自铺位上，随意地交谈白天所见所闻，从各自的生活经历出发，去感受这些对我们全然是陌生的又是新鲜的生活。

瞿禅师在嘉兴真西乡的生活，"另有日记"，可惜"已佚"，今不得见。但他写了不少诗，表述了这次参观土改的感受。浙江人民出版社于一九八二年一月出版的《天风阁诗集》中收有《一九五〇年十二月偕浙江大学中文系友生参加嘉兴土地改革，居乡见闻，皆平生所未有，作杂咏十二首》，首先认定这场土地改革的运动是"人群新史破天荒"，为人类历史上从未有过的创举，因而表示要用自己的"秃笔"来"写春光"（之一）；诗中写到土改工作组的组长、箍桶匠出身的姜师傅，懂得政策、明白事理，以"一语令人心眼开"赞之（之二）；又写到诗人自己如何挨门挨户去访贫问苦，有"一家当作一书读"的比喻（之三）；村中牧童都"能唱'是谁养活谁'"的向地富讲理斗争的歌曲（之四），以及向我们参观土改的人员靠拢的情景，"日日村童坐满床"（之五）；"无父"的"梁郎"（之六）、"孤栖"的"董叟"（之七）都有人"陪护"，也有人代耕；庄稼收成好，"亩亩青秧比昔青"（之八），种田人高兴，"不知笑口为谁开"（之九）；最后又述说诗人自己"写到黎元笔有神"（之十），努力做到"稍稍民间阅苦辛"（之十一），只要"能同大众共生涯"，就"自有吟情出好怀"（之十二）。这十二首杂咏，正表明一位大学教授在参观土改运动中的亲身体验，反映了高级知识分子在那个翻天覆地的剧烈变化的时代中的感受。夏师这种体验和感觉具有非常典型的意义。

二

一九五一年下半年，国家规定全国文法学院二、三、四年级师生要参加一期土改。我刚刚升入二年级，自当参加。中文系老师在九月二十二日开会"谈参加皖北土改"，夏师记道"同人自愿参加者，有刘操南、薛声震、张仲浦、蒋祖怡及予五人"，也列出明确表示不愿参加者、尚未决定者的老师姓名，并反映"舆论对院长、系主任不参加殊不满"，可见当时高校教师对参加土改运动的不同态度。针对这一情况，中共浙江省委宣传部部长林乎加于九月二十五日作动员报告，"讲土改，谓大学知识分子对此国家大事而无知识，老去时何以对儿孙问，留学外国时何以对外国人问。又谓当认识参加土改工作是改革课程方法之一，是业务必修课之一。又谓乡村生活自甚苦，然农人生活已数千年，我们当去体验三个月"云云。报告结束之后立即分组讨论，瞿禅师在小组会上"报告嘉兴土改经验"。次日在分组学习时，夏师再"讲嘉兴土改归来后，对教古典文学之影响"。由此可见，年前参观嘉兴土改的活动，对夏师是产生了积极影响的。九月二十六日再次开会讨论，意见还不能一致，"陈卓如与戚叔含、郑石君、马长寿言语抵牾"，有所争论。陈卓如即陈立，继孟宪承为文学院院长；戚叔含，外文系教授；郑石君即郑奠，中文系主任；马长寿，人类学系教授。到十月三日止，文学院"同事加入者有陈卓如、方重夫妇、陈乐素、吴定良，共有二十七人矣"。方重夫妇，均为外文系教授；陈乐素，历史系教授；吴定良，人类学系教授。

起初听说是在皖北宿县参加土改，夏师为此还进行了一些准备，于十月四日上午"与马长寿往浙江图书馆，查《安徽通志》及《读史方舆纪要》"，了解宿县的历史、地理概况。其实，确切的目的地应是五河县。十月五日上午，浙大文学院参加土改的师生百余人聚会，进行分队，每队十二三人，共分九队，每队有"教师三人，女同学三人，男同学六人"。夏师分在第九队。下午，听皖北来的"孙学友同志报告五河地方情况"，然后进行分队讨论，订立公约，有"服从组织领导""严格遵守土改干部八项纪律"等七条。

一九五一年十月七日"五河土改今日出发"，经沪、宁两地，于八日抵达临淮关，九日换船，抵达五河县时，"五河民众列队欢迎，腰鼓杂以笙管、花炮。地方同志导入大戏院中，乃指派与浙大者苇秆盖新房，尚明敞。席地开铺，可容百五六十人"。绝大部分师生齐臻臻排成两行地铺，垫以厚厚的麦秸。舞台后有数间小房，"安置女生及年老教师"。夏师当时年逾五十，领导让其住小房，但遭瞿禅师辞谢，与大部分师生共睡大地铺。

复旦大学土改工作队由周予同教授任领队，也来五河参加土改，但与浙大不在一个区。此际却同住县城共同参加学习，有县长陈雪介绍五河县现实情况，钱政委介绍五河历史沿革，县土改工作队负责人朱玉林布置土改工作等四个步骤。在下乡之前，浙大与复旦还进行联欢，周予同代表复旦、陈立代表浙大分别讲话。

浙大工作队被分派在离县城最近的五北区，"有乡十四、村八十余"。十月十四日夏师记道，"各同志惧学习不够，又无经验，下乡以后，不能独立作战"，因为可能一村只有一人负责，但夏师下定决心迎难而上："临睡自念，一生碌碌，当寻事自振。解放以来，我国出了许多奇迹，予独不能勉自请献、为生命吐一光芒耶？此番如被派掌握一村，当不畏难，不自馁，虚心学习，奋力从事，不负此千载一时之机会。"次日在学习会上，夏师即发言，"说如何克服怕陌生与恐惧工作不胜任之顾虑"。

当时五北区部分乡村已进行过土改，尚未进行者仅有七个乡，便于十月十八日"并九队为七组"。禅师从第九队调入第四组，"四组组长是陈美林（中文系学生），同组有薛声震、管佩韦、陈立、柴崇菌、马娟尚、姚吉昌诸君，十五人"。管为历史系老师，柴、姚为教育系同学，马为外文系同学。当时七个组的组长除第四组外，都是当地干部，由浙大派一位老师或同学任副组长，唯独第四组组长则由当时非党非团的我担任，当地

125

干部却任副职。据说这是区教导员刁乃琴同志的意见，作为培养知识分子干部的试验。

四组分在訾湖乡工作，该乡当时有地主二十余人，富农三十余人，人口逾三千，地一万七千余亩。四组组员二十五人（包括浙大师生、当地干部），要负责十三个村子的土改，每村有二人。瞿禅师十月十八日睡在床上还考虑："此次工作艰巨，当以往日作诗、作考据文字的精神去做，一字不放松。"中文系的老师碰头时也都表示既然来了，就要做好，石君师在十月二十日曾戏对瞿禅师说："今日义理之学是站稳立场，考据之学是调查情况，词章之学是宣传。"虽为戏语，倒也反映了当时高级知识分子对土改工作的体认。在具体分工时，考虑到夏师年事已高，便留在乡政府所在村，夏师于十月二十三日记道："予得组长照顾，派住乡公所所在村，并以杨生纯仁照顾予，此陈生美林好意也。"未曾想到当年的自然安排，却让夏师念念不忘，直到一九七四年秋季给我的信中还提及此事。

不过，夏师在訾湖乡并未多留，因母病加剧，不得不赶回家乡温州。不几日，夏师在母亲病逝后，又于十一月十五日匆匆返回五河，当晚"留宿土改委员会"，次日赶到区大队，大队负责人田汝康、王西彦都感到"五十以上人，尚能行数千里，重返原岗位，可为工作者矜式"。时正值土改运动后期，区人民法庭需要有文化的工作人员，夏师便被留下参与区法庭工作，偶或外出调查案情，更多的工作是书写判词。不久，整个一期的土改工作结束，根据上级命令，全体师生返回杭州。

如同赴嘉兴参观土改写有诗文作品一样，此次参加五河土改，禅师同样留下了一些诗词创作。在一九五一年十二月十六日《日记》后附有《归途五首，自皖北五河县归省，温溪舟中作》，但在一九八二年出版的《天风阁诗集》中仅录一二两首，诗题也略有改动，为《一九五一年自五河归省母病，承浙大诸生远送，为予荷行李至蚌埠两首》，两相对照，文字也略有修饰。在一二两首诗中表示参加土改运动是"千载不再迁"的难得机会，表示要"绵力奋所任"，只是由于"亲年迫崦嵫"，才不得不如"乌鹊"一般"归飞各匆匆"。在同一天日记后，还附有《五河客次赠戚叔含》七绝一首。另有《满江红·五河县看治淮，汝康、西彦属为此曲》一首，热情歌颂"千年奴隶翻身后"，成为"今朝鞭石驱山手"，广大群众坚决根治淮河水患的斗争精神。

正如参观嘉兴土改时的表现一样，瞿禅师在参加皖北五河土改中的表现同样是积极的，也是有收获的。返回浙大以后，进行总结，在一九五一年十二月二十六日的分组讨论上他被推为作典型报告的代表；十二月二十八日还应邀对理学院一年级学生作讲演；十二月二十九日召开的鉴定会上，大家都肯定夏师的进步，当然也指出其不足："各同志评予者三事：一（王）西彦谓予往时于会场中多不开口，五河归后，乃能批评人。此次小组会，大家且都愿闻予意见。此为显著之进步。二提意见能顾到全局。三（陈）卓如嫌予以旧文学诗词修养深，在革命热情上勇敢不够。"不仅思想上有收获，参加土改、深入农村后，对夏师的治学也有积极的影响。一九五二年一月二日记云："札稼轩词毕。欲为稼轩之农村词撰一小文。前月在皖北土改有此意。"夏师的确写出此文，在《夏承焘集》第二册之《唐宋词欣赏》一书中就收有《辛弃疾的农村词》一文。

三

从皖北五河土改归来不久，全国范围内又开展了"三反""五反"运动。所谓"三反"，是指反贪污、反浪费、反官僚主义；所谓"五反"，则是指反行贿、反偷税漏税、反盗窃国家资料、反偷工减料、反盗窃国家经济情报。这场运动当然是在党领导下进行的。按当时的说法，是发动广大的工人阶级打退资产阶级猖狂进攻的群众性的政治运动，是一场激烈的阶级斗争。

"三反"运动主要是在机关、事业单位进行，"五反"运动则在工商企业展开。从时间上来看，全国从一九五一年十二月开始发动，大约到一九五二年春季结束。而夏师与我参加的"三反"运动则略迟。因为从五河归来后，浙江省率先进行高校院系调整。寒假中浙江大学文学院就与之江大学文理学院合并成立浙江师范学院，以应师资之急需。之江大学财经学院暂时仍与师院在一起，浙大理学院不久并入复旦，农学院与医学院独立。浙江师范学院于二十世纪五十年代后期又改为杭州大学，九十年代又回归浙江大学。

正由于此，瞿禅师与我参加的"三反"运动从一九五二年二月开始，九日"上午九时开'三反'运动动员会。焦梦晓院长、陈立院长、黎照寰（之江校长）、胡寄窗（财经学院院长）、刘丹厅长讲话，十二时散"。焦、陈为新成立的师范学院院长，刘丹为省教育厅厅长。据夏师二月七日所记，原来计划运动"至三月十日止，共十八日"，但实际上一直进行到五月底方结束，历时三个多月。

动员之后，运动按下列程序进行：学习文件，端正态度，对照检查，开展批评与自我批评，小组总结并对每人做出鉴定。上午学习，下午工作。检查阶段则整日开会，教学工作暂停。在学生中也选出若干代表，除参加老师的学习会议以外，还要分工与老师个别交谈，进行所谓的"帮助"。我也被推选为代表之一，所以得与包括夏师在内的中文系老师一起参加运动。

运动初期，个别老师颇有抵触情绪，认为贪污、浪费、官僚主义与己无关。有一位教授在讲课之前，先说："请允许我再抽两口，将它抽完，否则岂不是浪费了么？"说着，举起夹着的半截雪茄，引得哄堂大笑。但大多数老师还是认真对待的，只不过认识比较肤浅，如瞿禅师的自我检查，说"治学数十年，于劳苦大众了无益处，而食稻衣锦，养尊处优，岂非浪费贪污"，全盘否定自我；对他人的批评也抓不住问题本质，如说"石君在嘉兴土改时，自己不肯劳动，依赖他人打铺盖"，"微昭浪费精力于家庭琐事"等等（二月十一日）。为了提高大家的认识，推动运动的健康发展，运动的领导者还邀请"店员工会一会员报告店员"三反"情况，举具体事件甚多"，对"一店员而能来大学讲演"，瞿禅师极为感叹，认为"此解放前所未有者"（二月十八日）。

在学习了一个阶段后，领导再次动员，并布置运动将转入检查阶段的工作。三月二十日"上午刘丹厅长作三反运动二次动员报告"后，"即酝酿对领导人员的检讨。自此，"终日开三反检查会，中文系石君、驾吾自作检查，各同事加以批评"（三月二十一日）。石君即郑奠，原浙大中文系主任；驾吾即王焕镳，原之江大学中文系主任，二人作为系一级领导人先行检查。而校一级领导早在二月四日上午就由"心叔、陈立、王绮带头自我检讨"。心叔，即任铭善，时任教务长；陈立，时任院长。"心叔所说甚严肃诚恳，陈立尚多饰词。午后中文系小组会对彼大不满意，提出意见甚多，且要求其重作检讨。闻历史、教育两系亦然。"而通过这一系列的学习、检查、批评，瞿禅师感受到"此次三反运动，教育意义甚大，初谓与教育界中人无关，不谓成效如此"（三月二十四日）。

在领导带头检讨之后，每位老师逐个检查，人人过堂。三月一日夏师"作交代，发言一小时，对从前教学不负责、政治学习不关心、脱离群众、做滥好人等等恶习，痛下砭针"，并表示"土改与反运动，为予此生能否翻身关键"，要过好这一关。在瞿禅师检查后，张仲浦、王西彦、蒋祖怡、胡宛春、王驾吾、胡永椿、蒋云从、陆微昭、薛声震等诸位老师一一向夏师提出意见，学生代表文心慧及我也提出意见，夏师记道"陈美林望予更增强新观点教学"。

《日记》中还记述了其他老师的检查情况，以及师生所提出的意见。至于兄弟院校以及省、市其他机构的"打虎"情况，也偶有记载。如二月二十日记："闻浙大沈学植（图书馆馆长）、沈学年（农场主任）、苏步青（教务长）皆有问题。刘厅长谓浙大医院有大老虎。"二月二十七日记："刘丹厅长谓杭州老虎越打越多，有些机关中打出成群老虎。浙大教职员有被打得痛哭流涕者。浙大医院院长王季午亦甚狼狈。"三月二十一日记："西彦报告昨夕人民大会堂打虎情况，文教、卫生、新闻、出版四部分，当场打出老虎七十四只。王某贪黄金二千五百两，朱某以不肯彻底坦白，捕送法院。浙大顾某已交出黄金一千二百两，当场释放，加入打虎队。"所谓"虎"，是指"三反"分子，主要是贪污犯。至于瞿禅师所在的浙江师院的打虎情况，四月十九日有记："昨焦院长报告师院大小贪污犯一百九十余人，款项约二十亿左右，学生十人中有一人犯贪污。"在运动中，有子女揭发父母者，三月二十八日记："听男女两生检讨包庇资产阶级家庭舞弊经过。"有妻子揭发丈夫者，三月三日记："陈立作第二次交代，自承囤米为不法商人行径，词色极懊丧。予疑此事是文锦主动，虑其夫妇为此不睦。"

一九五二年五月下旬，运动进入尾声，进行处理、总结，五月二十四日"全体师生开会，坦白之江黄金案及盗窃物资案。黄金案共一千五百两……数目之巨，令人咋舌。且钱某至今仍任总务长，仍未坦白"。当时，可由本单位组成法庭处理案件，就在师生大会召开的当天下午，"师院、财经学院人民法院成立。焦梦晓为审判长，陈立、胡寄窗为副审判长，心叔、沈镜如诸君为审判员，宣判之江黄金案及盗窃案"。焦为学院书记，陈为院长，胡为财经学院院长，心叔（任铭善）为教务长，沈镜如为教授代表，对案犯分别处以徒刑、记过、察看等不同惩罚，大抵从轻处理，夏师感叹"政府对教会学校，宽大如此"。之江大学，原为教会大学。不仅对教会学校人员处理从轻，对教授也宽大处理。五月二十六日记，"各系科同事开会，讨论贪污案"，"多谓领导处理太宽"。但"刘丹厅长谓管制教授，须请示中央，国家需才孔亟，对高级知识分子须爱护争取"。

当然，运动初期不免有扩大化倾向，五月二十五日"沙文汉在浙大报告，亦明白说有偏向"，但后期逐步得到纠正。对广大知识分子来说，参加这场运动还是受到很大教育的，瞿禅师在四月二十五日的小组讨论会上便说："三反开始时，以为必与我自己无关，不谓在此运动中竟受大教育。最显著一事即三反后对业务之尽心。解放前以著作为正业，以教书为副业，看不起学生，以为学生不能领会我之学问。上课以前从不作准备。

近日教书，往往一小时课，须预备一二日工夫，却心安理得，不复杂用心，错用心。"从夏师这番话语，可以看出大多数老师的认识得到了提高，工作更加负责尽力。

四

早在"三反"运动期间，就传来要进行思想改造运动的消息。一九五二年三月三十日，王西彦老师对夏师说："不日展开思想改造，须早作准备。闻北大、清华、燕京打思想老虎，甚激烈。"果然，浙江高校的思想改造运动，从五月底即开始，五月三十日"传达饶漱石主席演讲"。六月三日"听林乎加部长作思想改造动员报告"，随后各系教师分别开小组会表态，夏师在六月六日的小组会上就"述曩年教小学比教大学好，今知十年来教大学，皆为个人名利出发，专心著述，与学生脱节，不似教小学时能与学生接近"，表示要积极参加运动，接受教育。

为了减轻教师交谈的顾虑，运动领导者又将教师划分为若干互助小组，三五人聚合在一起，夏师与"孝宽（薛声震）、伦清（胡永椿）、微昭（陆维钊）"共四人为一互助组。彼此"随意讨论，颇亲切有益"（六月十二日），"孝宽谓予不问政治，与笃好旧诗词有关，因为深居象牙塔，遂与世隔远，不谙人事。诗之失愚，可如此解释"（六月二十八日）。学生代表也参加互助小组活动。夏师记道："夕陈美林、周玉华二生来，助予检查思想。大病在不关心万事。陈生谓若从危害性上多着想，可引起警惕。此语甚好。"（六月二十七日）"夕陈美林、周玉华来，劝予对人提意见勿保留。"（六月二十九日）

在同事、学生的帮助下，夏师于七月九日开始"写思想总结初稿"，次日"在互助组讲一小时，共分五部分：（一）家庭成分与主要经历。（二）生活态度与思想状况。甲、自由主义，乙、宗派主义，丙、名位观念，丁、旧伦理观念。（三）政治认识与教学建设。（四）思想根源及批判。（五）今后努力方向"。瞿禅师检查之后，王西彦老师、周玉华同学等人都提出意见。七月十二日傍晚学生代表"詹尔堃、陈美林、周玉华三生来谈，谓依历史谈下去较有联系，且能全面，勿分片段谈，兹依之改作"。此后连续几天，夏师都在忙于写检查，十六日写"初稿毕"；十七日"改思想检查文"。学生代表提了意见后，夏师又于二日"晨改写思想检查文"，直到二十一日"上午改写思想检查文毕"，"午后以检查文交詹、周诸生携去"，夏师的检查方告一段落。

在这过程中，夏师对于学生代表参加甚表欢迎，并且认为"予觉同学帮助比同事大"（七月二十一日）。瞿禅师如此感受并非无因。从《日记》前后所记看来，教师之间由于种种复杂原因，在互相展开批评、帮助时，难免夹杂一些个人成见，而学生代表则无此局限。当然，个别学生代表受极左思潮影响，对老师态度粗暴，也是不妥的，同时也引起了老师的不满。这种情况，在"三反"运动时就已发生，如人类学系教授马长寿就曾对夏师说"帮助师长不应用斗地主态度"，马长寿因此语而"被评为右倾思想者，交代两次始通过"（一九五二年三月四日）。有位中文系学生代表在三反时对老师提意见"出言甚激"，夏师叹道："若在解放前，将激为风潮矣。"（三月二日）这一学生代表在思想改造时的表现依旧，对老师提意见"颇多近于训斥"（七月八日），可见学生代表中亦有不同角色。

夏师在互助小组交代通过后，我被派去帮助其他老师，联系夏师的工作则由詹尔堃、周玉华二人负责。七月二十二日晚，詹、周二人又找夏师交换意见，夏师又对检查作了修改，被选定为大组第一个交代的老师。大组会在七月二十五日下午召开，"到中文系同事及学生代表二十余人"，"交代费时一小时半"，大家提的意见"共五十条左右"，夏师予以"总括"，"共十五条"，如薛孝宽提"不顾问政治，解放前与解放后不应混为一谈"；王驾吾提"不肯得罪人，喜为人捧场"；陆微昭提"救汉奸，谓是旧伦理观念不妥"等。大家除要求夏师进一步补充检查外，还希望他也要去帮助其他老师作检查。七月三十一日晚"陈美林、蒋祖怡来，邀同薛孝宽，过王家山，帮助刘操南思想改造，十一时方归"。蒋、薛、刘，均是中文系老师。

夏师遵照大家的意见，于八月二日至三日在写思想检查清稿。八月十日继续"写补充交代稿"。于八月十三日作补充交代，夏师在交代中"举皖北土改表现不积极，作文颂扬施德福，谈龙榆生出狱三件事"为例，"讲半小时"之久，"同事提意见六七条"，其中有一条即七月二十五日陆维钊老师所提出的"救汉奸"事，大家认为夏师"谈龙榆生事太轻松，不深刻，民族气节须检讨"。其实，夏师与已投敌之人有书信往还，早就有人议论。一九四二年一月九日，瞿禅师收到友人吴天五信，"论龙丁出处，嘱予当此风色，须有岩岩气象方得"。夏师坦承"对人濡忍不能刚决，□□（作者注：原文如此，下同。）西行后，予仍与书札往复，颇来友朋之讥"。信中所云"龙丁"当指已"西行"附敌之龙榆生、丁怀枫二人。龙榆生即龙沐勋，词人。至于夏师如何"救"他，我原先不甚了解，直到一九九二年《天风阁学词日记》第二册（1938—1947）出版后，检阅有关日记，方始了解一点眉目，不妨摘录如下。

一九四六年三月十五日"夕见上海小报，榆君近自南京移押苏州"，榆君，即龙榆生，此后有关日记中或直书"榆生"，或以"□□"代称。四月六日及十八日都记有其在"苏州狱"服刑的情况，"予闻之恻然，恨无法相顾，以万元托仲连买蔬肴馈之"。四月二十日又"贻万元，托人时时买饼饵馈之"。龙榆生于五月十二日在狱中给夏师写信，夏师次日作复，"劝其患难中发心读佛书"。六月十二日夏师"阅报，□□判刑十二年，虑其体弱不能支。一念之误，奈何奈何"。八月三日，徐澄宇告诉瞿禅师，说"在南京（卢）冀野座上，遇□□夫人……见人即哭，求冀野诸人设法为□□减刑"。而龙榆生对其附逆一节犹自狡辩，"谓三男五女外，又须抚其兄弟一家，不得已入白门"（五月十九日），即投靠"白门"（南京）汪伪乃因生活所迫。当夏师从陆微昭老师处得知龙榆生已获减刑，乃于十月九日"发□□苏州书，昨闻之微昭，报载减刑为五年，明后年可出狱矣"。数日后，夏师于十月十三日"得□□苏州函，谓今年可望出狱，约买醉西湖"。大约正是在这种形势下，夏师乃伸出援手，于十二月九日"发希真苏州高等法院一函，由心叔转，恳其相机照料□□，如有开脱机缘，多与方便"。十二月六日夏师便收到希真的复信，"谓□□保释事，俟郑院长回苏州时即可设法，似不甚难"。希真，潘姓，夏师在之江大学任教时学生，一九四一年毕业后，旋即被夏师聘为助教，后随其父执郑文礼在高等法院工作。郑字烈孙，浙江东阳人，能诗。曾通过希真与夏师结识，一九四六年一月二十一日还以车载夏师去西泠印社茗坐。曾有和夏师《洞仙歌》词作。一九四七年四月三日，夏师因"视希真病"而"晤郑文礼夫人"。有此关系，夏师方能为龙伸出救援之手。这些活动，我当年并不知晓，而与夏师共事之中文系一些老师当有所闻，因此认为夏师检讨此事"太轻松，不深刻，民族气节须检讨"云云，也就不为无因了。

不过，从夏师的诗词作品以及一九八四年出版之《天风阁学词日记》(1928—1937) 有关记述来看，夏师在民族矛盾的紧急关头，还是能坚持民族气节的，其诗词创作中也饱含着爱国热情，可参见我发表于一九九一年二月二十八日《人民日报

·海外版》《"我亦有孤剑，植发望燕云"——夏承焘先生的爱国情操》一文，兹不赘叙。

在夏师于八月十三日作补充交代之后，运动已进入尾声，八月下旬开始总结、填表、鉴定。八月二十七日夏师自己填写的优缺点为："一、求进步心迫切。二、尚能虚心听取他人意见，但只求完成自己工作，帮他人不热心。三、对业务学习尚努力，但不肯多负教学以外责任。四、政治热情不够。五、好逸恶劳。六、缺乏斗争性。"小组的意见是："同意夏同志这个检查，并希望依努力方向，克服以往缺点，尤其是名士派作风，宗派主义思想，对帝国主义仇恨心不够这几点。"至此，思想改造运动基本结束。八月二十九日夏师写道："今日休息，思想改造三个月来，甚感劳矣。"

我也从此专心学习，一九五三年暑期提早一年毕业后，虽然仍有"运动"，但未再与瞿禅师同时同地参加。与夏师再次聚首时已是八年后的一九六一年十月，那又是另一篇文章的内容了。

本文原刊《历史学家茶座》二〇〇八年第三辑，山东人民出版社出版二〇一四年十二月版；选自《学林忆往》，南京师范大学出版社二〇一七年十月第一版。

"一代词宗"夏承焘教授二三事

张鹏搏

　　我的父亲张强邻先生于一九三四年进入之大执教，任体育部主任、教授，主持全校公共体育教育和运动队的训练。虽然与夏先生不在同一院系工作，但和夏先生都是同一学校长期共事的老同事，因此很早就认识，常有接触，之后的经历几乎相同。

　　抗战胜利后，父亲与夏先生先后回校任教。由于学校迅速发展，招生扩大，全校教职员工骤增，而原有的大部分教师宿舍被日寇烧毁和破坏，不复存在，亟须修建一批教师宿舍。为暂时解决教师宿舍困难，学校向在学校东侧不远的月轮山上的六和塔寺庙租借了庙宇内的厢房十几间，部分教授及家属安排在这里，夏先生也曾在此居住过。这里风景优美，三面环山，大树遮盖，十分清幽，面对钱塘江和钱江大桥，后靠六和塔，教授们对这里的环境十分喜欢，只是上课要往返秦望山与月轮山之间感到不便，不久全部迁回秦望山麓"头龙头""二龙头"的教师宿舍区。

在月轮山上的生活给夏先生留下十分美好的印象，他后来出版的《月轮山词论集》以"月轮山"作为词论集的名称，我想可能就是出于这一个原因吧。另外他还写有不少有关月轮山的诗词，如《望江南·自题月轮楼七首》（月轮楼是之江大学宿舍，在秦望山上，与月轮山遥遥相对）其中一首道："秦山好，面面面江窗。千万点帆过矮枕，十三层塔管夕阳，诗思比江长。"

二十世纪五十年代初应浙江大学文学院之邀，夏先生曾一度去浙江大学执教。一九五二年全国高等院校院系大调整，之大解体，我省最早创办的有着一百多年悠久历史的高等学府不复存在。其中工学院土木、机械两系并入浙江大学；商学院（后改为财经学院）并入上海财经学院；工学院建筑系并入同济大学；浙江大学文学院及理学院的一部分、浙江师专、俄专并入原之江大学余留下的文理学院中，在此基础上成立了浙江师范学院，即杭州大学前身，校址仍设在原之江大学。夏先生又重回之大老校园，执教于浙江师范学院中文系。一九五四年浙江师范学院进一步扩展，原在之江大学校址内的学生和教职员工的教学用房和宿舍已十分紧张，于是省里决定将浙江师范学院文科部分迁移到体育场路工农速中校址（现浙江日报社内），为浙江师范学院分部。

我父亲执教的体育系和夏先生执教的中文系作为文科搬迁于体育场路分部内，我们家住在学校最后面的两层集体宿舍楼内，夏先生则住在正对我家窗前平房的集体宿舍内，因此经常与夏先生相见。每到夏日傍晚炎炎烈日过后，夏先生的老伴常常端着一盆水泼洒在屋后的空地上，以降地面热气，然后搬出一只小方桌，夏先生和老伴就在室外吃晚饭，和他们一起生活的还有一个侄女。

记得有一年春节前后下了一场大雪，杭城一片银装素裹，我们和父亲准备去西湖边看雪景，刚到学校大门，看见夏先生从校外进来。夏先生见我父亲后用双手抱拳以作揖样祝新年好，父亲立即以同样方式祝夏先生新年好，然后两人面对面大笑起来。夏先生问我父亲，准备带两位公子去何处，父亲告诉他准备去西湖边看难得的雪景，不知夏公是否愿意同行。夏先生即刻说，原先是打算外出看雪景，但一出大门看到不少骑自行车的人和行人在冰雪地上跌倒，出去后回来成了大问题，因此只得作罢，还是在校园中欣赏雪景。不过你们出去也要小心，路面结冰后非常滑。

记得还有一次是二十世纪五十年代中期，省体育场内经常有大型的球类比赛，我父亲常应邀担任全国足球甲级、乙级联赛杭州赛区裁判长。有一次回家，在校园内正巧遇上夏先生。夏先生得知父亲正在校对面体育场内担任足球裁判工作，于是告诉我父亲，其实他从年轻时就喜欢体育，特别是观赏体育比赛，但是有一些体育比赛项目看不懂，如网球、棒球、足球。夏先生非常谦虚地说："请强邻兄这方面能够多指教，让我在这方面多了解一些。"

夏先生在体育场路浙江师范学院分部时，平时显得格外忙碌，经常有汽车来接送。后据说毛主席常来杭州，毛主席十分喜爱诗词并对诗词的研究有较高的造诣，常请夏先生去他住所交谈，一起评诗论词。过去总以为是传言，但在建党四十周年之际，他写了《金缕曲》祝贺党的生日，并记述几次见到毛泽东主席的激动心情："老闻名语犹增气，况几回京门貌见，绛霞东起。"证实了他多次见到毛主席的真实情况。同时陈毅元帅也曾两次往访。陈毅元帅也是一个酷爱诗词的大诗人，两人在一起探索诗词的创作道路。

一九五八年浙江师范学院在天目山路道古桥建造的新校址工程结束，在秦望山麓（也称之江山）的浙江师范学院本部和体育场路的分部除体育系外全部迁入新校址内（现浙大西溪校区），并改名为杭州大学。夏承焘先生也随学校搬入道古桥杭州大学新的教师宿舍区居住，而留在体育场路的杭大体育系随着形势的变化不断改变隶属关系和名称，由杭州体专、浙江体育学院、体育系等直到"文化大革命"前夕重新又并回杭州大学。

十年"文化大革命"给国家带来深重灾难。夏先生与我父亲一样，在"文化大革命"中曾受到巨大冲击，备受折磨，抄家、剪阴阳头、戴高帽、挂牌子批斗、强制劳动，在刺骨的寒风中、在炎炎烈日下，长时间挂牌罚站，没完没了地写交代材料。最后被集中关在校东面大门旁临时搭建的"牛棚"中，直到"四人帮"被粉碎才得以解放。

我父亲在"文化大革命"中身心受到很大打击，一九七七年突患脑血栓，半身不遂，后经省中医院医生的全力抢救和治疗，竟奇迹般地能拄着拐杖下地慢慢行走，全家人都为父亲能重新走路感到高兴，但他的身体已是每况愈下。夏先生"文化大革命"结束后迁居北京长期疗养，于一九八六年五月十一日在北京逝世。一九八八年十月二十三日我父亲在杭州逝世。

"千门桃李绛帐重茵传绝学，一代宗师春风词笔满中华"，是人们对这位为词学作出巨大贡献的学者的赞颂。

本文选自《之大往事》，浙江人民出版社二〇一〇年一月第一版，有删节。

西子湖头忆恩师
——忆夏承焘先生

王尚文

一九五六年秋，十七岁的我从县师范毕业考上浙江师范学院（即杭州大学前身）中文系，到学校正式报到入学。我个子矮小，稚气未脱，生怕师范毕业到小学教书镇不住学生，哪里料到喜从天降，可以报考大学，而且顺利考上了，从此可以继续求学，走上新的人生道路。兴奋激动的心情，至今记忆犹新。大学四年，我真正爱上了古典文学，其间对我影响最深的是夏瞿禅老师。毕业后的五十多年，每回杭州，都会真切感受到杭州的巨大变化，但不变的是我对恩师的怀念。他走了已有二十多个年头，但他却永远活在我的心间。

我的伯父是他在温州教中学时的学生，从伯父处我看到了夏老师一些诗稿，其中有一首就是我特别喜欢的《自赠》：

古如无李杜，我亦解高吟，
莫拾千夫唾，虚劳一世心。

江湖秋浩荡，魂梦夜飞沉，

脱手疑神助，青灯似水深。

头两句就深深震撼了我。读书人没有不崇敬李杜的，要学诗，也往往从读李杜开始；现在竟然有人敢说"古如无李杜，我亦解高吟"，该是何等气魄，何等胸襟，何等修养！我不禁悚然若失，因为它把我超拔到一个全新的境地，回看原来的我是何等无知，何等渺小！当然也让我肃然起敬，产生"高山安可仰"的惶恐。入学不久，我准备了几个问题，于一天晚饭后到他家拜访他。我的问题之一就是，此诗的颈联和上下文是怎么衔接的。他对我的提问并不以为浅而不屑回答，反而兴致勃勃地讲开了：此承"莫拾千夫唾"而来，意思是自己要到广大无际的外在世界和灵动变化的个人内心去开掘、发现，写出仅仅属于你自己的感受来，顿时让我豁然开朗。问答间，来了五六位助教和研究生，我正想告辞，但他却笑着挽留道："我们一起谈谈。"我只好拘谨地默坐一旁。他们谈得非常热烈，也许是他发现了我的尴尬，就指着我介绍说："这位同学是浙江遂昌人，汤显祖曾在他的家乡当过五年县令。"——这句话让我特别感动：我实在没有什么可夸奖的，就通过这种不同寻常的方式硬是把我和汤显祖拉上了关系。是的，我是遂昌人，几百年前汤显祖确实在遂昌当过县令，但对我这个人又能说明什么呢？我知道他是怕大家冷落了我这个低年级学生，才故意这样说的。于是他们纷纷问起汤在遂昌的一些情况，我变得从容多了。原来他是如此平易近人，如此体恤学生。从此，我开始走近这位词学宗师，开始走近古典文学。

在杭大读书的四年，我常去向先生求教，每次他都耐心细致地给我讲解，有时还要额外地谈一些他自己的治学经历、经验，从无倦意德色；而且，每次出来，先生都要把我送到门口。他师范毕业后，曾到一所小学任教。该校有五位老师，每天早上见面，"我们五个眼睛都布满红丝，相互看看都不禁发笑。他们是夜里叉麻将，我是读书背书。他们笑我不会生活，我笑他们浪费光阴"。说到背书，十三经，除了《尔雅》他都会背。有一次，背着背着，居然从椅子上跌了下来。他多次对我说："案头的书要少，心头的书要多。"做读书笔记，要"少，小，了"，意思是感想心得要经过深思筛选，篇幅宜短不宜长，但一定要把意思写清楚，不能贪图简省而使日后查阅时不知所云。他说，人要直，文要曲——天上只有文曲星，没有文直星。说罢，他自己也大笑起来。他读书之多，涉猎之广，诗学之深，有一例可见一斑。入学不久，有一同班同学曾特地从一本清人冷僻诗集中抄出两句，向他"请教"："这是宋代哪一位诗人的作品？"他一看，说："这不是宋人之诗，是清人某某某的作品。"这位同学回到寝室，连连大呼："服了，服了！"

"人要直"，最典型的例子之一，就是一九四五年的《放顽》，小序云："浙大师生写帖索还费巩教授，予署名其间，戚友或为予危，作此示之。"诗曰："一士头颅索不还，千夫所指罪如山。乌峰埋骨宁非幸，白简临门要放顽。"矛头直指国民党特务。一九四九年后，他难免为严苛的政治运动所裹挟，但他还是有底线的。一九五七年反右，他的学生朋友任铭善老师——当时杭大的教务长被打成右派，批判高潮迭起，他一直没有参与。他的温情主义在同学中是出了名的，而且有关方面认为，只有夏老师出来批判，斗争方可收兵，由此可见他所承受的压力。一天下午，系里又要开批判会了，而且传说夏老师要发言。对他的发言，大家都特别关注。发言内容，主要是说任有严重的名利思想。我记得最清楚的是，他说到解放前，一次浙大竺可桢校长来找任老师，要他担任中文系主任；任不在，竺找到了他。任从外面回来后，"我告诉他，我已帮他回绝了。当时他的脸色非常难看，足见他是想当这个系主任的"。我想，当年浙大要他当中文系系主任，说明他的学术地位；能够代他回绝，说明他们关系之深。在某种程度上说，夏老师是勉为其难曲意回护了他。"文革"后期，我曾经去看过他几次，一次当我问起任铭善老师时，他一脸悲愤地说："他是被斗死的！"我从未见过他这种表情，印象特别深刻，至今仍然仿佛就在眼前。他摆脱不了他的"温情"。我曾听前辈说，抗战时期，汪精卫曾有意请他到南京伪中央大学任教，他大义凛然，丝毫不为所动。其间还有一件事不能不提，他得知一友人居然下水，当即严厉斥责，不假辞色；但胜利后，此人在苏州狱中胃病甚剧，他又寄钱恳托苏州朋友时时买饼饵馈之。他的温情，基于大义，基于人道，更是基于对人性的深刻体察，这事可以说是他的温情主义最好的诠释。他后来出诗集、词集时，环境虽然有所松动，可能仍然心有余悸，据我揣测，被删者肯定不少，尤其是写所谓温情者，说来让人不胜慨叹。

说起他和任铭善老师的关系，我忘不了任老师四十初度时他送的一副寿联：

念尔嘉名，取人为善，与人为善；
是予至乐，南面教之，北面师之。

后来我教语文教学法，讲对话论，总是要引用这副对联作为例证。别说对任这样的大学者，就是对我这样懵懂无知的学生，他也总是采取平等对话的真诚态度。一九七五年我路过杭州去看先生，顺便拿了几首在火车上写的习作请教。他看后拿出笔来，说："我们商量商量。"这"商量"给我的印象特别深。记得其中有两首绝句是写苏东坡的，一首他加了双圈；另一首有"梦里乌台西子雨，东依牛舍筑茅庐"两句，他问："你怎么说是'东依'？"我答道："他自己不是说'家在牛栏西复西'吗？"他笑了，亲切地说："'东'还是改成'来'吧，怎么样？"此处"来"当然比"东"好多了，我连忙点头称是。他又接着说："写诗有时不能太落实，要空灵一点。"由"东"而"来"，虽是一字之差，但我却觉得自己前进了一大步。现在我感觉到"东依"真是一个笑话，把我的幼稚浅陋暴露无遗；他却毫无嫌弃之意，仍然循循善诱。

我的习作中有一首是写黄龙洞的，先生就提议一起去玩玩。快到黄龙洞的拐弯地方，看见一个烂脚的老农民坐在门前，他就走过去问用了新药后病情有无好转。原来——无闻师母告诉我——这位老农民是孤老头子，在散步时熟悉的，先生时常给他送钱送药。我们在走近黄龙洞山坡一片竹林时，他说前人曾有这样的好句子："直将一身穿万竹，忽然四面立群山。"其实夏老也是写景的圣手，如他描写莫干山的句子："云气黑沉千嶂雨，夕阳红漏数州山。"比前人实有过之而无不及。但他总是"取人为善，与人为善"，读他已经出版的日记，几乎无页不有他称道前辈、同辈和后辈之处，其中我熟悉的，除了任铭善，还有如蒋礼鸿、吴熊和、蔡义江等老师，令人赞赏不已。

一九五九年《光明日报·文学遗产》要发我一篇关于李白的论文，同时提了五个问题要我进行修改，于是我去请教先生。不料他正卧病在床，他就在病榻上写了一个条子请胡士莹教授给我辅导。同年，我因病休学，先生又特地带我到精通中医的陆维钊教授家里，请他给我按脉开方。他还要我特别注意营养——当时正值所谓三年困难时期，我信口发了一句牢骚："山区连油也缺呢。"他笑笑，嘱我离校返家前再去一趟。我去了，他拿出事先包好的一捆香肠给我，说："这东西里面有点油的。"

一九六〇年夏我毕业时，先生送给我一幅他自己画的泼墨荷花，并在上面题了一首五绝：

月底疑无色，箫边恍有香。

西湖更可爱，红透映朝阳。

一九八四年初，先生给我寄来一包东西，打开一看，原来是我在六十年代初写的一篇关于苏轼的文章，连我自己都忘了。四五万字写在灰暗粗劣的稿子上，我正后悔当时年少无知，竟然会拿这样的东西去消耗老师宝贵的时间、精力。看着上面他亲笔写的许多批语和改的错字，我的眼睛湿润了。

我真切感到先生是希望我学有所成的，但我却辜负了先生。在七十岁完全退休后，我勉强写了一本《后唐宋体诗话》，并先后在大陆和台湾出版。我在该书后记里写道，自从大学毕业后，"长期在中师、中学任教；业余爱好古典文学，私心希望从事苏东坡研究。教学工作自问还是认真的，负担也不轻，读书时间实在不多；后来就是十年'文革'。'文革'后期，有这样一个问题时时纠缠着我，挥之不去：为什么我们这些好端端的学生会在一夜之间丧失人性，残酷无情地去迫害教师，甚至把教师、校长活活打死？我想，不能把责任往'四人帮''五人帮'身上一推了事，教育本身难道没有值得反思的地方吗？经过几年的挣扎、酝酿，我终于决心专注于语文教育的探索，于是把有关苏东坡的书籍和相关读书卡片、笔记和文章初稿全部捆扎起来，于一天夜里举行了一个简单的告别仪式：我在苏东坡像前摆了几碟水果、一杯水酒，默默向他告别。当我想起苏东坡远贬海南时，在极其艰难的条件下仍然致力于普及文化教育，我觉得我并没有远离东坡，而是真正走近了他，不禁流下了眼泪。一九八八年，我调入浙江师范大学任教语文教学法，此后，孜孜矻矻，心无旁骛，所有时间精力一付于此，直到二〇〇八年满七十时彻底退休。退休之初，原想休整一些日子，然后继续做点语文教育方面的事。大学读书期间及毕业以后，夏瞿禅老师、马骅老师、吴熊和老师、蔡义江老师等一直很关心我，虽然联系不多，但我深感有负于他们的期望。数十年来，我总觉得还欠他们一份应交的作业。本来时隐时现的愧负之情，不想竟在此时淹没了我。现在不补这份作业，更待何时？于是开始酝酿这份作业的具体内容，终于决定钻研现在这个题目。我深知于此道自己已荒疏多年，困难是显而易见的。但兴趣一经重新被点燃，一股莫名其妙的勇气（其实是傻气）竟不断推动我不顾老迈奋力向前……感谢夏瞿禅、马骅、吴熊和、蔡义江诸位老师，有缘成为他们的学生，是我一生的幸运，自然就该交这份作业。虽说失之东隅，收之桑榆，但夏老师已去世多年，没能见到我这份迟交的作业，是我永远的遗憾"。

哲人已逝，风范长存。几年前，我写过一首诗聊表对他的敬意和感激：

诗国风流一脉传，余波织就永嘉篇。

心通孔墨充寰宇，气夺苏辛极泰巅。

天下门生承玉液，掌中皓日泛虞渊。

春风夏雨深蒙惠，片片丝丝绕梦边。

近年来，我常有机会来杭州和我以前的学生在西子湖畔散步、品茶，总会情不自禁地回忆起先生对我的关爱和教诲，我由衷希望他们能够学有所成，真正实现先生对后辈的期望。

———————

本文原刊《书屋》二〇一二年第十期。

怀念姑丈夏承焘先生

游汝杰

夏承焘先生是我的姑丈，也是我学术生涯的启蒙老师。

一九五六年我在温州第二中学升高中体检时，检出轻微肺结核病，虽然无症状，但也不得不休学，父母让我去杭州寄居在姑丈夏承焘家里。我的二姑妈游淑昭是夏承焘的原配夫人，他们一九二五年成婚，但一直膝下无子女，也希望有年轻的下辈亲戚为伴。那时姑丈任职浙江师范学院（杭州大学前身）教授，家住杭州体育场路浙师院宿舍，有两个大房间，我住在其中一个用作客厅的房间里。记得客厅挂有三幅国画，其中一幅隐约记得是潘天寿的山水画，另两幅题名"无穷莲叶接天碧"和"春江水暖鸭先知"。常有客人来访，印象较深的是历史系瑞安人张慕骞副教授。我跟姑丈学打太极拳，天晴在室外，天雨在室内，有时候在室外，他也来一起练。

我的日常生活除了帮助姑妈做些家务如打酱油、买米外，主要是跟姑丈学写字和读唐诗宋词。姑妈是全职太太，常接待晚辈搭伙，留客人用餐，以勤俭持家、与人为善在亲友间享有盛誉。每隔一段时间，姑丈随意在纸片上写一两首唐诗宋词，供我习字。至今我还保存有两张这样的字纸，其中一张写的是："千古李将军，夺得胡儿马。李蔡为人在下中，却是封侯者。芸草去陈根，笕竹添新瓦。万一朝廷举力田，舍我其谁也。辛弃疾词。不学吴娘梳洗工，不缘膏沐宝奁空。前身应是征人妇，一镜飞蓬对晚风。征妇怨菊。"这些字大都用钢笔写的，对我来说，钢笔字也更实用。用毛笔写的只有两张我珍藏至今，一首是他自己写的绝句："孤花未放气先秋，旧梦重温境最幽。欲写小诗仍阁笔，不成这就叫闲愁。"另有五首作于土改时，用小楷写在同一张纸上，后赠我习字用。其中第一首诗曰："董老孤栖不自怜，家无壮丁也分田。儿孙满眼凭君数，东舍西邻几少年。"这六首诗未见于《天风阁诗集》。他说写字的一个美学原则是"上大下小，左大右小"。在习字的同时，他还教我学习唐诗宋词，其方法是讲解、答疑、背诵、吟诵（用温州话）、默写，最后还要写读书笔记，即记下讲解的内容，并写下个人的体会。姑丈说起过他少年时代背诵过除《尔雅》外的全部"十三经"。因此我喜欢上了古典文学，养成了背诵、默写诗词的习惯，后来背诵和默写过的长篇诗歌有《离骚》《春江花月夜》《琵琶记》《长恨歌》等。他青少年时代读过的两本线装书《唐诗三百首》和《古文观止》，我后来都曾逐字点读。更重要的是从此养成写读书笔记的习惯，终生受益。

在姑丈家里住了约莫一年，我回温州读高中，一九六〇年高考，因出身不好被降格录取到杭州师范学院（今浙江师范大学前身）。当时写信给姑丈，说杭师院不理想，打算明年重新高考。姑丈回信说："读书主要靠自己，不是靠学校。"劝我去报到。在杭师院读书的那两年，寒暑假、公共假期和周末都住在姑丈家里。我毕业后被分配到杭州江城中学教书，此后一直到一九七五年姑丈离开杭州去北京，我每逢星期天没有特别的事几乎都会去姑丈家。

我一九六〇年第二次去杭州时，姑丈一家已迁住杭州大学西溪道古桥宿舍。宿舍区有一幢幢两层的小洋房，类似于现在的"联排别墅"，据说当年是请苏联专家设计的。有加装纱窗的落地双开阳台门，门前有一小园地，南北通风，另有小后门。屋内住房有三室一厅，红漆地板，除客厅外，有一个书房、一大一小两个卧室，我住小卧室。卫生间内有抽水马桶和浴缸。在当时的杭州这是高档住宅。我们住在楼下，虽然有纱窗，但是室内夏日闷热并有蚊子，每天傍晚室内须关灯，让蚊子趋光紧贴纱窗，然后扑打，不胜其扰。一九六一年暑假姑丈去上海参加编写古典文论教材，住国际饭店高楼，返回时说晚上开窗风凉，又无蚊子，十分惬意。又说陈毅同志曾来饭店探访，谈诗论词。

有客人来时，我常常帮忙泡茶。有时候姑丈与来客寒暄后，即进卧室片刻，让客人在客厅稍等。我颇为不解，后来问原因，他说客人多，有些不常来，想不起他的姓名和来历，故须查阅通信录，以便应对。又说通信录是以"平水韵"为序排列的，书架上的《佩文韵府》也是按平水韵排序的。他常作诗填词，故熟悉平水韵。我是在客厅里初识郑张尚芳的，记得第一次见到他时，是听他高谈阔论温州方言本字问题。至今印象很深的是，他说温州话的"火 gang"（旧时中空的竹制吹火筒）和"水 gang"（旧时舀水用的竹制水勺）的"gang"，写出来就是"管"字。他和姑丈从音韵学角度讨论本字问题，我只是旁听，虽然听得一知半解，但是感到很有意思。加上别的原因，此后对语言学的兴趣越来越浓，我的志趣也渐渐从古典文学转向语言学。

我在姑丈家的休闲活动，除了间或游览西湖风景区外，主要有两项，一是周末晚上三人自带椅子或凳子去校内操场看露天电影，二是姑丈常在傍晚带我去黄龙洞的路上散步。散步时会闲聊各种话题，例如往日时光、个人境遇、学问之道、学人轶事等。记得他曾提起解放前不少人提议他纳妾，他一直没有采纳。"无子纳妾"是当时社会一般人的共识。有一次他说他的学生中蒋礼鸿、任铭善、朱生豪是最出色的。蒋礼鸿读书专心，精通《说文解字》，窗外桃花开了都浑然不知。朱生豪兼通中英文，首次将莎士比亚戏剧全集翻译成典雅的中文。后来姑丈把我介绍给蒋礼鸿先生，以便向他请教古汉语问题。姑丈接待亲友或来客总是和颜悦色、彬彬有礼、温文尔雅，儒者风范今不多见。我每次回温州老家他总是托我向父母问好，回来见面总是问父母还好吗?还曾为我介绍女朋友，年终给我零钱，用于预订次年的多种中英文报刊。

虽然从二十世纪六十年代初期开始，我渐渐离开古典文学，走上研究语言学的道路，但是姑丈对我在学术上的影响一直持续到八十年代后期。旧时代学科分类不像现在这样细，大学者往往兼类旁通，姑丈也懂历史、音韵，也阅读语言学书，与语言学家交游。从他的平常谈话里我初次听说中国语言学大师赵元任、罗常培、吕叔湘的大名及其著作。在当时高校中文系的语言学课本《现代汉语》和《语言学概论》里是看不到他们的名字的。还有其他一大批各路大师的业绩，也是初次听他说的，例如其中温州籍的有考古学家夏鼐、戏剧史专家王季思、画家刘旦宅等。一九七四年我曾去函王季思先生求教，喜获详细答复，回信原件今存。有一天姑丈给我看刘旦宅的扇面画，背面是他的题词，他对自己写的字不满意，说不知如何是好。不知后来有没有重画重题。有一次他带我去在孤山的浙江图书馆参观文澜阁的四库全书，并且借阅罗常培的《语言与文化》。罗著我当年曾细读，大感兴趣，二十年后我撰写《方言与中国文化》一书，即受此书启发。八十年代中期语言学界有人讨论古代声调的构拟问题，我想起姑丈曾将宋代姜白石十七首词的自度曲译为工尺谱，也许乐曲的高低升降和声调相关，又查阅了《诗词朗诵谱》（杭大中文系编，油印本）中姑丈用温州话吟诵诗词的乐谱，发现乐调和声调关系密切，因而写成《宋姜白石词旁谱所见四声调形》一文。

"文革"初期姑丈作为"浙江省头号学术权威"挨批，并扫厕所，关牛棚。亲朋、好友、学生都避而远之，但我还与他保持联系。在关牛棚时期，姑妈嘱我不要去她家，以免招来麻烦，相约在延安路的"宁波汤团店"见面。他"解放"后嘱我办两件事，一是去银行解冻存款，二是去中文系取回"文革"初期被红卫兵抄没的藏书。那些书被堆放在一个教室的角落里，用三轮车来回两次搬运回来。虽然散失不少，但姑丈还是十分高兴，特别是看到《故宫藏画选》和《明清扇面画》（书名可能记忆不确）完好无损。这两本画册封面上写有"污手勿触"四个字，可见他非常喜欢。他当场叫我从搬回的书中挑出几本喜欢的，送给我。我要了一本《唐宋词人年谱》。他又说要送我一辆最好的自行车，叫我自己去买。我买了一辆凤凰牌自行车，价格是一百五十二元。当时我在杭州一中学教书，每月工资只有四十多元。他还曾告诉我，他在牛棚里每晚夜深人静时默默陆续写论词绝句，自得其乐，并书赠其中一首："腕下银河落九天，文章放笔肯言填！楼台七宝拳椎碎，谁是词家李谪仙。"此诗后来收入《瞿髯论词绝句》，其中第一句首两字"腕下"修改为"腕底"。

上世纪六七十年代还没有电话、手机，互相沟通信息全靠书信。姑丈和我通信有二十多封，保存至今尚有十来封，其中一封写于一九七五年八月二十九日。全文转写如下："汝杰：前接来信，寄一信与刘世儒，昨天接其复书，寄来量词研究一书，兹交邮寄汝，望即复一函（北京师范学院中文系）。我在此求医，承友人帮助，在首都医院（即协和医院）及中医研究院用'血流图'新仪器检查，尚有一段时间勾留。北京伏中亦热，出伏后即凉。我走路上下车须人扶持，交通秩序比杭州好，所以还可以往来就医。哲明已往温州与静聪、汝丰乘汽车奉淑昭骨灰安葬雁宕灵岩之紫霄嶂（凿石壁为三穴），此事有雁宕亲友帮助，始得成功。你爸妈及诸弟妹，你爱人想好，匆匆即问起居。瞿字 廿九日下午。"信中提到刘世儒量词研究一书，书名系《魏晋南北朝量词研究》，我当年对汉语史上的量词研究感兴趣，曾趋函刘先生求教，他将大作赠我。

我姑妈一九七二年在温州过世，次年姑丈与第二任妻子吴闻（无闻）结为连理。我于一九七四年结婚，爱人吴文翔也是中学教师。婚前他们送我们贺词《好事近》，此词系"吴闻集句，瞿髯书"，词曰："春色到梅梢，香雾暖生寒夕，一笑满斟芳酒。住鸳鸯湖侧，种成桃李一园花。东风共披拂，人在画楼高处。听欢声洋溢。"

我大哥一九六三年与湘妹子郭菊英结婚，姑丈也曾赠集句诗一首："湖色杨柳木兰桡，千里良缘不觉遥。容我小诗来撮合，洞庭风月浙江潮。六三年五一节为汝雄、菊英嘉礼作。夏承焘。"

一九五七年春节我大姐和姐夫去姑妈家拜年，姑丈赠诗一首："一道裙腰绿渐浓，杖藜无奈雨兼风。苏堤好在孤山看，忘却孤山似画中。湖上杂诗。承焘。"

以上三首《夏承焘词集》未收。

姑丈于一九七五年离开杭州，终老寓居北京。在京时他曾介绍我拜识吕叔湘先生。此后无缘晤面，只是通过几次信。我一九七八年考进复旦中文系（研究生）后，他嘱我向朱东润、张世禄和胡裕树先生问好。一九八〇年我赴京探望姑丈，他行动和思维已显迟缓，道别时送我《夏承焘词集》和《瞿髯论词绝句》两书。

回顾自己的学术生涯，庆幸自己机缘巧合，总角闻道，耳濡目染，少年时代就树立了读书为学的人生理想。我成年之后，兴趣转向语言学，但是姑丈仍然爱护有加，助我成长，姑丈的恩泽没齿难忘。

本文原刊《瓯风》第二十集，文汇出版社二〇二〇年十二月版，现有修改、增补。

瞿禅师治学三教

陈翔华

一九五七年后，曾侍先师夏瞿禅（承焘）先生坐。其间数年，朝夕闻道，没齿难忘。今追思其中所教治学三语，以寄怀念。

"笨"是做学问的本钱

通常老师教学生要聪明，而瞿禅师却要我们学"笨"。他还诙谐地说："'笨'字从'本'，笨是我治学的本钱。"一部"十三经"除了《尔雅》以外，他都一卷一卷地背过；有一次背得太疲乏，还从椅子上摔下来。后来，花了很多年时间，读了几百部文集和笔记，才铢积寸累地写出了名著《唐宋词人年谱》。其实，他并不是不聪明。早年报考孙诒让创办的温州师范学校时，在二千多人的考生中，他以名列第七的成绩被录取。夏鼐先生生前还曾经告诉我："瞿禅先生久有才名，青年时就被称为永嘉（温州）七子之一。"但是，他从不矜恃。瞿禅师在词学研究上取得了突破性的成就，确实是由于他肯下苦功、"笨"功。他所谓"笨"，我的理解是：一要谦虚、努力，二要坚持不懈。他多次对我们感慨和惋惜有些"聪明"人治学，或者半途而废，或者一事无成。尤其是有感到当时的学风，他赋诗勉励我们："凌霄气概要虚心""能下乃能大"，特别要我们以"笨"作为做学问的本钱。

不能让"雨点"落到大海里

读书贵有心得，而心得要及时记下来。瞿禅师常用章学诚的话来教育我们说："读书如不即做笔记，心得犹如雨点落大海便无踪无迹了。"

瞿禅师所见所想的心得笔记，我有幸读过不少。除了日记和书籍上的眉批、旁批外，还写有大量的纸条。这些纸条小至一指宽，写一二行字；大至一页纸，记三五个问题。有粘贴成厚册的（好像是《词例》，未见出版），更多的是零散的。纸条上文字极简练，而内容极丰富，从宇宙谈到人生，从哲理谈到观赏山景……都有很高的价值。当时，我为学习而曾抄下数则。今还录有关美学的二段，以见瞿禅师笔记的一斑：

欣赏——生活经验不丰者，不能作亦不能读。汉赋家皆仕，赋未必好；诗人未必经世，但诗好。此所谓经验不重外事而重

"内心"。单纯诗人有内心经验甚深者，不可一概鄙薄。

小说如《红楼》《水浒》，描写人物往往忠邪贤佞不可遽辨，乃愈耐人寻味。以人情论，君子小人之辨，有时只在希微之间，小人亦有君子心肠，君子未尝无小人念头。文字于此，能入情入理，乃亲切有味。《儒林外史》刻画太露骨、太过情，便近于《笑林》。

苏东坡诗："作诗火急追亡逋，清景一失后难摹。"瞿禅师要我们用"追亡逋"的手段记笔记。要勤记，但要精简，要经过自己思考才落笔。

文章应从中间写起

一九六二年春，从瞿禅师泛舟于西子湖上。忽然，他问我们："文章究竟应从什么地方写起？"大家为之一怔。然后，他亲切地指出："应当从中间部分写起。"通常文章，是从头写到尾的；为此，我们不能无惑。瞿禅师回答说：前人把文章的中间部分称作"猪肚"，说明容量大、内容丰富，其实并不完全贴切，而中间部分还是全篇论说最精彩的地方。写文章要先把这部分想清楚，才能动笔。首先集中全力把中间部分写好了，写得很精彩，再连缀头尾，润色通篇文字，就可以避免内容贫乏或四平八稳的毛病。他还说：某名作家创作剧本，也是先从中间写起的。

瞿禅师还和我们谈过其他许多治学问题，而不止于这三则。这些教导曾使我闻之一新耳目，而将终生受益。现在，瞿禅师已经离开我们仙去了。痛定之后，抚今思昔，不禁泫然，更加思念这位辛勤培育我的恩师！

本文原刊《词学》第六辑，华东师范大学出版社一九八八年七月第一版。

热心培养后进的夏承焘老师

牟家宽

一九五七年秋，我考取浙江师范学院（一九五八年改名杭州大学）古典文学进修班，到校的第二天，我们进修班初到的同学在老同学带领下，拜望了夏老师。他热情地接见了我们，并询问了我们每个人的姓名、所在学校和其他一些情况。当他知道我在四川南充工作时，连声说四川是个好地方，李白、杜甫、陆游都在四川生活过很长时间，写下不少好诗，他很想有机会去那里看一看。在初次见面中，我们深感夏老师和蔼可亲，令人尊敬。

在进修期间，我时常得到夏老师的教导。他说做学问要打好基础，要多读书，不要怕书多，先可以择重要的读，逐步充实自己，并说要锻炼自己读旧注的能力。

我在夏老师的直接指导下重点进修唐宋文学。当时我一边读书，一边记下疑难问题，时常去向夏老师请教。我每次提出的问题，他总是认真进行解答。他也常常向我提出问题，遇到我回答不上时，从不责备我浅薄无知，而是耐心教导。夏老师记忆惊人，知识博洽，很多典故能随口说明出处，很多诗文能随口背出。他鼓励我不仅要多读，而且要多背，并说背得多才能在运用时信手拈来，才容易引起联想。

他有时还把一些好的资料和未出版的书稿给我看，如王仲闻校注的《李清照集》，当时初稿已写成，正请夏老师提意见，他说这部书很好，有特色，资料丰富，要我拿去看。并从中学习别人治学的方法。他还向我说，做学问要注意积累资料，要多思考，多写心得笔记。

有一次，夏老师应中华书局上海编辑所之约，要我与他共同笺注陈亮的词。他把积累的有关陈亮的全部资料给我阅读，同时具体指导我怎样作笺注，怎样查阅工具书。陈亮词中有个别句子我实在读不懂，他就给我讲。因此，《龙川词校笺》的注释，完全是在老师辛勤教诲下写出来的，其中凝聚着老师的不少心血。

夏老师平时衣着朴素，自奉甚简，家中的陈设也几乎没有什么奢侈品。他不吸烟，不饮酒，如果说有什么嗜好那就是读书。我有时饭后到他家去，看到他总是在拿着书看。有次我问他："饭后你怎么不休息一下，怎么不去散散步？"他笑着说："我觉得读书就是休息！"当时夏老师虽已是著名词学专家，但他从不以专家自居，而是谦逊待人。他尊重同行专家，对唐圭璋、龙榆生、邓广铭等在词学方面的著述颇为称道、对后生晚辈更是热心奖掖，哪怕是一点一滴的成就也加以肯定、扶植。记得有一次，他要我们对《姜白石词编年笺校》提出意见，并要我们对该书的《前言》加以修改。

两年进修时间匆匆过去。我在老师的教育下学到了不少知识，开阔了眼界，初步懂得做学问的方法。

本文选自《夏承焘教授纪念集》，中国文联出版公司一九八八年十月第一版。

在夏瞿禅承焘先生身边的岁月

雪　克

一

先生，浙江温州人。忠厚长者，向无机心，不通政治，穆穆然，温温然，一学人也。

夏公不通政治，此举三例。

一是一九五八年"大跃进"时，北京大学中文系五五级学生鼓干劲，争上游，又红又专，组班子集体编撰的《中国文学史》公开出版，广受关注。一时间，复旦、北师大学子均有跟进成果。此风很快刮到了浙师院，中文系学生奋起效仿，提出了"超北大"的响亮口号，一鼓作气也赶出了一部。系古典组教师谁人不知，"大跃进"乃党中央三面红旗的组成部分，是当时最大政治，切不可以纯学术观点对待这一新生事物。说到原作得失，或附和，或委婉，莫不适可而止。唯我夏公直言不讳，评价不高，竟脱口说出了"超北大变成了抄北大"，当即遭到了学生的回击，终于被拔了白旗。

一是同教研室蔡义江兄告我，也是"大跃进"时，公问曰："义江，三面红旗我知其二，国旗、党旗是也，唯第三面是军旗还是团旗，实不能定。"答曰："全错。"公愕然。

一是一九六三年学期结束前，政治形势由于广州会议的召开，一度宽松，中宣部副部长周扬报告引用夏公诗作"敢想容易敢说难，说错原来非等闲。一顶帽子飞上头，搬它不动重如山"，意在调整知识分子政策。一时间，无论教研室政治学习会，还是私下交谈，都显轻松，同仁间又露笑脸。夏公这时早把思想改造、反右、拔白旗、"灭资兴无"的挨批、检讨的经历，丢在了脑后，未免又"放肆"起来。可好景不长，"千万不要忘记阶级斗争"的号角吹响，夏公对此，竟浑然不觉。

古典文学教研室老教授多，瞿禅公外，计有王驾吾焕镳、胡宛春士莹和平湖陆维钊诸公，济济一堂，向来是系甚至全校政治气候的风向标。开学后，第一次教研室的政治学习，本组教师外，还来了两位政治系（或马列室）的老师，校党委副书记兼中文系总支书记亲临主持，令人肃然，众皆默默。书记点名让我作好记录，要求原话一字不漏。我知不善，不禁惶惶，唯有领命而已。山雨欲来，风已满楼，久经运动，谁不谨言颂圣，唯我夏公仍唱暑期前之老调，毫不收敛。会后，书记嘱我带上记录到夏老家，让他认真审查一遍，不管他在会上原话如何，如想改，尽量改；不要马上带回，可以明天去取。书记的一番话，让我颇费斟酌，心思不定。这些话表面看来，是为批夏搞一份靠得住的材料作依据（经本人改定，难以推到记录之言非其本意身上），但我多年在他领导下工作，颇知他的办学理念和为人。凭这一句"想改尽量改"，似不难看出有些想放夏公一马的意思。怀着这样的心情，见了夏公。本想明确告知又一场批判风雨就在眼前，但实在不敢。问题是夏夫子实在太不懂政治了，他是政协常委，说不定在什么场合以表扬我的话说了出来，那我的下场比他老人家的被批，可就遭厄多多了。最后只能说一句"务必看看最近的报纸"，离开时又补了一句"别忘了啊"。本以为会有效果，谁料到修定之稿，凡改动处，都更直白、更明确、更露骨，让人啼笑皆非，徒唤奈何。后果自是可想而知了。

问题当然严重，可充其量也就是不容声辩的批判而已，对夏公而言，树大招风，这类经历已不止一次，多一次忧患，说不上伤筋动骨。坦然处之，熬一熬也就过去了。比起一九五七年反右期间，为保护自己早年博学多才的弟子任心叔铭善先生免受戴帽之罪，一度深夜失眠，多次劝任向党检查认错，并为其开脱而无果，弄得心力交瘁，公内心的压力与痛苦，恐不可同日而语。

二

这是一九六三年间的事，离我不担任夏师助手而专职执教于古典组，已有五六年之久了。回顾前尘，我是一九五六年开始担任助手的，时间不长，不过一年多，是老人家提名把我要来的。可是听夏师的课，早在一九五二年调到浙师，以及一九五八年初中止此职，直到难以正常授课前，除了下放劳动，从未间断过。尤其当助手期间，总是堂堂必到，悉心受教。先生深沉好古，早岁即浸淫经史，规循两浙学术，博极群书，精研奥义。执教以来，先后授课《诗经》《楚辞》《左传》《庄子》《诗选》与《词选》等多门。追源述流，胜义纷纶，时令学子叹为观止。每次登门请益，进室所见，先生不是手持书卷，就是伏案撰作，扬榷风雅，缅缅忘倦。献身学术，感人至深。毕生所嗜，则诗词一途。作为词学宗师，讲诗、说词，更是如数家珍。各派各家，知人论世，从无时尚的时代背景、主体思想、艺术特色以及阶级局限之类的说辞，均为诗话词话式的，点到即止，引人入胜。授课间，常脱离讲稿，即兴发挥。说着说着，突然停顿，唉的一声后，随即妙语如珠，脱口而出，山阴道上，又入胜境。讲说作品，无论《诗》《骚》，乃至唐宋以降，堂堂篇篇，必吟诵玩味，肺腑真情，沁人心田。说到高兴处，不时告示诸生，这句画一个圈，那句两个圈，多则三圈，带给学子们无尽的艺术欣赏和想象的空间。

作为诗人，先生少年取法随园（袁枚）和两当轩（黄仲则），并从林半樱公学为词。上世纪二十年代后期，公二十六七岁，与谢玉岑氏同执教于温州十中，结为莫逆之交。青年才俊，诗词唱和，均近于白石，业已声闻早著，为时传诵。谢氏早殁，公终生不忘。后，先生致力梦窗，晚年则出入苏辛。其尊高词体，自出机杼，从不为绮靡之作，《月轮楼词》之清丽温雅，匠心独运，广为学人所尊慕。当然，学人也往往是多样的，各有自己的性情与爱好。夏公从不冬烘，亦时尚。闲暇之时，偶与二三知己饮酒小酌，赋诗唱和，听听戏曲，看电影和汇演外，尤喜跳舞，且乐此不疲。上世纪五十年代，社会上一度兴起交谊舞，一次夏公乘兴，在校礼堂跳到夜半仍不肯休，师母在家久等不归，亲身前往，满脸怒容，硬把先生找回了家中。知其事者，一时传为笑谈。

夏师对我，悉心培养，关怀有加。词学极盛于两宋，向重体格与神致。跟先生学词，亲授词诵词法，多承謦欬：强调研究诗词作家，以熟读、背诵各家作品，明音律、辨声调为先，重在基础，进而穷搜广求，细大不捐，综贯博考，勤于思辨，不拘于先贤之成说与时论，贵在个人之见解。先生重吟诵，曾为我详释吟诵节奏，一应本于原作情感，缓急、起伏之间，切忌雷同。诸如说辛词《破阵子》（醉里挑灯看剑），上篇写醉说梦，激扬奋发以身许国，紧接下片"马作的卢飞快，弓如霹雳弦惊。了却君王天下事，赢得生前身后名"诸句，宜句句急下，一气呵成，不可停顿，以显示作者英雄豪壮之气，而末句五字"可怜白发生"则要拖长音节，一字一吟，方能力压全篇，与作者"老景沧浪，慨叹人生"，浑成一境，自成妙造。亲口咏诵，扣人心弦。其他如论稼轩词的"肝肠如火，色笑如花"种种，至今也深深印在我的脑海中。

谈到治学经验，先生不时强调，切戒浮夸，要下笨功夫，嘱我慎写文章，"说有容易说无难"。当时年轻少知，感受不深，可有一个鲜活的例证很快就发生了。事情是这样的：我与刘肇熙操南先生受教研室委派，于一九五六年赴金陵参加南京师院举办的文科科研讨论会，有篇探讨最早见于《玉台新咏》的《古诗为焦仲卿妻作》的文章，作者上台报告，通过对该篇几个语词的考辨，认定作品时代不能早于"六朝"。我坐在离南京大学胡光炜小石教授不远处，先生年老耳背，话没听清，经身边助手相告，立即缓缓站了起来，斩钉截铁两个字："不对！"当场朗朗背诵了几篇西汉碑文片段，文章所考几个语词赫然在焉。啥话没说，就坐了回去。无须讨论，这篇论文就被否定了。从此，"易难"之说让我终生难忘。随着马齿日增，读书越多越觉少，同样的课程越开越不敢开。

当助手期间，夏师曾应出版社之约，签订合同，出版倚声赏析之作。为此，每周由先生口述两三首，我记录，据之整理成文，最后经先生改定。日积月累，书稿即将写就，由于形势起了变化，没有印成。日后，这些单篇先后发表在各类报刊上。撰作这类普及性读物的事，心叔先生并不认同，数次进言劝止，云从先生也不以为然，这是可以理解的，可夏公自有主张，以普及词学为己任，一直不为所动。

在系多年，绛帐春风，受益难以尽述。自惭荒谬愚懦，缺乏形象思维，质木无文，无所建树，空费先生心血。六十年代起，为应教学需要，改攻先唐，尤以先秦为主，精力所及多在经子、古史、古文献之间，唐宋诗词之学日渐荒落，早已无从置喙，愧对先生教诲，难再弥补。

三

回顾夏师往事，内心一片祥和，总想避开"文革"，不愿涉及，却老是挥之不去。既然记忆清晰，仅就个人所历所见，也说上几句吧。

"文革"对夏公而言，可谓苦难多多，几遭灭顶。万幸，总算挺了过来。运动来势汹汹，高深莫测，小将外，谁不惶惶。可开始批斗时，在杭大中文系，还是有人敢笑的。记得一九六六年的秋季，"文革"号角已经吹响，萧山有场文艺汇演。主其事者，邀请中文系教师莅临，夏公亦与焉，坐大客车前往。事被批判，所有教师，无论老青、党团员或群众，全部台上站定，一位学生开口就是："锣鼓声声，跳下一车牛鬼蛇神！"不分青红，一律成鬼，禁不住受批者一片笑声。又一位批得更绝："什么教授、权威，一堆狗屎堆！"他把"屎"误读为"米"，又一次哄堂。从此，"狗屎（米）堆"三字成了牛棚中同仁的自嘲语。

"文革"初始，是省委领导的，对杭大很快就定下了打倒原

174

学校副校长林淡秋（时已调任省委宣传部副部长）和中文系夏承焘教授的"林夏战役"，树了两个活靶子。二人立即陷入了全校师生共讨之人民战争的汪洋大海之中。几次批斗大会后，林困禁在杭大宿舍家中，小规模批斗、游斗、示众外，难得外出。直到造反派夺权后，才回到宣传部，与几位部领导关在了一起。夏公则几经周折，终被关进系之牛棚，大会小会，批斗连连。夏、姜（亮夫）二公，年近古稀，衰病缠身，劳动改造仍难获免，被命在校内挑担施肥浇地。一位血压不时高得吓人，一位双目视力低下几近失明，都无从迈步，蒙兵管小将施恩，改为两人一前一后合抬半桶，一步三摇，粪尿溅身，状不忍睹。在牛棚，学毛选，念语录，熟读甚至背诵老三篇，写汇报，作检查，挨批斗，自是常课。一次红卫兵进棚，指定夏公背诵"毛主席四个伟大"，老人家哪里背得出。呆了半天，终于憋出了一句"伟大的毛主席"，想不到一个耳光，打了个既清脆又响亮。可他始终也想不明白，自己为啥挨挨了这一巴掌。有个阶段，集中学习《敦促杜聿明等投降书》，目的是让棚中人交代反党言行，认罪伏诛。唯我夏公最为当真，反复思考，终于"深深体会到"自己实实在在就是共产党的俘虏。话说得越真诚，听的人越其妙莫名，一位终生教书育人、桃李满寰宇的教授，手无寸铁，从未与党和解放军为敌，怎么竟成了解放者的俘虏?这算哪门子的"体会"，而且还是"深深"的呢！

说到挂牌游斗，校园内已无印象，记忆清晰的是一次头戴高帽、胸挂黑牌招摇于三街六市。监管者为照顾老人和体弱者，批准彼等集中乘公交车，余众由大右派陈公企霞领头，敲着锣，不时高呼几声"我是牛鬼"，途经保俶路，沿湖畔，直奔市中心解放路十字路口南侧。一座高台业已搭就，上面方桌叠方桌，直到高顶单桌一张，上再加凳子一个。"牛鬼"一个个先后爬上，东西南北各鞠一躬，低头认罪，配以高音喇叭，揭发罪行。年轻人尚可勉强，对老衰者而言，真是危哉险矣。印象中夏、姜、王驾公诸老，蒙准未上高层，人身安全尚称无虑。可轮到老病号副系主任孔成九却难获免。不敢仰视，只能默默祷告。万一他唱了"伐子都"，这位一九三八年参加工作的曲阜孔老夫子后裔，就真的是有来无回了。上帝保佑，大家都平安回到了学校。

终于熬到副统帅折戟沉沙的"文革"后期，牛棚散伙，所有"牛鬼"大都回家不再劳动。想不到在中文系甚至全校几乎只剩下夏公和陈公企霞两位，或者还有我不知道的个别人，处境没有任何改变。陈的事，省里也做不了主，要等北京，那时江青还在风头上，谁都懂得。可夏公呢，一个七十多岁的老人，每天要跑一站路，到系的公共场所扫地，搞清洁卫生，风雨无阻，让人实在难以理解。禁不住跑去问系里负责人——"你问我，我问谁?你也不想想，这样的名教授，是系里能做主的吗?!"自知他说得不错，可仍难解谜团，不死心。过后又当面问了校领导，回答同样无解："学校无权，这是上面的意思。"话说到这个份上，谁敢再问"上面"，对普通群众而言也就到头了。以窃之见，校领导或者另有什么人其实知道而不想明说，那就不可强求，只能闷在肚子里。话虽如此，难免与二三友好私下议论，均以为问题应在于原省委决定的"林夏战役"，需要等待省里新的批示文件。

过后不久，一九七五年间，夏公申请离杭去京定居并获准成行。居京两年后，粉碎"四人帮"，大地回春，举国欢乐，一九七八年底终于告别妾身未分明的处境，等到了杭大党委为先生发文正式平反昭雪。晚年又逢盛世，旧交新知，社会贤达，宾客盈门。吟咏唱和，促膝谈心，广受尊崇。一九八六年五月二日以心肌梗塞住院，十一日病危，期间，林乎加、贺敬之、吕志先、叶至善、王顾明等多位同志到病房探视问候。抢救无效，遽归道山，在京八宝山殡仪馆礼堂举行隆重的遗体告别仪式，四百多位各界人士参加告别，习仲勋、乔石、胡乔木、邓力群、张劲夫、张爱萍、赵朴初、叶圣陶等敬献花圈。先生的词学贡献得到了高度评价，享尽哀荣。

先生晚年居京十多载，心系故土，素有回杭意愿，平反后，学校不止一次派专人商谈均无果。一九八三年后窃因公赴京，校领导亲口嘱咐我以学校代表身份，再行探望争取，并谓原住房等诸多问题，尽量提出，全可妥善解决。见到先生，悲喜交加，恍如隔世。那时先生思路已不甚清晰，然其怀恋故土之情仍不能已，问长问短，话不外此。可有心无力，难以成行，也就只能徒唤奈何了。

先生生前虽未能再回杭垣,幸者遗愿实现,骨灰归葬于浙江淳安千岛湖青山丛林之间。享年八十有七,名扬中外的"一代词宗",永远安息在湖光山色之中。笔者有缘,曾会同浙师院三位中文系首届研究生班老毕业生樊维刚、姜海峰、何均地,于一九九五年十月间赴千岛湖扫墓祭奠,距恩师仙逝已近十年矣。

本文原刊《掌故》第二集,中华书局二〇一七年四月第一版。

夏承焘先生给我们讲宋词

顾志兴

有次去看望浙江大学终身教授陈桥驿先生，谈了一会，又有客来，正想起身告退。陈老师说："老顾等一下，我给你们二位介绍一下。"介绍到我时，陈先生说："这位是杭大全盛时期中文系高才生顾志兴研究员。"陈先生的话，在我们这一辈人中向来是说一不二，决不会违拗。这天我却忍不住讲了句："我是杭大全盛时期一个用心读书的学生，但不是高才生。"听了我的话，大家哈哈大笑。

我是一九五七年考入浙江师范学院中文系的（一年后与杭州大学合并）。那时考大学根本没想过什么"学校要大、房子要高、校门要气派"。选的是学校的老师，有哪些名教授，说白了是奔着老师的名气选学校。当时有个说法，北大中文系是"地主"（言名教授多，名气大），而浙师院则是"富农"，夏承焘教授就是其中的一位，我读过他的文章，是十分敬佩的，所以斟酌再三就报考了这所学校。读过一篇文章，说是上世纪五十年代北京大学有几名洋人留学生，他们是马寅初任校长时考进来的，当临别毕业时马寅初已遭批判，被迫辞职，他们发现毕业证书上校长的签名章不是马寅初，而是另易其人，这些洋人留学生还闹了一阵子事。由此看来，上大学读书，选名校长、名教授倒是中外同理，是学子的共识。

到了一九五九年，我们已经是二年级了，但夏承焘教授还没有给我们上过一堂课。那时运动多，除了和社会上共同的反右派"大跃进""大炼钢铁"等大运动外，大学里还有小运动，诸如教育革命、红专大辩论、向党交心等等，大家都忙于运动。我在新近出版的《浙江印刷出版史》的《后记》中有这样一段话："那时是杭大中文系的全盛时期，名师众多，然而运动也多，批判不断，那些老教授在我的印象中似乎相当谨言慎行。"有次开大会，我坐在夏承焘先生的边上，他摸摸我的头发说："你的头发黑黑的，浓浓的，真好！"不谈学问谈头发，是那时的"实录"。夏先生没有给我们中文系的学生上课，却给全校师生"上过大课"。现在回想起来，时间大约在一九五九年，是夏老师向党交心，我们不在主会场，是拉出线的大喇叭传出他的声音，他检查和交心说是读《毛泽东选集》，感到引用《论语》和《孟子》的地方很多，曾产生过用孔孟的思想来解释毛泽东著作，接着深刻地批判自己错误的资产阶级思想。起初我还听不懂，毛主席的著作确是引用前人的著作很多，夏先生为什么要检讨、交心?过了几天才悟出毛泽东的著作是马克思列宁主义的精粹，是发展了马列主义，而那时"顶峰论"已是呼之欲出，将之与孔孟思想并提，并作研究，确是罪莫大焉！夏先生在这一阶段写过一首很有名的打油诗，我还记得两句："一顶帽子飞过来，推它不动重如山！"这首诗是不是这次交心时吟的，我记不真了，毕竟时间已经过去了五十多年了。

一九六一年，我们将要毕业了，屈指算来有多位教授没有给我们上过课，尤其是大家倾慕已久的夏先生也没有给我们上过一堂课！这岂不有点空入宝山，令人扼腕痛憾！不知是有人反映了我们这批即将毕业学生的情绪，还是别的原因，也许是学校感到有点对不住我们，一日，中文系传出消息，将要为我们开几门专题课，全年级听大课。现在记得起来的有林淡秋校长的列夫·托尔斯泰的《战争与和平》与曹雪芹的《红楼梦》比较研究，王驾吾教授的毛主席十九首诗词的革命现实主义与革命浪漫主义相结合的研究，其中最使我们为之雀跃的是夏承焘教授讲宋词。

林淡秋校长也是我所尊敬的一位学者，他讲的主要是《战争与和平》和《红楼梦》的文学结构上的比较研究，由于我没有读过托翁这部巨作，所以对两部书的结构异同没有留下深刻的印象；王驾吾先生擅长的是墨子研究，这个讲题本身就有点难为他了；印象最深的是夏先生讲的宋词。

夏先生讲宋词，实际上只讲了范仲淹的一首《渔家傲》(塞下秋来风景异)和苏轼的《水调歌头》(明月几时有)、《念奴娇》

（大江东去）、《阳关曲》（暮云收尽溢清寒）、《江城子》（十年生死两茫茫）等四首词。进大学四年，等来夏先生的四课时的授课，一百多名学子全神贯注倾听夏先生的讲课，课堂里一片寂静，只听见唰唰的记笔记声。我那时有点懂事了，知道笔记本迟早要丢掉的，我拿了一本龙榆生先生选注的《唐宋名家词选》，先生讲到哪里，我就在这首词的天地及空行间密密麻麻书写老师讲课的内容。如今翻到夏先生讲的词，耳际似传来夏先生的永嘉乡音，他不只讲这首词的内容，而是让我们更多地掌握一些宋词的知识，重在词的艺术特色。例如我在范词《渔家傲》下记有"渔家傲，词牌名，今失去调意，只剩音乐上的关系。范词流传至今尚有六首，北宋小令中不可多得之作。每句用韵，在小令中亦不多。音调沉重，心情与词调相合"。又如首句"塞下秋来风景异"，先生说一个"异"字领起全首内容，"异"是塞下，不同于内地，"异"字要体味。我知道先生不是在讲一首词，是教我们今后如何读词。接着为我们讲了苏词《水调歌头》（明月几时有）和《念奴娇》（大江东去）。这两首词，我们比较熟悉，夏先生讲词调，讲背景，例如说《水调歌头》调名来自大曲，水调歌头是大曲水调的一部分，和此调类似的还有《霓裳中序第一》，并以苏词"沙河塘上灯初上，水调家家唱"（在杭州作）以证水调在当时之流行。又举《水浒》武松醉打鸳鸯楼中的张都监所蓄家妓所唱即为此调，然后又作断语："在八月十五写月亮词中，宋词当推此为第一！"

在夏先生此次讲课中，我印象最深刻的是他讲的苏轼怀内词《江城子》（十年生死两茫茫）。他说："用词写夫妇之情，《江城子》是第一首。《花间集》中写妇女多为被玩弄之妓女，最多是友情（如柳永），而东坡第一次用词写妻子，怀念已逝的妻子。这样就提高了词的境界，扩大了词的内容。""苏轼之前，人们怀内只有诗来表达，怀内诗前人写得很多。"（他举了几个例子，我没有记下来）这看似很平常的几句话，彰显的就是学问！夏先生如果不通读北宋和唐五代词，怎能说得出写怀内词苏轼是第一人，我虽不学，但这点是深深体会到的。后来我教书，常常以此语对学生讲，要多读书，任何一句话都要有根据。夏先生又从艺术形式来分析这首词，此词用平声韵，言调和平、婉转，词调"七三三四"均有，长短句都有，配搭匀称，字句复杂。复杂、婉转的情感适宜，内容与形式配合得很好。他又边吟哦，边讲解"小轩窗，正梳妆。相顾无言，惟有泪千行"，此写梦境，而"料得年年肠断处，明月夜，短松冈"，此为东坡醒时语。大学中文系四年，听了夏老师四课时的讲课，我终生难忘，终生受用，当时就想不虚在杭大当了四年学生。

夏先生曾为我的《浙江藏书家藏书楼》题写过书名，我在《后记》中有如下一段话：

本书书名恭请先师夏瞿禅（承焘）老师题写。一九八四年冬，杭州大学等发起为夏老从事学术和教学活动六十五周年在北京召开纪念会，我亦应邀与会。当时就想请夏老题写书名。时夏老身体已不太健康，我担心他一时不能动笔。回杭后和杭大陆坚兄谈起此事，陆坚兄说可先和师母吴无闻先生商量一下，我们就给师母写了封信。去信后不久即收到她的来信，同时附有夏老题写的书名。夏老是我的老师，是我所尊敬的长者，他为我的这本小书题写书名，既是师生之谊，更是前辈对后学的鼓励和鞭策。令人惋惜的是，夏老已于一九八六年五月十一日逝世，这本小书的出版，只能做一瓣心香，敬献于夏老师的灵前。

夏老师仙逝的讣告我是收到的，因工作关系无法送老师远行，只能遥望北国，送老师驾鹤西行。我平时不注意保存信件等，只是这封讣告信放在抽屉内保存得好好的，这也算是永远的纪念吧！

本文原刊《杭州文史》第七辑，杭州出版社二〇一七年三月第一版。

惟大学问，是真澹泊
——夏承焘先生百年诞辰纪念

孙崇涛

在我就读杭州大学中文系（今浙江大学中文系）的二十世纪五六十年代之交，我曾是夏承焘教授中国古典文学科的科代表，加上我俩又是温州同乡，使我有更多出入师门接触夏老师的机会。那时的科代表不只是作为沟通师生情况的桥梁，还是所谓"三结合"（教授、党政领导与学生）的对象，要参与教学工作的全过程，包括制订教学计划、确定课程内容、进行集体备课等等。在极左思潮横行的"大跃进"与"教育革命"年代，这种名义上的"三结合"教学举措，实际上是对教授的一种变相监督，是对他们"满脑子资产阶级思想"的"改造"手段。对此，无论领导、学生和教授本人，其实心里都很明白。

那时，我是个二十来岁的毛头小子，啥事也不懂。面对自己十分敬仰的"一代词宗"和乡贤先辈的夏老师，受命于此，感到很是惶恐。而通过与夏老师的多次接触后，感受到夏老师的坦荡襟怀、虚怀若谷和澹泊志远，使我顾虑尽消。他对"三结合"的教学方式，丝毫不心存芥蒂，在"三结合"的集体备课讨论时间，他总是不断地鼓励我尽量发表个人意见，并且尽量地加以采纳。

有一回，我们在准备唐代诗人白居易专题功课时，碰到这样的问题：白居易晚年写的许多闲适诗，内容为什么会是那么消沉、避世，完全不似他先前创作新乐府的积极、干世的态度？我们对此应做如何的理论阐释？那时，我已比较了解夏老师的为人，在他面前没有顾忌，也不知天高地厚，讨论中喜欢"畅所欲言"，爱发表"别出心裁"的看法。我说，这问题应该参照恩格斯论法国作家巴尔扎克和列宁论俄罗斯作家列夫·托尔斯泰中有关作家世界观与创作方法关系的理论加以解释，并且还具体分析了一通白居易世界观影响其诗歌创作发生前后变化的情况。夏师静听不语，实际是在细细嚼摩我这些话的道理。没过几天，夏师上课堂讲白居易，竟将"白居易世界观与创作方法之关系"的问题娓娓道来，融进自己的许多理解和发现，十分精辟，还说这是在备课时受同学见解启发的。夏师的"谦虚乐受"（杭大蒋礼鸿教授课《夏承焘传》中的评语）的程度，可见一斑。

夏师平日待人，不管长幼尊卑，他总是一样地谦和可亲，使人如沐春风。他每次通知我去他家，方式很特别：用他那支随身用了好几十年的"帕克"牌老旧自来水笔，在一张巴掌大小的旧纸片上，用笔画很粗的字，写上几句带商量口气的话，诸如：什么时候，假如你有空，请来我家一趟，一起商量什么事之类——与其说是"通知"，不如说更像"请帖"——让人投入我的信箱。我收读之后，自然不敢违命，按约前去。

我每次到夏师家，时常会碰见各方登门来访夏师的学术界、教育界的朋友同人。这时候，他总要把客人和我一一介绍认识，还总要把各人的学问、特长称赞一番。每当我离开他家时，他总要起身将我送到家门口，站在那里频频挥手，直至目送我身影消失他才进门。他从来不把我当成是个没有见识、学问的学生看待，在我面前丝毫没有一点居高临下的"师道尊严"的架势。

我跟夏师平时接触中学到的东西，比我在他课堂上学到的东西，似乎更多、更重要。这不仅指同他交谈中听到许多课堂上没听过的知识学问，更重要的是目睹夏师的治学态度与方法，令我终生受益。在他的书房里，我见到各种大小形状不一、内容分门别类的笔记簿，有的大如账房先生做账用的旧账簿，为自家订制的，上头记录着他做学问的心得体会。我曾两回碰到这样的事情：在双方交谈学问兴趣正浓的时刻，他要我先停一停，拿出他的"账簿"说："且慢说，我要'记账'了，请你把刚才说的话再重复一遍。"原来这些"账簿"上一笔笔记录下来的"账目"中，还有他跟同行乃至学生口头交谈切磋中得到的启发，他需抓紧记录。"读书不做笔记，如雨落大海"，这是夏师平时一再告诫我们的话，也是他本人毕生的治学经验体会。夏师这里所说的"读书"，不光指看书读文，还包括跟看书读文有关的所见、所闻、所思、所谈，只要有所感悟和启发，都得及时捕捉，及时记进笔记，以备后用。在夏师的濡染影响下，从那时起，我也仿照他的做法，勤于笔记，按专题分册归类、存录读书材料与想法，终生坚持。这对我日后从事研究工作起了很大的帮助作用。

平时跟夏师接触，以及在课堂上听他讲课，使我感到他向来很看重向学生传授学习、研究学问的经验、方法与体会，并将这些道理概括成浅白、简要、形象的语句，叫人一辈子牢记不忘。除了上述提到的"读书不做笔记，如雨落大海"一例外，我还多次听他说过以下这些言简意赅的话：

"心头的书要多，案头的书要少。"——有关知识学问"博"与"专"的辩证关系。

"平时多读书，背（拿）起笔来本事就会来。"——强调知识积累对研究、写作的水到渠来的作用。

"做研究像打（凿）井，选地（题）要严，开掘要深。"——关于研究课题选择和研究方法问题。

"诗不好定义，只能比方：诗是饭，诗是酒：使人饱，使人醉。"——对诗歌艺术本质与功能的理解。

"能说出好在何处的诗，不算真好诗；好得说不明白好在何处的诗，才是真好诗。"——评判好诗的标准，实际涉及诗歌的艺术特征问题。

……

一九六一年，我大学本科毕业，由于各种原因，没有继续留校深造，决定回乡教中学。夏师对此似感遗憾，在我离校之前，他跟我深谈过两次。头一回是希望我返乡教书之余，不要放弃继续学习、研究学问。他说自己教了大半辈子的大学生，却没有当过半天的大学生，只有中专学历，学问是靠自己业余做出来的，相比而言，我的条件要比他年轻时好得多。还说我家乡瑞安历来文风很盛，孙家还出了一个鼎鼎有名的经学大师仲容先生（孙诒让），你们应该加以继承和发扬。我说，像我这样，下去之后，应该选做怎样的课题才好。他给我出了一个题目:《白居易诗编年笺校》。他说，这题目有意思，也很需要，现在还没人做。后来我渐渐明白，夏师要我做这个题目，还有为人宽厚的他不肯直言的另一层道理: 要想在古典文学研究领域真正做到有所建树，应该从别人往往不屑一顾的最基础的文献整理、研究起步。这是包括夏师本人在内的大部分有造诣的学者从治学经历中总结出来的宝贵经验。

我要求夏师给我列个详细参考书目，他欣然同意。后来我去拿书目时，他又同我攀谈良久。这一回，主要是向我讲解书目所列各书的内容与用途，以及做《笺校》的一些具体方法。夏师给我开的这份书目，用钢笔字写在一沓厚厚的十六开宣纸上，足足十来页，字迹有点渗。我一直把它当作宝贝似的珍藏着。它包含着夏师对我的殷切期望和我对他的久远怀念。不幸"文革"期间，我在平阳一中任教，因室内书架上书太多而获罪，成了红卫兵"破四旧"的重点对象，所有书籍与文稿被洗劫一空，夹藏在一本杂志内的这份书目也在劫难逃，不知下落，使我长久为它感到痛惜。

我在中学教书，一无时间，二缺资料，加上自己懒惰和客观环境限制，学术上无所作为，辜负了夏师的期望，一直深感内疚。后来我的全部兴趣转向了古典戏曲与小说。二十世纪七十年代后期，"文革"结束，恢复招考研究生，我考入中国艺术研究院，攻读戏曲史专业。夏师那时也正好在北京养疴，跟师母吴无闻先生住在朝内大街，后搬迁团结湖。于是我们师生俩在离别近二十年后，再次聚首，时常见面，也可说是缘分匪浅。

不幸的是，夏师这时候正患上脑动脉硬化兼脑组织软化引发老年痴呆的不治之症，情况一年比一年糟糕。头些年尚好，神志比较清醒，在师母协助下，接连不断整理、出版了各种学术新著以及日记、诗词、文集等，成了他一生著述问世最丰的年月。每次见到我，他总要亲自题签送我新书，我积存了十来种。为了鼓励我将来能写出一部南戏史，还给我提前题写书名，成了对我的无形鞭策。

夏师后来的病情日见不妙。大约于一九八二年年底，我去朝内看他，那时他的《龙川词校笺》重排本刚出版，在给我题签赠书时，他竟突发奇想，要改掉自己的名字，题作"夏晴涛奉"。师母在旁劝慰说："用了一辈子的名字了，就别改了。"夏师面带愠色道："要改，要改！夏承焘不好，夏承焘不好呵！"联想起夏师在"文革"期间遭受的种种磨难，在他的这些"胡话"中，我体味到一股叫人无法表达的酸楚。

夏师晚年身心的不幸，往往以逗人发笑的言行方式表现，这愈发叫人感觉其不幸。到了后来，他的记忆力几乎完全丧失，就连相共多年的朋友、同事、学生，甚至他自己，都变得"陌生"了。一回，师母给他看以前杭大古典文学教研室同事的合影照片，他竟大部分认不出来，还指着照片里的自己问道："这老人家是谁？"我每次去看他，总得要重复地介绍一番自己，并说明自己现在在北京的情形，希望能再引起他的记忆。而他每次总会问我："你坐轮船来的，还是坐汽车来的？""栈（住）下来没有？"叫人哭笑不得。

一九八四年十二月，杭州大学、中国社科院文学所等八个单位在北京全国政协礼堂联合举办盛大而隆重的"夏承焘教授从事学术与教育工作六十五周年庆祝会"，到会祝贺的中央和地方党政领导、文教界学者名流、夏师的好友、同事、学生以及新闻媒体工作者，济济一堂，会场成了鲜花、贺词、闪光灯和掌声汇聚的海洋，气氛十分热烈。我联络林冠夫、叶长海等几位搞文学艺术的京、沪同乡，以"乡后学"名义，共致一副题写"词坛巨擘，学界耆翁"八字贺联，请著名学者、书法家周汝昌教授代书，以示敬重。这时，对于被数百人包围、簇拥在礼堂中间的夏师而言，实在是他一生最体面、最风光的时刻，可他一点儿也不明白这一切究竟是为了什么。看到那么多的摄像机、照相机都对准他录像、拍照，他竟问道:"我今天做电影明星了?"使人听后，在发笑的同时，溢生出一种无法名状的悲哀。

———————

本文原刊《温州日报》二〇〇〇年二月二十日，选自《回眸集》，北京时代华文书局二〇一六年三月第一版。

夏承焘

周汝昌

我深喜词曲，从初中时期就成了"词迷"，得一本廉价的《白香词谱》，简直是如获至宝。以后购得一种老中华书局选编的《中华词选》，印象也深，因为质量高。就是到了大学，也还在案边经常摆着一本朱彊村的《宋词三百首笺》，神州国光社版，大字醒目，极为可喜——此书被张伯驹先生借去，他是大收藏家，这样的书他看看就不知丢到哪里了，不当回事，可是我再也寻不到同样可喜的版本了。

就在南开高中时，已经爱上了《词学季刊》，对夏承焘、龙榆生等诸位词学专师，十分敬慕。尤其夏先生，资望居首。

没想到，六十年代之初，忽蒙他惠临小斋，得以拜识，这是当学生时梦想不到的事情。

原来，那是他以教育界浙江高校代表的身份，晋京开会，而他的女弟子吴闻以盛情高谊，特地陪同到敝寓赐顾的。

那时，夏先生似乎是院校中的重要教授——教学上负有留意师资的职责，所以见面之下就问我人才的事。我就推荐时在南开大学的同窗许政扬，夏先生立刻取出名片，写上拜候许兄的字样，让我转达。然后又问同院的学者，其时有冯都良先生，我们住一排房。他听知此名，又立即让我引他去拜会冯先生。他们是同乡，见了之下十分热切。

由此可见，那年代他还是满身的英锐之气，不似年高之人——穿着崭新的蓝中山服，很精神。

"文革"之后，忘记是哪一年了，我仍居那个院子，只是迁到北房两间，算"迁级"了（其实仍很简陋），忽一日夏先生来临，还是吴闻女士陪侍。

——容我夹叙几句：在此之前，我与夏先生有讨论学术的书札来往，忽有友人警示我，暂停与夏通讯，因闻说他问题甚为严重（包括行为的"不良"云云），免受"连累"……

以后又有些"小道消息"，"风传"他在运动中受到"冲击"极大，现已无立足之境……我方知他的处境已非一般的不佳了。

所以，这日夏、吴二位忽然莅临，我心中有"鬼"，有点儿不知如何为宜——是热情叙旧?还是必要"疏远"?……

总之，我言辞费了斟酌，场面微显尴尬。

夏先生此时已大有老态了，英锐之气全消，面上亦露出不甚自然之色。他多须，长髯如戟，二目却仍炯炯有光。

吴女士取出一个竹笔筒以为礼赠。

此后，听说的约略情况是——

夏老原本是不能离开的，吴女士设法把他"偷运"来京。浙江方面要他返校，就采取推拖之计。后来以至无法，只得向中央报告请求在京留住养疴，方解困境。

吴女士本人孀居，见有年的老师处境孤单，就互愿结合，相依为命，而且爱护体贴，无微不至——即仅以同会同车的偶然机会所见而言，吴夫人扶持夏老的情景也令人感动，连围巾、领扣……一切细处都要手自弄妥，不让老人受到丝毫委屈和不适。

但更重要的是她协助夫子整编出了多部论著，相继出版。这不但使学术大丰收，也积蓄相当可观的稿酬收入。因此夏老捐资四万元助成中国韵文学会的建立。

提起这个学会，原始发起人只是张伯驹先倡议，我为第二名赞成联署人。依次是夏老加入的。但后来拉上了一些"名人"，我们首倡者只挂了一个居次的空名义，张先生不必说，我也奔波到长沙，然也只是徒劳无功而已。

顺便叙叙我与夏老的学谊，张、夏二大词家的"关系"。

我与夏老的学术交谊是由写文评他的姜白石年谱而开始的。姜词虽为南宋一大家，却也正如夏先生所云于吴梦窗者，是"才秀人微，行事不彰"，号称难治，而他竟著成此谱，盖事涉南宋词史，非止白石一人之关系，可见其学力，当世并无第二家可以撰成此著。我在报上发表了评文，也提出了一些意见。夏先生见之，惠函求益，我又写去了关于姜词版本的讨论书札。

此二著承他不弃，重版时皆附印于卷末。杨霁云先生读之，赐函赞叹，以为夏老的虚怀与拙札的"攻玉"堪称"两高"云。

但以后他赐教的事例很少，我们的治学路数也不一样。例如他论证岳飞的《满江红》是伪作，而理由是"贺兰山缺"句说的是西北，而金兵在东北，故而不合。这简直太胶柱鼓瑟了，南宋名词人多用"西域"典故，如"楼兰""呼韩"等字样，不过是比喻而已，岂皆伪托乎？

再后来，他编选清词选，向我借过《楝亭词钞》（我彼时只有手钞本，是三个幼孩写录的，所据是黄裳老弟所藏原刊本。其后黄裳又赠我一册词、文集的单本。今日易得的影印全集本，是昔日所难见的）。

叙到张、夏二位的"关系"，那就更有趣。盖夏先生住京稍稍稳定之后，即有热心人介绍这南北两大词宗相会，以为难得的盛会。起初确实是彼此闻名遥慕，相见甚欢。没过多久，就听说两人有了龃龉，难以投契。从我个人感觉，一位是中原风流才人，一位是温州学者，学者之词，风格是有点儿"硬语盘空"，缺少韵致，张先生不会太欣赏；而词人的张先生，根本不曾走过治学的道路——他只擅长于长短句，连"文"也不善为之。这样的两个人，如何能"谈得拢"？话不投机，情理所有矣。

但风闻实际，除此以外另有不愉快之事。我平生不喜"刺探"人家的张长李短，为此只作不知（有的人则专爱听别人的琐事细故，装着一肚子的这类"掌故""秘闻"）。

我陪他们二位到过西郊的"曹雪芹纪念馆"的前身——舒某旗人的院子里。

最后的夏先生，是患了老年痴呆症，见了人只会"傻笑"，已不知所见何人。一二友好为他祝大寿时，约来电视台录像，和他老坐在一张沙发上——也无法交谈。此"节目"是否播放过?我亦不知。以后再未会面。

夏老著述丰富，身为词学领袖，晚年实况若斯。至于身后辉光，异时必有人为之评价，垂于久远。但从他作古之后来看，颇为声光岑寂，罕见有谁在刊物上提起他。今后之治词学者，能否企及于他并后来居上?此则非我所能卜筮了。

诗曰:

高踪一阁号天风，词学名师出浙中。

硬语盘空长短句，落花流水不同宗。

本文选自《北斗京华: 北京生活五十年漫忆》，中华书局二〇〇七年六月第一版。

老师的几句话受用一辈子

金城濠

我以我是夏承焘先生的学生为荣。其实，我只接触过他三次，在大学里我仅仅听过他的一次课。

少年时候，我喜欢外国文学，特别是俄罗斯文学。同苏联学生交笔友；读普希金、莱蒙托夫；跟我姐姐大学里的老师学俄语；我有个远亲，是中国第一批博士生导师，我看他文章向他学习。受他的影响，报考大学我就想填报俄罗斯文学系。

后来，温州一中请来了夏承焘先生给我们学生作一次关于怎样治学的报告。四十多年过去了，许多话忘了。惟有先生说的"读书、治学，案头（指桌子上）书要少，心头书要多"，这句话我记一辈子。这句话我体会一辈子，前半句是虚晃一枪，真知灼见在后半句。可惜前半句我做到了，后半句没做到。现在我家里没几本书，有的几本也在床底下躺着。五年前，我眼疾住院，正逢房屋拆迁。老婆问我，书怎么办，我想，眼睛不好，看什么书，处理掉算了。连我中学时翻译发表的一篇俄罗斯民间故事的那本杂志，也处理了。案头的书是少了；可惜的是，几十年来，书读得不多，胸无点墨不至于；但是，深感书到用时方恨少。我没有做到老师说的，心头的书要多。

夏承焘先生的一席话，改变了我考大学的志愿。我报考了杭州大学中文系，有幸成了夏承焘先生的学生。先生一般不给大学生上课，只给年轻老师和研究生上课。一次机会，先生开大课，我进去听了。印象最深的是八个字："一丝不苟，不拘一格。"前四个字讲的是继承传统，后四个字讲的是开拓创新。当时我理解，这是讲吟诗作词的。

岁月沧桑，随着年龄的增大，阅历增加，我感到先生讲的这几个字不仅仅是吟诗作词的。后来我办报纸副刊、办报，"不苟不拘"成了指导我工作的方向标。现在想想，先生是教我做人的道理，做人也得不苟不拘。这是和夏先生第二次接触。

说来寒心，第三次接触夏先生，竟是在批斗会上。"文革"当中，先生是被第一批揪出来的"牛鬼蛇神"。经常开会批斗他。我不忍心，碰到这些批斗会，我尽可能避开，拿个照相机游西湖，杭州的风景区我走遍了，连有个瀑布的地方我也去过，许多杭州人都不知道有个瀑布。可惜的是带我去的同学英年早逝，瀑布在哪儿我也忘了。另外我就是躲在寝室里下围棋。有一次，听说批斗会里要出示先生在"牛棚"（关"牛鬼蛇神"的地方）里写的两集诗词，《反戈集》《挥鞭集》。这倒想去听听了，记住其中一集的卷头诗，是一首七律。回温州的时候，温州一中退休语文教师陈适先生还要我抄给他。也是几十年过去了。只记住是吟落花的，尾联是："林花会得吟翁意，结束韶华舞一会。"我退休边儿，单位里没什么事了，凑巧电视台要我主持节目。去，还是不去？我想起先生的教诲，树林里的花马上就要谢了，它还是随风飘舞，潇潇洒洒，把最漂亮的舞姿献给人间。先生的教诲鼓励我走上《百晓讲新闻》的舞台。

———————

本文原刊《温州日报》二〇〇七年八月十日。

缅怀夏承焘老师

沈洪保

我听过夏承焘老师的课，也曾求教于他，但已是五十年前的事了。夏老师在我的脑子里定格的形象是：夏天，穿着纺绸衫，面带笑容，一副儒雅的学者风度。

夏老师给我们讲辛弃疾的词，娓娓而谈，庄谐相间，讲到兴浓处，他会情不自禁地高声吟唱。如"少年不识愁滋味，爱上层楼。爱上层楼，为赋新词强说愁——"那抑扬顿挫的吟唱，把我们带入词的意境，使我们感受到词的艺术魅力。在他的课堂上，常常会爆发出意会的笑声，听他的课，真使人有如坐春风之感。这种从容自得自然流淌的讲课境界，真乃是学识与艺术的完美结合。

我曾问他我们学生如何学词，他说能背二三十首名篇就可以了，就能感觉到词的特点了。若想进一步研究，那是要花大工夫的。说到吟诵，他说："你是瑞安人，瑞安话是温州话的标准话，用瑞安话吟诵是最好听的。"说到治学，他曾说："有所失才有所得。一个人的精力与时间都是有限的，研究的面不能太广，应该放弃一些其他爱好。"他说自己笨，但他能下笨工夫，所以会有点成绩。有一次，夏老师从北方讲学回来，他说北方的学者做学问比南方的学者踏实，南方的聪明得多，但不大愿意下苦工夫。夏老师的平易近人、言传身教的作风，自然而然地影响到我们这些懵懂青年学子的人品与学风。

词是音乐的文学，但宋人没有留下乐谱，只有南宋的姜白石留下十七首词调曲谱。夏老师有大著《姜白石词编年笺校》，夏老师对姜白石研究得是很深透的。有一次，夏老师说，你懂音乐，可以去研究研究姜白石那些词调曲谱。我说，我这样低水平的，哪能去研究那神秘的音乐密码?姜白石写在十七首词边上的那些旁谱，夏老师已作了考辨破译，并写出《白石歌曲旁谱辨》，大概他认为还有作深入探讨的地方，所以会有这样的提议。确实，这是一个难题，杨荫浏等名家对那些旁谱已有译释，但许多人对他们译谱的准确性总存在怀疑。

有一次，夏老师送我一本《珊若精选玉虬诗》，线装的，宣纸的，直排的，深蓝色封面，很是古雅。夏老师说，这是他朋友的诗作，是后者的夫人精选的。珊若，钱珊若，是玉虬的夫人。玉虬，是唐鼎元的字，是位医家与诗人。他与许多名家都有交往，与夏老师也是至交。他的旧体诗写得很好，解放前知识界对他的诗作就有很高的评价。后来，我读玉虬的诗，其中七古、七律较多，许多是写抗战的，激越昂扬，充满爱国情怀。

可惜，这本书在"文革"中被红卫兵抄家抄走了。

　　一九六二年九月十六日，《浙江日报》第四版刊登了夏老师的论文《岳飞〈满江红〉词考辨》。夏老师是继学者余嘉锡后，第二个提出《满江红》不是岳飞的原创，而是后人伪托的观点的。一石激起千重浪，当时有很多读者来信，夏老师就把这些来信交给他的得意门生吴战垒。我与吴战垒是同寝室的，我们就一封封拆开，看了内容，给以分类。大部分来信都是谩骂的，说夏老师饭吃了没事情干去写这样的文章，有些还骂得很难听。只有谷斯范等几个人是用文章与夏老师辩论的。也许有人会提出一个问题:《浙江日报》平时是不发表长篇论文的，那时为什么突然发表夏老师的论文呢?当时听吴战垒同学说，因为有一位日本的学者到杭州拜访夏老师，在交谈中说到岳飞《满江红》词的问题，夏老师说这样的文章发表会有困难，那位日本学者提出给他带到日本发。后来上级领导知道了这个情况，觉得这样不行，这样不是给人家认为中国没有学术自由吗?所以决定抢先发表。放杂志上发要等好长时间，于是就在报纸上，可以马上发。这就是《浙江日报》突然刊登的原因。"文化大革命"一开始，就来了浙江第一仗: 林夏战役。林，指林淡秋，杭州大学副校长、散文家、翻译家，说他搞资产阶级文艺路线。说夏老师是反动学术权威。一位是宽厚的校长，一位是德高的学者，就被揪到几千人的大会上批斗。后来夫人吴无闻为保护夏老师，以养病的名义，把夏老师移居到北京，才使夏老师见到

"四人帮"的粉碎，才能平静地生活到一九八六年辞世。

胡乔木喜欢词，而且词也写得很好，他钦敬夏老师。"文革"前，他到杭州都会去拜访夏老师，他曾多次说夏老师是"一代词宗""词学宗师"。

夏老师的坟墓在千岛湖深处的羡山林木中，那里有青山绿水，正合夏老师爱山恋水的情性，那里才是词学大师安眠的好地方。夫人吴无闻给夏承焘墓碑上面写了这样的对联："浩荡天风，宇宙神游词笔健；苍茫烟水，湖山睡稳翠花香。"这是对夏老师的赞颂，也是对夏老师的慰藉。

本文原刊《温州读书报》二〇一〇年第九期、《温州日报》二〇一〇年十月十四日。

从夏老问学二三事

吴肃森

夏老辞世，学界震悼。词宗长往，中国学术界，古典文学研究界，尤其是词学界，失去了一代宗师，我个人也失去了慈父般的指导者，心中万分悲痛！

回忆六十年代初期，我还在西安读大学的时候，因研习民间歌辞，手录王重民先生的《敦煌曲子词集》，遇有疑难，便想起写信到杭州大学去请教词学巨擘夏承焘教授；书信往还数过，夏老便自然成了我的导师。夏老为人和煦，奖掖后学，颇有彊村之风；每有所问，无不一一作复；最大的特点是常常推重他人，而自己却不"好为人师"。他在向我介绍任半塘教授时，总是强调任老"是敦煌曲专家"，并且说他的"皇皇巨著，采伐不尽"，教我好好向任老学习。二十多年来，我在敦煌歌辞研究上逐渐进步，著成《敦煌歌辞选注》与《敦煌歌辞探胜》两部书稿，已交出版社出版，并且在《社会科学》《敦煌研究》以及《一九八三年全国敦煌学术讨论会文集》等刊物上发表了一批学术论文，还加入了中国敦煌吐鲁番学会，并将应约撰著《敦煌曲研究》（词学研究专著），所有这一切，都是和夏承焘先生的苦心栽培，精勤奖掖分不开的。

一九八二年春，我在西安参加全国唐诗讨论会时，有的专家在会上提出：买诗（指诗集之类的书）不如看诗，看诗不如写诗。细究其底，这无非是强调创作实践的重要性。我看这种说法，也同样适用于填词之道。如果没有创作实践，只是一味空谈理论，恐怕总会有失真失确之弊；况且对词的音乐性、节奏感，以及内在音乐与外在音乐的配合诸问题，更很难说出真知灼见。记得前几年，在北京朝内大街寓所向夏老请益的时候，他曾深入浅出地对我说："词要多看，多写，还得'不要脸'！""多看"与"多写"，自然比较容易理解，但是，"不要脸"是指何而言呢？还未等我问，夏老便耐心地给我讲解起来。他说："多看别人的东西，可以启发自己；多写多练，有了实践，便会加深理解；而'不要脸'，则是指填词也要有点勇气。能填词，这很好；但是，填了不敢拿给别人看，那样就不会有什么长进。"经夏老这一指点，我茅塞顿开，幡然领悟，原来所谓"不要脸"，就是不但敢于填词，而且还要敢于拿给别人指疵；对于自己的毛病知道多了，而且一一注意改正，那么，填词的水平自然会百尺竿头，更进一步。于是，我也开始写诗填词，汇入《诗词学步》稿本。夏老所云虽简短幽默，然而，其中却深蕴着填词的哲理。这又是夏承焘先生引类取譬、循循善诱之处。

一九八四年五月间，我撰著《温庭筠词注析》蒇事，到北京请夏先生翻阅题签，他虽然体力欠佳，但是仍很认真负责，一丝不苟；尽管执笔手抖，还是坚持着写；一遍、两遍、三遍，直到自己认为满意为止。"温庭筠词注析"虽寥寥小书，然而，毫端所注，却是词学前辈辛勤指教的成果。

夏老师在北京卫戍区医院养病时，我到医院去看他，他为我相面说："你的面相好，前额开阔，一定会长寿！"假如我真的能活一百岁，那么，我一定要永远牢记夏老的谆谆教诲，刻苦钻研，努力创造；常学常新，常作常新，决心不断以优异的成绩贡献词界，并以此纪念夏承焘老师。

本文原刊《词学》第六辑，华东师范大学出版社一九八八年七月第一版。

悼念夏承焘老师

吴熊和

　　夏先生离开我们整整一个月了，我们深深沉浸在悲痛之中。我们教研室多数同志，受到夏先生长期的教育熏陶；夏先生的道德学问，我们有幸得到亲炙。因此在悲痛之余，心头不断重温夏先生对我们的谆谆教诲。夏先生为人犹如光风霁月。我们向他求教问学，就像汲取到了清澈百丈的源头活水。他给我们这批刚刚播种正待出土的禾苗，带来了阳光、清风和生生不息的活泼生机。夏先生论词重词品，论人重人品，人品先于词品。夏先生教育我们的也首先是学行一致的品格志向的陶冶，作为日后为人为学之本。我们常常从夏先生无所拘束的随意漫谈中，听到他深含哲理的议论，领受到有关人生的启迪。这里可以举两个例子。夏先生喜欢看戏，有一出戏，剧中人物一个是王者，冠冕俨然，高坐台中，但终场无所作为，神色索然；一个身份平凡，但一出场满台生辉，精彩的演出吸引了人们的目光，谁也不去注意那个高高在上的人物了。夏先生要我们从这个戏得到应有的启示，就是人们在生活中，应该是"争角色而不争名位"。"名位"是虚器，"角色"则贵在实干。夏先生说的"争角色"，就是要为人民、为祖国作出更大的业绩。夏先生一生淡于荣利，他有一首《鹧鸪天》词说："若能杯水如名淡，应信村茶比酒香。"但夏先生为了繁荣祖国的教育文化事业，始终孜孜不倦，尽心尽力，贡献了自己的宝贵一生，表现了一个爱国学者的高尚风格。夏先生的这个教诲，永远是我们追求的目标。

夏先生又向我们谈起他的游山经历。他游黄山，登了天都峰，又上莲花峰。起初在山脚下，抬头一望，莲花峰高耸天外，对自己的脚力能否登上云端，还缺乏自信。但夏先生盯住面前的一级级石阶，脚踏实地，一步一步踏踏实实地往上走，于不知不觉之间，登上了峰顶。他以"不知凌绝顶，回顾忽茫然"这两句诗来形容自己登上高峰绝顶时的心境。夏先生的登山经历，也就是夏先生治学的道路。夏先生以登山为喻，告诫我们无论在人生的道路上还是在求知的道路上，除了树立应有的奋斗目标，更需要有一步一个脚印的实干精神，勇于攀登的进取精神。不过我们尽管领受了夏先生的教诲，但都习于因循，上进很慢，愧对夏先生。而每一步务求踏实稳当，则一直用以自勉。

夏先生从三十年代起，主持东南词学讲席近半个世纪。夏先生的词学研究有不少超越前人的地方。夏先生对经学、小学具有深厚的根底，早年研究过宋明理学，继而致力于宋史。因四百九十六卷的《宋史》在二十四史中最为芜杂，他一度有过加以整理和重编的打算。之后才转而专攻词学。因此夏先生能在广阔的历史文化背景上研究词学，并以他的通博和明识，大大开拓和革新了传统词学。这是一些就词论词的研究者所不能望其项背的。由于夏先生的卓越贡献，今天的词学已扩展到对词乐、词律、词史和词的体性的全面研究，成为兼涉史学、文学和声学三个领域的一个独特的学科。解放以来，夏先生在杭州大学亲自系统地传授词学，培养人才，奖掖后进，不遗余力。我们作为杭大的教师和夏先生的学生，一定要遵循夏先生的教诲，依靠许多前辈学者的指导，把夏先生的学术成果和优良学风继承下来，发扬光大，使夏先生从事的学术研究在杭大后继有人，不断推进。这是我们对"一代宗师"夏先生最好的纪念，也是夏先生生前期望于杭大，期望于后人的。

在沉痛悼念夏先生逝世一月之际，我们谨以此区区心愿，敬告于夏先生灵前，并将以今后的努力所得，告慰夏先生于天上人间。

一九八六年六月十一日

本文原刊《人民政协报》一九八六年七月一日。

春风风人 夏雨雨人
——追忆夏承焘老师的教育箴言

陆 坚

　　夏承焘教授是一位享誉海内外的词学大师，同时也是一位桃李满天下的教育名家。作为教育名家，夏老师在教育教学过程中发表的许多警拔秀异的妙言佳句，充满着理趣睿智，开人心胸，耐人回味。

　　一九六一年夏天，我大学中文系本科毕业后考取研究生，师从夏老师研习唐宋文学。在接到录取通知书后，我即去登门拜访夏老师，向他汇报我四年大学学习中，可能有一年多的时间搞"运动"，忙"批判"，真正读书的时间恐怕不足三年，基础差，根底薄。夏老师听了哈哈大笑地说："你是大学毕业生了，我还没读过大学呢！"接着又说："做学问，没有什么窍门，就是要学会吃苦耐劳！"然后还风趣地打比方："我一生没有孩子，我把培养孩子的精力都用在做学问上了。一个人如果能以培养孩子的那种吃苦耐劳的心力和精神，都用于做学问，学问一定能做好！反过来说，以做学问的心力和精神培养孩子，不一定能培养好。还是吃苦耐劳地做学问保险！"

这是我考取研究生后，夏老师给我上的第一课，也是我终生难忘的一课！夏老师出生于温州一个渐趋破落的商人家庭，父亲经营布业，资本不厚，而家里人口较多，常有入不敷出的窘况。他曾亲眼看见母亲病在床上，因为没有钱，无法去买药。他还多次亲眼看见长辈遭受的讨债之苦，特别是每到过年，讨债者几乎不绝于门。为避免讨债的不祥之兆，年夜饭往往不得不拖到半夜之后才能吃。到了成人之后，家中当年的生活困窘状况，夏老师还常常浮现于眼前，形之于梦中，甚至有时还从梦中惊醒！

为了摆脱贫苦的困境，夏老师的父亲很想培养儿子成为"读书人"，但又无力供给两个儿子同时读书，很长时间心中踌躇不定，十分为难。据说夏老师两三岁时头上生了异疮，昼夜哭闹不停，有一位姓金的长辈，抱他朝门外走，他见到门两边的对联，即破涕为笑，而且盯着对联上的字，目不转睛。这位长辈感到很惊奇，就对他父母讲："这么小的孩子，就欢喜看字，将来必定会读书！"他父亲听了乐滋滋。在夏老师六七岁时，父辈又有一位老友来他家，问他："你喜欢读书吗？"他立即答道："我喜欢读书！我要读书！长大后做一个顶顶有学问的人！"他父亲听了更是高兴，于是决定让他读书，而他哥哥则自愿放弃求学，随同父亲小本经商。此后，每当回忆起这件事，夏老师总是感慨不已："如果不是哥哥牺牲学业，我哪能安心读书做学问!"这种回忆就像一条无形的鞭子策励他奋发努力，不敢懈怠。在当时的历史条件下，既无家学渊源，又无经济实力，更无社会背景，而要做一个"顶顶有学问的人"，就只能靠自学。于是夏老师坚定地走上一条艰难而坎坷的自学成才之路。

他数十年如一日，潜心词学，继往开来，成就卓著；他谦抑宽厚，润物无声，低调为人；他得到社会的广泛赞誉和学界的高度推崇，蜚声海内外，"赢得生前身后名"。

夏老师生前，曾由全国八个单位联合发起，于一九八四年十二月五日在北京全国政协礼堂隆重举行了"夏承焘教授从事学术与教育工作六十五周年庆祝会"。与会的党政军领导同志、学者、教授、新闻界、文艺界人士，都高度颂扬了夏老师一贯表现出来的爱国热情和高风亮节，在学术和教育工作上的杰出贡献。中央电视台在次日《新闻联播》节目中对庆祝会做了报道，新华社发了消息。

夏老师逝世后，于一九八六年五月二十一日上午在北京八宝山革命公墓礼堂举行了遗体告别仪式。党和国家领导人习仲勋、乔石、胡乔木、邓力群、张劲夫、张爱萍、赵朴初、叶圣陶等以及中央国家机关一些部委和文化界、学术界人士送了花圈。全国人大常委会副委员长周谷城、全国政协副主席杨静仁等有关方面的负责人等向夏老师遗体默哀致敬。当日新华社发了长达一千五百多字的消息。

习仲勋同志称夏老师为"一代词宗"，胡乔木同志称夏老师为"文坛先进，词学宗师"。

夏老师赢得如此崇高的"生前身后名"，这在当时文化界、学术界、教育界，似未多见。

夏老师从教六十多年，先后在小学、中学、大学任教，讲授过"中国韵文选""专家诗""专家词"《诗经》《左传》《庄子》《楚辞》《文心雕龙》《文赋》"诗选""词选""曲选""书法"等十多门课程。担任过小学校长，中学教导主任，大学教研室主任、系主任、研究室（所）主任等职务，积累了丰富的教育教学经验，培养了一批又一批专业人才。

夏老师待人虚心慈祥的作风，海人不倦的精神和精辟生动的讲课，一直深受学生的崇敬和欢迎。特别是他那些闪耀着哲思长辉、令人警醒的教育箴言，一直如春风风人，夏雨雨人。

"督子十过，不如奖子一长"

夏老师认为，好学生不是责骂出来的，而是鼓励出来的。他常以自己亲身的经历说明在教育教学过程中，表扬比批评更重要，特别有两件事使他终生难忘，也影响了他一生的成长。第一件事，是在读小学时学写诗词，有一天在一位同学处看到一本《词谱》，兴之所至，就按照《词谱》试作了一首《如梦令》，最后两句是："鹦鹉，鹦鹉，知否梦中言语？"（意思是，鹦鹉很会说话，可是我梦中所说的话，总该学不了吧？）语文老师看到很为赞赏，就在这两句词旁边用朱笔浓浓地画了几个红圈圈，这给他极为深刻的印象，使他受到巨大的鼓舞。从那以后，填词的兴趣更浓了，一有时间就背诵东坡词，还工工整整地把《白香词谱》全部抄录下来。几十年来，他眼前仍常常浮现着语文老师给他加的那密密的朱笔红圈圈，甚至认为这与他走上写词和治词的道路有一定的关系。

另一件事，是夏老师十四岁那年，报考孙诒让创办的温州师范学校，当时报名者有两千多人，但只能录取四十人。他以第七名的好成绩被录取，最主要的原因是他的作文写得好。作文题目是《学然后知不足，教然后知困》，他自己也觉得文章做得比较满意。这种无声的鼓励，就在他心中埋下了爱好文学、勤奋学习的种子。

在平时的教学中，夏老师很少当面直接表扬一个学生。他每次讲好课后，总会留有足够时间叫学生提问题，有时叫学生先讲，他后讲，然后再讨论。对于学生好的意见好的见解，总是要学生多讲一遍，让大家印象深刻一点。有时在课后，在随便交谈中，发现学生有好的看法，他总是记下来，在适当的场合让其他学生也知道。

"南面教之，北面师之"

夏老师从来不摆权威的架势，也不抗颜为师，与学生平等相处，不刁难学生，把学生视为朋友，虚心听取学生的意见。对于学生在写文章、作诗词或谈学业中所表现出来的优点或进步，总是热情鼓励和表扬，希望学生能青出于蓝而胜于蓝，教导学生要有超越前辈的志气和闯劲。他曾说："第一流的教师教出来的学生往往是第二流的，而第二流的教师反而能教出第一流的学生来。"他希望学生不要产生对老师的迷信心理，鼓励学生充分发挥学习主动性、创造性和超越性。他还认为不是名师出高徒，而是高徒出名师。著名翻译家朱生豪是夏老师在之江大学任教时的学生，在一篇日记中，夏老师曾这样写道："朱生豪唐诗短论七则，多发前人未发之论，爽利无比，聪明才力，在余师友之间，不当以学生视之。"夏老师经常对学生说："现在是我教你们，以后你们要教我；若不能教我，就不是我的好学生。"有一次，有一位学生请夏老师写字，他虚怀若谷地写了八个字："南面教之，北面师之。"〔古代以坐北朝南为尊位，后有"南面称师"之说；晚辈之位称"北面"（面向北），后谓行弟子敬师之礼为"北面"。这句意思是，既做学生的老师，也以学生为老师。〕语言学家任铭善（字心叔）先生，也是夏老师在之江大学任教时的学生，他们亦师亦友，相携相勉，夏老师说："我们之间关系就是切磋学问，就是南面教之，北面师之。"

在老一辈学者中，夏老师是守正图变、务实求新的一位。解放后，他力图用新观点新方法写作学术论文，他认为任的思想敏捷，接受新事物快，较早读马列主义书籍，讲授过政治课程，所以他常常把写好的学术论文先让任看了提意见，然后再发出去。在一首《为心叔画荷》诗中，夏老师写道："事事输君到画花，墨团羞对玉槎枒。"他还撰写过一副寿联祝贺任铭善先生四十岁诞辰："念尔嘉名，取人为善，与人为善；是予至乐，南面教之，北面师之。"

"案头书少，腹中书多"

有一天，夏老师到我寝室来，见我桌上堆满了书，便问："这么多书都摆在面前，哪一本是你天天读的？"我一时未能言对。夏老师说："书当然读得越多越好，但对于搞研究工作的人来说，还要学会读书，善于读书。有的书要天天读，有的书要常常读，有的书只要泛泛读。天天读的书要摆在桌上，放在眼前，反复读，认真读，读懂、读通、读熟、读透，这是看家本领的书；常常读的书，是促进读好看家本领的书，不一定天天放在眼前读。比如，主攻目标是杜甫，首先必须读懂读透杜甫诗集，要天天读，反复读；同时也要读李白诗、白居易诗、全唐诗、宋诗，还要读唐书等，常读这些书，就能有助于理解杜甫诗，辗转增益，促进专精。"那时我们有一门课程是《资治通鉴》，我桌上也放着好几本平装本《资治通鉴》，夏老师拿起一本翻翻说："如从事杜诗研究，不是写作相关论文，这类书泛泛读就行了。"

夏老师认为，在具体研究工作中，既要多读书，又要力忌贪多不精。一般的说，世界上的书是读不完的；但对于专业工作者来说，就是走进很大很大的图书馆也觉得书太少。读书一定要分主次，不能没有轻重，泛览无归。他曾说过，有些老先生，读了许多书，知识很渊博，令人佩服，但终生没有专业，没有成果，那也是很可惜的。所谓"案头书少，腹中书多"，是互为因果的关系。一个人一生能真正读懂读透一两本书，也是很不容易的。要把案头极少的、天天读的书读好，自然腹中的书也会多起来。如果案头书多，东翻翻，西看看，就不能专精，腹中的书也就不能多起来。

"只读不记，如雨落大海，珍珠抛地"

俗话说："眼见千遍，不如手记一遍。""最淡的墨水也胜过最好的记忆。"革命老人徐特立说过一句名言："不动笔墨不读书。"夏老师很同意这些看法，他也非常重视读书做笔记。他认为读书时动笔写笔记，长期坚持下去，就能使书中知识深深留在脑海里，需要的时候，它们就会纷纷涌向笔端，听候调遣。如果不记，很快会忘记。正如苏东坡有首西湖诗中所说："作诗火急追亡逋，清景一失后难摹。"纪昀《阅微草堂笔记》中也说："或得一联一句，率而成篇，境过即忘，亦不复追索。"因此，读书若不即作笔记，就如雨落大海，没有踪迹，也像珍珠抛地，宝物散失。

　　夏老师根据自己的体会，把做读书笔记概括为三字诀：小、少、了。所谓"小"，是指笔记的载体要小。早年夏老师用大本子做读书笔记，结果不易整理，不易携带，后来改用小本子，小纸片，可装在口袋里，随时随地可记，常常是一事写一张，好比现在的卡片，便于整理和检索。所谓"少"，是指笔记的内容要精。读书笔记不是摘录，而是要通过自己的思考，经过咀嚼，然后才落笔。如果不经过消化，一味抄书，抄得再多，也是徒劳。顾炎武著作《日知录》，自比在山中采铜，往往数月只有几条，可见其精练之功。夏老师所说的"少"，也指每条读书笔记字数少。随着阅读范围的扩大，条数自然也会多起来。孤立的一小条也许看不出学问，许多条汇集起来，就能成一个专题，甚至可扩充为一篇论文。所谓"了"，是指笔记的目的，要有助于解决研究工作的实际问题。夏老师举了清代骈文家胡天游的例子，据说他临死时，家人从他枕头边发现一个字纸篓，里面一大堆小字条，都是记的冷僻典故，他每天临睡时都会把这些字条温习一遍。这样的工夫不能说不勤，但这样的做法在今天看来没有什么意义，只是炫博矜奇而已。我们做读书笔记，即使记一个典故，也必须记那些在头脑中会发展的东西，能起"发酵"作用的知识。如果不动脑筋作笔记，就是天天记，也难有多少心得，那只能叫作"书抄"，叫作"知识的流水账"，严格地说不是"读书笔记"。有人说"读一书，写一文，了一事"，夏老师认为这也是有道理的。

"记得绿罗裙，处处怜芳草"

夏老师常说，前人主张为学要"优游浸润"，做学问要用"文火"，不能专用"猛火"。宋朝时，学生跟先生时常在水边林下边散步边谈论学问。夏老师喜欢晚饭前散步，也喜欢在散步时谈论治学。有一天我陪他从道古桥散步到黄龙洞，返回时穿过曙光路后，他和我讲起爱因斯坦的故事，说有一天爱因斯坦推着婴儿车散步，走到交通路口，突然想起相对论中的一个问题，立即掏出随身携带的纸笔，站在路口就写了起来，以至差点儿把自己的孩子都忘了。接着，夏老师轻声吟诵了五代词人牛希济一首《生查子》词中的两句："记得绿罗裙，处处怜芳草。"夏老师问我：为什么这两句广为传诵？我随即说：联想巧妙，把分别时爱人穿的绿色罗裙与常见的绿茵芳草联系起来，因而别后见绿草，就想到爱人。这比直写思念，更含蓄幽默，也更深一层。夏老师对我的率而所答并不满意，也没批评。他站到路边仔细说道："你这样的解说，自然不错，但只是通常的说法。对于搞专业研究的人来说，还应该有更广泛一些的感悟和联想。我们平时都要多思考一两个专业问题，要学会带着问题听课、看书报、与人交谈、观察事物。这样脑子里就像有一块吸铁石，遇到相关知识就能吸住，而不是让知识像水从管子里白白流掉，这未尝不可比为'记得绿罗裙，处处怜芳草'。"

几个星期后，夏老师又和我讲了一个与此相关的故事。清代学者戴震说过，第一流的老师教不出第一流的学生，而二三流的老师却可教出一流的学生。夏老师对于这句话，总是感到不好理解，思考了好几年，也记了不少笔记。有一次在北京开会，夏老师与一位安徽朋友闲聊，那朋友谈到江永、戴震师生治学风度，夏老师听了顿觉眼前一亮。江永是一位乡村的穷教师，教书很注重学生的独立思考和师生间的相互辩论。戴震做江永学生时，在学术上有不少自己的见解，江老师从不以"权威"自居，他们的学术思想十分活跃，戴震论音韵的观点不同于老师江永。后来戴震的学生段玉裁注音韵表又不同于老师戴震。师生们在学术观点上各有各的长处，一代代向前发展。这是乾嘉时代皖派学术的好风气。所以，老师不以第一流"权威"自居，不以自己学术的框框限制学生，学生的成就才会超过老师。而慕名拜"权威"或大人先生们做老师的，他就不敢在老师面前标新立异，不敢向老师提意见，那"权威"们的权威越大，学术就难得创新发展！

"十件事做到七分好，不如把一件事做到十分好"

在我们做研究生期间，夏老师只要不外出，几乎每天都到研究室上班。我们几乎每天都能见到夏老师，有时就坐在他身旁听他吟诗，帮他找书，看他写文章。有时他文章写了一半就让我们看看。除了讲课之外，夏老师平时问我们最多的是："最近在看什么书？""思考什么问题？""写什么文章？""学术界有什么新动态？"他不希望我们今天看这本书、明天又去读另一本书，今天觉得这个题目好写、明天又转过去写另一篇文章。他反复告诫我们：人的经历是有限的，而世界上的知识无穷，一个人能做好一种学问就很不容易。研究目标一定要明确，注意力一定要集中，要持之以恒，不能见异思迁。他不止一次意味深长地说："十件事做到七分好，不如把一件事做到十分好。"至今我还记得他所举的一些生动例子。

比如，他说近代扬州有位读书人叫李详，少时家贫，买不起书，就整天读一部《文选》，每天贴一页在桌子上，深思钻研，反复琢磨，结果熟读成诵，打下了很好的基础，触类旁通，脑子里好像有许多钩子，一遇到相关的知识，就自然而然地联系起来了，后来就成了有名的《文选》专家。

再如，夏老师常常讲起苏联汉学家艾德林教授。他花了二十年左右的时间，坚持不懈研究中国古代文学。特别对陶渊明和白居易都有独到的见解，对诗人写作每一首诗的目的、环境、背景很注意。为了深入研究和精确翻译陶诗，他特意到中国进行实地考察，专程访问了陶渊明故乡和陶渊明做官的地方，还寻得了陶渊明墓。艾德林教授在陶渊明家乡遇到一个小孩，问他姓什么，答说"姓陶"，他听了很高兴，并将此事告诉了夏老师。夏老师当即写了两句诗："道逢姓陶人，使我心悠然。"艾德林教授看了拍手大笑说："白居易！白居易！"这使人惊叹艾德林教授对白诗的熟习程度！夏老师深有感触地对我们说："像艾德林教授这样专心致志地深入研究，对于我们这些中国古代文学研究者来说，不能不深感惭愧！"他还举了袁枚诗句"苔花如米小，也学牡丹开"，说：做学问的精神也应该如此，即使研究一个小题目，也要以全副精力去对待它，把它做得很好，十分好。

　　悠悠往事，历历在目。作为大学教授，夏承焘老师五十多年一直在教学第一线讲课，他认为做教师是平生最大快事，教书有无穷滋味。作为"一代词宗"，他出版的二十余种、四百多万字的学术著作（很多遗稿亟待整理)，都是在坚持教学工作的同时完成的。作为教育家，他在教学和科研过程中感悟出的教育箴言，是他治教治学经验的高度概括，虽然时过境迁，但今天读来似仍有醍醐灌顶、甘露滋心之感。

二〇一六年十二月六日

———————

本文原刊《瓯风》第十三集，文汇出版社二〇一七年十一月第一版。

高楼风雨感斯文

马茂元

夏老离开人世了。噩耗传来，我因沉疴在身，只能怀着沉痛的心情，在电视屏幕前向遗体默哀告别。"九原可作思隋会，四海论交忆孔融。"前尘若梦，往事如烟，回首生平，不禁百端交感。

一九六一年五月至翌年一月，我参加郭绍虞先生主编的《中国历代文论选》编写工作，和钱仲联老师同住南京路国际饭店十三楼十四号，隔壁十二号房间住的就是夏老和郭老。这之前，在一九五六年的春天和夏天，我赴京出席高师会议和参加编制高师古典文学教学大纲，曾两度和夏老同住一个招待所，他那笃实谦和、平易近人的作风，留给我的印象很深，然而最令人难以忘怀的则是同编《文论选》这二百多天的朝朝暮暮。我们不但工作、生活在一起，就连看电影、听戏，也往往结伴同往。每天早晨一起床，就同上二十三楼小餐厅进餐，然后回房间工作。有时倦了，便到隔壁房间串门子，或闲谈，或向两位前辈先生请教。郭老和夏老都是驰誉中外的专家学者，两人在学术上各有千秋，气质和风度也互相差异。郭老厚重端凝，夏老潇洒飘逸，同住一房，相映成趣；然而襟怀之宽广，待人之诚恳，两位先生则又是完全相同的。

每天五点晚餐，饭后，我们照例围坐在一个圆桌前，评茗夜话，约到八点，才各自散去，埋头看书写稿。我们谈话的内容，真是漫无边际，从学术论争、文苑轶闻，到身边琐事，想到哪里，谈到哪里。夏老说起话来，总是笑容可掬，声调不紧不慢，庄谐杂出，妙趣横生。记得有一次，我们把《文论选》初稿抽印一部分，散发有关方面征求意见。晚上谈到这件事，我说："不知外面评价如何？"可能夏老察觉到我神色有点紧张，笑着说："你不用担心，我们是国际水平。"我说："这是中国文论，有什么国际水平？"夏老说："我们住的国际饭店，写的文章自然是国际水平嘛。"这话把大家逗乐了。郭老重听，并没听清，也随着笑之，笑得很不自然。我提高嗓子，把夏老的话复述了一遍，他爽朗地大笑起来，整个房间都沉浸在欢乐的气氛中。

夏老治学严肃认真，而虚怀乐取、不耻下问的精神，尤为难得。记得有一次，他特地和我讨论岳飞《满江红》一词的真伪问题。他问我贺兰山在唐人诗中出现过几次，我就记忆所及，作了答复。他又说："看来是没有把贺兰山指向东北的了，但在金源境内，是不是另有一个贺兰山？"我说："没有查过。即使有，也不足为据，因为它并不著名。诗词中的地名，不仅有个方位问题，还有个典型性的问题。"夏老笑笑说："你这话很有道理，和我想到一块去了。但对只知考证而不懂诗词的先生们来说，可就难以领会了。"类似的谈话还很多，这里姑举一例而已。从这些地方，使我真正看到了"泰山不厌微尘，故能成其大；河海不择细流，故能成其深"。夏老之所以被推为一代词宗，在词学的创作和研究上取得精深博大的成就，绝不是偶然的。

在阶级斗争雨横风狂的岁月里，我们能够在百尺高楼之上，无所拘忌地送抱推襟，极谭艺论文之乐，确是不可多得。我们曾经照过一张照片，郭老题为"论文四友"，夏老填制新词，仲联老师也有和作，都写在上面。这是多么值得珍视的具有历史文献价值的纪念品啊！可是到那史无前例的黑暗时期，却被当作"非证"给抄毁了。

尔后我曾应夏老的邀请，到杭大讲过学。我的女儿马群考取杭大研究班，在夏老的指导下攻读宋词，得承教泽。截至一九六六年夏间，和我夏老的联系从未间断过。

一九七九年春，我去北京，特地从远郊赶到东四看望夏老。劫后相逢，恍如隔世。夏老真的老了！体态龙钟，自不待说，使我触目惊心的是他那深邃澄清的炯炯双眸，已经变得滞钝无光；过去有条不紊，娓娓动人的清谈，现在说起话来，却有些颠三倒四。他拉着我的手问长问短，还是那样的关切。他说自己的记忆力衰退了。但又说："文革"前的人和事，都还记得，"文革"后的一切，全都忘掉了。听了这话，不禁为之黯然神伤，因为我是懂得它的深刻的内涵的。

这些年来，夏老每有著作出版，总是亲笔题字寄赠。他确实没有忘记我。可是我因健康条件的限制，几次想去北京都没去成，因而那次和夏老的会见，就成为永诀了。

石火电光，百年一瞬，人的生命是短暂的；而人类的精神文明，人们所从事的学术文化事业，薪尽火传，则在开拓中不断向前发展，永不停息。"李杜文章在，光焰万丈长。"夏老已作古人，但他在词坛上所放射的光辉，将永远灿烂辉煌。

本文原刊《词学》第六辑，华东师范大学出版社一九八八年七月第一版。

记夏承焘老师一次讲学活动的前前后后

陈美林

"一代词宗"夏承焘（瞿禅）老师在上世纪六十年代初，往来于上海、南京、苏州做学术讲演，不下十余次。笔者有幸参加了其中一次的接待工作。现据夏师《天风阁学词日记》所记，结合自己的亲历，对那次讲学活动的前前后后略作回顾。

一

夏承焘先生在上世纪三十年代后期执教于之江大学，四十年代前期起任职于浙江大学。笔者于一九五〇年秋季考入浙江大学文学院中国文学系，古典文学课程主要由夏承焘老师讲授。五十年代前期，浙江大学文学院与之江大学文理学院合并成立浙江师范学院，后期又改为杭州大学，九十年代又回归新组建的浙江大学。夏师于一九六一年初夏被借调到上海（时为杭州大学教授），任务是参加编选《中国历代文论选》。

对中国历代文论进行选注，这一课题是由周扬同志提出的。复旦大学郭绍虞先生在给夏师的信中说："周扬同志过沪，属其组织华东力量四月内编就《中国历代文学理论》初稿，六月底完成。初稿付印，做各大学教材。"郭绍虞先生接受这一任务后，考虑到"上海人力不够"，便遵照周扬指示在华东地区，尤其是江、浙两省罗致专家参与此项工作，并将拟请专家名单报请上级批准，"高教部已同意邀"夏师去沪"任宋元部分及明清论词一部分"的编选工作（《天风阁学词日记》一九六一年三月二十九日。凡括号中注明年、月、日者，引文均见该日记，不另标明）。在接到郭绍虞先生此信后不几天，杭州大学"校长室得上海市委宣传部电话，邀往上海参加作协研究编写古典文学理论批评文选会议"（一九六一年四月六日），便及时通知夏师。夏师原定次日赴北京参加教育部召开的高等学校文科教材编选计划会议，路过上海时临时在沪小留。当日下午，郭绍虞先生便赶往锦江饭店拜访夏师，"谈编中国古典文学理论批评文选"事，并约定夏师"与陶秋英任宋元部分"（一九六一年四月八日）编撰者。夏师从北京返杭州不久，即去上海参加此项工作，五月二十四日就"在上海图书馆写词话论"。

对这项工作，有关领导相当重视。八月三日，华东局宣传部副部长俞铭璜来到专家下榻的国际饭店召开会议，"谓编写时间可勿亟亟。对古人勿浪作批判，应以事实比照事实，勿以概念比照事实"。半月后，国务院陈毅副总理因公赴沪，也抽暇去看望专家组。陈毅总理见到夏师便说读过"《唐宋词人年谱》诸书"，并对大家说"编文论工作"很有意义，"此工作甚重要"，提醒大家不能"只重政治而忽略艺术"（一九六一年八月二十一日）。

除夏师以外，华东地区参加这项工作的尚有江苏的钱仲联、安徽的马茂元。夏师与钱仲联很早就彼此相知，但识面却很迟，直到一九四〇年一月二日，夏师参加唐文治的宴请，与宴者有"国学专修学校同事廿余人。钱仲联新自北流归，渴慕十年，方得握手"。彼时夏师执教于已迁沪的之江大学，任国文系主任，并被太炎文学院和国专聘请兼课。一九四〇年三月，汪伪政府成立于南京，沪地文人在汪逆罗致、利诱之下有趋附"白门"者，如夏师与钱仲联共同熟人龙榆生即是著名者。夏师于三月三十一日午社集会时"闻□□（即榆生）将离沪，为之大讶，为家累过重耶，抑羡高爵耶。枕上耿耿不得入睡。他日相见，不知何以劝慰也"。据《龙榆生年谱》，一九四〇年四月二日，汪伪政府任命龙榆生为立法委员。夏师见同一日"《中华日报》，果有□君名单"。除龙榆生外，前往"白门"投靠者尚亦有人，夏师记道，"上海熟人有为党派离去者"。

在沪上一些文人"落水"之后，夏师连续创作了一些词作，如《玲珑四犯·过旧友寓庐感事》《水龙吟·皂泡》《菩萨蛮·百年作计归来早》《木兰花慢·题嫁杏图》《虞美人·感事》《鹧鸪天·万事兵戈有是非》《临江仙·古津席上……》《虞美人·自杭州避寇过钓台》等，或讥讽或惋惜或感叹，将他们视为"夭斜人物"，"只道青冥易到"，岂知"未容着地，已随零落"(《水龙吟·皂泡》)；并且向他们表示，人各有志，不要招惹自己，"故人出处幸相忘，容我五更伸脚过桐江"(《虞美人·自杭州避寇过钓台》)。

夏师与钱仲联先生于一九四〇年在沪上相聚不久，旋即分开，乃因"钱萼孙（仲联）来南京，任教中央大学"(见《同声月刊》二卷八号《词林近讯》，时在一九四二年八月)。从此未曾见面，直到此次在沪上共同参加编选《中国历代文论选》工作时，方始重新相见。夏师在一九六一年五月二十六日记道："钱仲联自苏州来，十九年不见矣。今年五十四，两鬓皤然。"从一九四二年至一九六一年整整十九年。虽然十九年未曾相聚，但夏师对钱先生的生活、出处，还是相当关心的。建国初期，一九五〇年二月十一日见到钱仲联托人捎来的两首诗，"念其困窘，无从相助"，当得知东北地区来招聘教师时，夏师于二月十三日、十六日两次写信给钱仲联，劝其"往东北任教""来杭考东北中学教师"。钱仲联未来杭州应聘，夏师依然关心他的出处，后"从常熟女生宓莲芬处，知钱仲联解放前在常熟乡间一师范学校任教务主任，近似在常熟文化宫"(一九五三年三月二十二日)，旋又从友人处得知"仲联在大南中学任教"(一九五三年十一月五日)。一九五六年八月，夏师赴京参加高校教学大纲讨论会，会议间隙，还"与柳湜部长说钱仲联事"(八月十七日)。两个月后，"得仲联函，已调往扬州江苏省干部文化学院师资训练班任教"(十月十五日)，后又调至南京师范学院中文系，专事编写函授教材。一九五八年暑期，江苏师范学院重办中文系，从南京师院选调刘开荣等五位先生去工作，仲联先生也在其中，并写信告诉夏师，"已调至苏州天赐庄江苏师范学院"（九月七日）。这期间，我也被江苏师范学院新任院长刘烈人同志从南京调至苏州。江苏省人民政府任命刘开荣副教授为中文系副主任（正职缺），学院则任命钱仲联先生与笔者为古典文学教研组正、副组长。当年钱先生五十一岁，笔者二十六岁。因钱先生去沪上参加《中国历代文论选》的编选工作，分手八年从未有过联系的夏师，方始知道我在苏州工作。而夏师与钱仲联未曾见面的时间更长，因此他们二人这次聚会十分高兴，叙谈（一九六一年六月二日）、拍照（六月五日）、游园（七月二十三日），当然，更重要的内容则是一同编选《中国历代文论选》。

二

在沪期间，夏师不断地被一些单位邀请去做学术演讲。如一九六一年八月七日"作家协会诗歌组本月下旬邀予讲词"，于八月十六日晚"七时开讲，十时一刻方毕"；八月十四日"《文汇报》送来讲演费十五元，并约再讲一次"；八月十九日上午赴戏剧学院，"九时开讲，本定十一时毕，以听者要求延长，讲至十二时"；八月二十三日，上海电影局邀请，下午"二时半报告开始，五时半毕"。据夏师自为统计，"在沪共作报告八次（《文汇报》、上海师院、复旦大学、华东师大、作协诗歌组、戏剧学院）"，其中《文汇报》社为二次，上海电影局则"为最后"一次。

在此种背景下，正在沪上的南京大学中文系陈瘦竹教授，乃于九月十七日邀请夏师"往南大为五年级生（按，上世纪五十年代后期，个别部属大学部分系科，本科改四年为五年）讲词学专题，为南大有迫切需要，望予勿却"。陈瘦竹回宁后，又有信给夏师，"谓江苏作协亦欲予作一次公开报告"（九月三十日）。隔了一天，"仲联持江苏师院函来，亦要予往讲二日"（十月一日）。于是，夏师乃有江苏之行。

夏师夫妇于一九六一年十月十日晨从上海乘车赴宁，中午"十二时五十分到南京，陈瘦竹、栾景芳及江苏作协章品镇到站来迓，同上汽车，至五台旅社。与陈、章诸君拟定南大讲二次，作协讲一次，作协开座谈会一次，南大文论选座谈一次，星期日在苏州"。次日晨，"南大古典教研组主任王气中偕助教王立兴来，南京师院中文系主任孙望来，同出袁子才墓，知予所居五台旅社实随园故址，下有汽车站名随家仓，即小仓山也。气中，合肥人。午后在南大中文系讲词的特点。晤（钱）南扬夫妇，晚陪予夫妇往百花书场听评弹《三笑》"（十月十一日）。十月十二日，"孙望来，邀予在南京师院对学生作大报告，辞之"。同日，"上午对南大中文系四、五年级生作第二次报告，甚吃力，讲题为《诗眼与词眼》。赵瑞蕻来晤。……夕高觉敷来，今年六十六矣"。高为南京师院教育系教授，著名心理学家。十月十三日，"上午江苏作协章品镇、顾尔钥来邀往南京会堂作报告，题为《南唐词在词史上之地位》，门票限制，到者亦千人左右，词学讲座此为大规模矣。诸祖耿（教育学院）、王定安（工学院）、刘钱熙及浙大诸同学来晤。午后在南京师院中文系古典组开座谈会，晤唐圭璋……等数十人"。十月十四日，"晨，作协在旧天王府西花园召开词学专家座谈会，到陈彦通（七十一）、陈中凡（七十四）……唐圭璋、孙望、顾尔钥、章品镇等二十余人，谈词学普及与提高以及江浙两省词学研究者如何分工合作问题"。旧天王府即国民党总统府，颇有园林之胜。会后，与会者同夏师在西花园游览。十月十五日，又在南京友人导引、陪同下，游览了明孝陵、中山陵、灵谷寺等东郊风景区。除游览以外，还拜访友人、接待友人来访，活动十分频繁。

笔者奉领导之命，十月十二日从苏州赶到南京，住在老家中。当时也不知道夏师被安排在何处住宿，只知道十三日上午将在南京会堂（实即东风剧场）作报告。老家在中山南路，距离会场不远，步行十分钟可到。乃于十三日上午直接去会场。当我进入会场时，报告已经开始，听众很多，为便于与夏师接触，乃向会场前面走去，见到第一排两边尚有空座，便随意找了个空座位坐了下来。夏师在主席台上大约已看见我，便在休息时走下讲台向我走来，连呼："陈美林，陈美林。"我乃迎上前去。第一排中间的几位贤达不知我为谁何，投来诧异的目光。

我见急于招呼夏师的人颇多，便问明下榻处，约定晚间再去后便闪在一旁。此时，原先坐在我身边、佩着南京大学校徽的一位先生向我伸出了手："我，赵瑞蕻。"我也通报了自己名字，从此便与其相识，但彼此偶有往来已是六十年代后期我调到南京师院工作时的事了。

晚间，我便及时赶到位于广州路的五台旅社。那是位于小山坡上的一座花园旅社，登上二十几级台阶进入旅社大门，几幢解放前建筑的二三层的小洋楼，散布在院子中，花草也不多，但在当年也称得上是比较好的旅社了。与我现在的住处有五分钟步行的距离，但如今不但旅社已不存在，连小山坡也已削平，矗立起高层的古南都大厦。当时问了服务台，找到夏师所住的房间，已有客人在，仍然没法细谈，在商定赴苏州的日期、车次后，便告辞出来。次日赶回苏州，向领导汇报，以便安排接待事宜。

夏师于十月十六日"午十二时到苏州，陈美林、赵年荪（党委办公室副主任）来迓，谓院长及党委书记、中文系主任刘开荣皆不在校"。我们将夏师夫妇接回天赐庄，安排在校内招待所，那是一座东吴大学时代的建筑，楼东一条河，河的对岸是城墙，十分幽静。夏师住房是二楼向南的大间，很是宽敞。阳台也很大，洒满秋日的阳光。夏师还是比较满意的。午餐后，由赵年荪主任陪同去拙政园游览。

夏师在苏州讲学两场。一场安排在十月十七日下午"在师院图书馆讲治学方法"，一场是十月十九日"午后二时对师院学生讲词"。第一场范围限于校内师生；第二场除师院学生外，"有文联、师专、中学各单位亦有人来听"，以至不少听众"坐大礼堂楼上"，甚至"门外场地"也坐有听众。

除讲学活动外，就是游览园林。钱仲联先生仍留在沪上编注《文论选》，一直到夏师返沪的前一天即十九日方从上海回到苏州，因此接待工作主要由我承担。如十七日"上午陈美林陪游网师园"；十八日"上午八时美林陪游灵岩，小轿车半小时到。山高三百六十丈，满山松林，山径甚宽坦……下山命车行小径，至天平山……上山往云泉晶舍……品茗小坐……下山过高义园燕来榭，其前为宛转桥，旁即范坟，乃仲淹先人墓，三面高山，石笋无数。真如万笏朝天，此他处少见……平生重阳登高为最胜矣"。十月二十日，夏师夫妇要离开苏州回上海去，"上午仲联、启后、美林、徐永端来送行"，聚谈一会儿即退出，让夏师整理行装。午后，由"美林、启后、陆士南附车送行"至苏州站，陆士南为党总支书记。夏师夫妇登车后，我们始返校。

三

夏师在苏州的友人不多，讲学活动也只有两场，与我叙谈的时间较多。除游览活动由我陪同外，拜访友人也由我陪同。

夏师在上世纪三十年代曾来过苏州，当时友人较多。此次来苏州，夏师只去拜访过汤国梨女士一人，并与之同游。夏师原先在之江大学任教，一九三八年夏，之江大学迁沪，夏师也随之赴沪继续执教。不久，又接受迁沪的无锡国专和太炎文学院的聘请，在两校兼课。因之与太炎夫人汤国梨多有往还，汤夫人亦喜诗词，与夏师有所唱酬。有一次夏师去"答访"汤夫人，在其舍间"聆其滔滔谈至七时半"，自述学诗词经过，"谓少失学，廿三岁始自乌镇来沪，入务本女学师范科"，并"出示所作影观诗稿词稿两册，自拈出数首"，夏师读罢，十分赏识，"皆大佳，小令雅近永叔，长调似玉田、碧山"。汤夫人还说"平生所作，未尝示太炎。太炎雅不好词，谓词之字面仅此数十百字"，夏师则以为"汤夫人则由数十百字而能颠倒变化无穷，正词之胜诗处"。汤夫人还"坚嘱"夏师为其所作"题辞，指其利病"。夏师感到"其健谈，其好为谦词，直使人无以置答"，情不可却，夏师乃作《题汤国梨影观词》，附于一九五二年七月二十一日日记之后。建国之初，汤影观又为太炎先生治葬事，多次求助于夏师，笔者另有文叙说，此不赘。

此次夏师来苏州，在十月十七日上午游览过网师园后，提议去拜访汤国梨。网师园距汤宅所在锦帆路不远，便与夏师步行前往。汤夫人见到夏师高兴异常，迎进室内，彼此寒暄一番，因时近中午，夏师乃约定明日同游灵岩，汤夫人欣然同意，我们便告辞出来。次日，小车先到锦帆路，接了汤夫人便一齐往游灵岩、天平。国梨夫人年事虽高，脚力犹健，与夏师边谈边登上山。夏师心情也很愉快，对她说吴文英有一首《八声甘州》，是陪庚幕诸公游灵岩而作，也是这个季节写的。我们不妨步其韵，每人一首，以为今日之游记念，汤影观夫人极表同意。可是在《天风阁词集》和《影观集》中均未见有。尤其是这两日的活动，在《天风阁学词日记》中也失记，不知何故。但经此一会，我终于认识了汤国梨夫人。此后不久，在江苏师院历史系主任柴德赓教授夫人陈老师的陪同下，我曾去章府读书一周，查阅有关资料，得到汤夫人的热情接待。

夏师在南京、苏州学术演讲的题目，也予我以启迪，如在曾经是南唐都城的南京，讲《南唐词在词史上的地位》，我便联想到夏师在杭州讲过《西湖与宋词》。这种联系地域特色的讲题，充分体现了演讲人对当地学术和学人的充分尊重，听众会感到亲切，效果自然良好。一九八五年，笔者从南京应邀去杭州大学讲学，便效法夏师所为。讲题之一是以潘必正与陈妙常故事为题材的笔记、话本、杂剧、传奇乃至弹词作纵横比较。开讲之前，我首先说明我从南京来，讲一个发生在建康（南京）的故事，而以这一故事进行创作的作品很多，尤以杭州文人高濂所作的传奇《玉簪记》为优，堪称这一题材的代表作。经此说明，会场气氛立时活跃起来，听众反应积极。返宁之后将讲稿加以整理，写成《论杂剧〈女贞观〉和传奇〈玉簪记〉》，寄《文学遗产》，很快就在一九八六年第一期刊出。对于文学创作的"地域"因素，在我的研究工作中一直予以相当的重视，进入新世纪后，仍然发表了一些从地域特色来研究古代小说、戏曲的论文，如《清代三部以南京为主要场景的传奇》(《艺术百家》二〇〇四年第一期)、《论吴敬梓的生活环境与〈儒林外史〉的地域特色》(《江苏社会科学》二〇〇四年第六期)等等，这些都是受夏师演讲题目的启发。

在闲谈中，夏师还问到我近年的教学和研究情况，当他了解我在编写古代戏曲讲义的同时，还在改写古代戏曲作品为小说，他极表赞同，并问我何以这样做，我便告诉夏师，由于学校图书馆所藏古代戏曲作品不多，同学难以读到原作，上课时讲授不便，自己年轻时读过英国作家玛丽·兰姆和查尔斯·兰姆姊弟二人合作改写的莎士比亚戏剧，便想效法他们，一则练习文笔，不忘年轻时想当作家的念头，借此另种"创作"来圆梦想；二则也是为了当前教学的需要。夏师听了之后予以肯定，并且说自己也喜欢读小说，也曾练习写过小说。当年我改写的作品，在上世纪七十年代中期被一刊物发表多篇，后来结集用不同的笔名出版了几种，八十年代中期又被外文出版社选中，陆续译成英、法、德文本在海外发行，新世界出版社还出版了几种中英文对照本。

夏师喜读小说、创作小说的事，当年没有时间细问，近年读《天风阁学词日记》方有知晓。夏师不但读过大量的中国小说，还喜读外国小说，如狄更斯、雨果、大仲马等名家的名著，而且写有笔记，并一度尝试创作小说。一九四七年二月二十三日记道："上午试写一小说，……灯下写小说毕，殊劳心。"隔了两天，"学校试事毕"，夏师又"坐写小说，至夕才成半篇，觉此事与作画作诗同理，又恨生活阅历不透，不能深刻。此与人生大学问之关涉，尤密于诗词，最可觇性情襟抱。自己做过数篇，乃能读懂他人之作。予盖为欣赏而创作。此理可推之为处世也"（二月二十五日）。可见夏师之襟抱，确有常人不可及处。夏师虽以治词名世，但并不如传统文人那样卑视小说，而是充分评估小说之功用。因此夏师乐此不疲，又于"灯下写小说三四页，甚倦，然殊有味，几欲为此废寝馈。此于予为外行之业。可作七八篇，编一册曰外行集"（二月二十六日）。这几天所写的小说终于在二月二十七日写完，并"改名曰：秘密上帝"，"共五六千字，略知此道甘苦，乃能欣赏名作，不望于此有成业也"（三月二日）。夏师被誉为"一代词宗"，然而少有人知其曾经创作过小说，乃借此文表而出之，以见大家不为一格所拘，于我们后学当有所启迪。我虽未随夏师治词，但也受到他的熏染。夏师研治词学的同时又创作小说，也坚定了我的教学和研究的思路。笔者在研究小说、戏曲的同时，对诗、文、理论乃至文学史、文化史诸领域的知识同样注意学习，偶有所得也著文发表，努力在教学和研究中既注意古今纵贯，也考虑横向沟通。当然，至于做到何程度，那是另一回事了。

此聚之后，再恢复联系则是十三年之后的一九七四年秋，那又是另一篇文章的内容了。

本文原刊《文史知识》二〇〇九年第五期，选自《学林忆往》，南京师范大学出版社二〇一七年十月第一版。

他年归读稼轩词
——纪念夏承焘先生逝世十周年

徐顺平

金荃兰畹各声雌，谁为吟坛建鼓旗。

约子龙湫雷掣顶，他年归读稼轩词。

这是"一代词宗"夏承焘先生一九六四年七月送我回温州时亲笔书赠的一首诗。诗中除对稼轩词的高度评价外，同时也深沉表达了他思乡怀归之情。时光匆匆，至今已三十一年了。先生逝世也已十载。每当我检阅他所赠的墨迹，回忆先生对我的谆谆教诲，深深怀念！

一九六一年九月，我在大学任教三年后再到杭州大学古代文学教研室、语言文学研究室学习，夏先生当时正任研究室主任，六十多岁，给我们讲授《词论》《文论》《辛稼轩词》等专题课。他目光炯炯，笑容可掬，使人感到亲切。他授课幽默风趣，深入浅出，给我留下深刻难忘的记忆。他是温州人，他知道我也是温州人，对我显得分外亲切关爱。不时约我到他家里，给我传授知识，或叙谈乡情，从做人的道理乃至读书、撰文、写字等，都对我进行开导指点。他告诉我做学问要打好基础，而打基础需要下苦功夫。他很谦虚，说自己治学的要诀是一个"笨"字，说"笨字从本，本就是我的治学本钱"。他说自己青少年时期，一部"十三经"，除了《尔雅》以外，都一卷一卷地背下来，有一次背得太疲倦了，从椅子上摔到了地上。他还要我处理好博与专的关系，"生之有涯学也无涯"，宜早些确定目标，要在"专"上下功夫。他说，有的人读得很多，知识十分渊博，但终生没有自己的专业，多可惜啊！什么叫专家？他说，所谓专家就是指他在某些方面比别人高明些，别人解决不了的问题他能解决，或者是他比别人解决得更好些。如果在省范围内你比别人高明些，你就是省专家，在全国范围内你比别人高明些，你就是全国的专家。任何人都不可能全才，不可能面面俱到，如一个名厨师，他只不过有一样或几样菜烧得特别好，别人烧不到他那个程度，这叫"拿手好菜"，而不是他所有的菜都烧得特别好。一个名演员也一样，不是他所有的戏都演得特别好，而只是其中几出戏演得特别好，别人演不到他那个水平，这叫作"拿手好戏"。做学问也是同样的道理，在广袤的知识海洋里，你只能专一个或几个方面的问题，成为专家。当时，我正在研究南戏，夏先生出于对故乡历史文化的热爱，勉励我始终不渝地"专"下去。所以，我此后在研究南戏方面取得少许成绩，与夏先生的关怀勉励也是分不开的。

夏先生当年曾为考证岳飞《满江红》词的真伪问题而招来一场风波。有人说他给民族英雄脸上抹黑，有人竟说是卖国行为。当时我很为先生担心，而先生却坦然说："做学问第一要紧的是实事求是。《满江红》词是否岳飞所作当然可以考证讨论，是他的就是他的，不是他的就不应该说是他的。岳飞是个民族英雄，这由他的生平历史事迹见证，不因为这首词是否他所作而影响他的英雄形象。在事实面前，我们不应该有这样那样的顾忌。"先生这种在学术研究上不为情势所忌的科学执着精神，深深地教育了我。十年浩劫时期，他身遭劫难，被打成"反动学术权威"。一次我去看他，他又惊又喜，一道游黄龙洞，叙谈别后种种，感慨系之。但他对国家与民族的前途，仍抱坚定的信心。当我问及为"文革"中传统文化和大批学者遭摧残迫害而担忧时，他泰然自若，很自信很乐观地回答说："凡是有生命力的东西，受压抑受挫折并不可怕，最终必将战胜而继续生存发展。你不看那石头压着的小草，它能屈劲地从石头旁边伸出来并顽强地生长着。学术文化也一样，凡是真正有生命力的东西，是压抑摧残不了的，压抑只是暂时，过段时间就会重新繁荣发展的。如果一压抑一摧残，它就被消灭，那就证明它原来就是没有生命力的东西，毁何足惜？"先生劝我不要为此而担忧，他的话和他那自信的笑容，给了我深深的教育与启示，后来的历史事实完全证明了先生的预言。

　　先生对故乡温州非常热爱。六十年代初，每当我赴温州度假时，先生总是嘱托看望乡友，探访乡情。待我返回杭州后，他总是听我详详细细讲述故乡情形。他非常关心故乡历史文化的研究继承。他说，南宋时温州的南戏、永嘉"四灵"的诗歌及叶适为代表的永嘉学派学术思想，均有全国影响，成就贡献亦大，鼓励我好好研究。在他的勉励下，我开始研究温州历史，撰写《温州诗史》。先生热爱故乡山水风光，他说江心孤屿在于"媚"，雁荡龙湫在于"奇"。他将江湜大龙湫淡墨画笺持赠予我，画上题有"欲写龙湫难下笔，不游雁荡是虚生"之语，我一直珍存着。

先生曾多次向我表示晚年回归故里温州安度，并约我同至雁荡龙湫，研读辛稼轩词。但是，先生的愿望终未能实现。先生一九八六年五月十一日于北京逝世，至今忽已十载。此刻，我再次展视先生赠诗墨迹，回忆往事，思绪万千! 为此略记旧事，以表深深悼念之意!

本文原刊《温州日报》一九九六年五月十二日，后收录于《怀乡集》，香港天马图书有限公司一九九六年五月第一版，改题为《怀念夏承焘先生》。

一件难忘的小事
——缅怀夏承焘先生

傅璇琮

　　词坛耆宿夏承焘先生于一九八六年五月去世，至今已二十周年，最近我见到商务印书馆重印的夏先生代表著作《唐宋词人年谱》，翻阅全书，更致深情，故特撰此小文，以志缅怀之情。

　　《唐宋词人年谱》初版于一九五六年冬，自晚唐韦庄起，至南宋吴梦窗，共撰年谱十种十二家。夏先生于一九五四年十一月前作序，谓撰此十种年谱，前后共历三十年，可见当时学术前辈对学术事业的执着。后此书又由上海古籍出版社（当时名为中华书局上海编辑部）于一九六一年十二月出版修订本，书末特增附学者投书讨论的材料，取名为《承教录》，作者自记云："此书问世一年，屡荷四方读者惠书督诲……皆未尝奉手请教，乃承费日为细校再过，各举谬误之处，盛意尤可感激。"又谓："他日续有承教，将依次登录，一字之赐，皆吾师也。"

　　我于一九五五年北京大学中文系毕业后，留校任助教，为浦江清先生讲课之中国文学史宋元明清段做协助工作，因此《唐宋词人年谱》于一九五六年冬印出后，我就下功夫读过。后自一九五八年夏起我在中华书局做编辑，于一九六二年间见到《唐宋词人年谱》修订本，读到夏先生的《承教录》前记，联系宋人叶梦得所云"古之君子不难予攻人之失，而难予正己之是非"，更感到夏先生做学问的君子之风。

后历经十余年，特别是"文革"十年，学术停滞，《唐宋词人年谱》则于一九七九年五月又出版新修订本。可能由于当时我工作较忙，未注意此修订本的出版，却于八十年代前期，在一次中国韵文学会议期间，时任北京新闻学院教授的周笃文先生对我说："你与夏承焘先生是有交往吧？"我说没有，也从未见过面。他说不可能，说近两年出版的《唐宋词人年谱》，书后《承教录》，就挂有"傅璇琮先生"之名，列有几条材料，并说："夏先生于《承教录》中说到，都是著名老学者，当时我们看到后，还以为你也是六七十岁老人了。"他说了这几句，当时我和在场的几位友人都笑了起来。不过我还是说没有见到，也忘记有此事。

后我特地到中华书局图书馆借阅这次新修订本，果然见到《承教录》有我所提供的材料（《唐宋词人年谱》527—529 页），即李昭玘《乐静集》中代北宋词人贺铸（方回）所作书信三封，是书中"贺方回年谱"所未收的。夏承焘先生还特于此三条资料后写几句跋语，云："以上所引昭玘《乐静集》有关贺方回三文，皆北京中华书局傅璇琮先生见告者，应入《贺谱》元祐六年，以李清臣、范百禄、苏轼荐入文资条下，并增补后交游考。"（按：李昭玘，《宋史》卷三四七有传，清《四库全书总目》卷一五五集部别集类著录其《乐静集》三十卷，《四库总目提要》称其"北宋之末，翘然为一作者"。李昭玘为北宋后期人，与贺（方回）同时且友好，其集中载有代贺所作三封信，是请人为其举荐者，对研究贺铸之行迹及心态颇有参考价值。）

这使我想起当时的情况。我于一九五八年夏由商务印书馆转至中华书局，在文学编辑室。二十世纪五十年代中期，唐代文学研究前辈陈友琴先生曾编有《白居易诗评述汇编》，在科学出版社出版。后他又有所增补，想出一新版，但当时科学出版社出于分工考虑，不再接受，于是陈先生于一九五九年与中华书局接洽。当时中华书局文学编辑室主任徐调孚先生既是老编辑专家（解放前就在上海开明书店工作），又是学者（曾为王国维《人间词话》作注，又曾翻译过外国儿童文学作品），他很有学术眼光，立刻对陈友琴先生这部书稿表示接受，并叫我做责任编辑；后孔凡礼、齐治平两位先生又合作撰《陆游诗评述汇编》，也经陈友琴先生介绍，送到中华书局来，当时徐调孚先生也予以接受，也让我做责编。我在审读、加工过程中，就产生一种想法，即不限于一个作家，可有系统地辑集资料，以便于对古典文学作系统性、历史性的探索，因此提出一个方案，即由中华书局出面组织，搞一套《中国古典文学研究资料汇编》。领导当时即同意我的建议，于是把陈友琴、孔凡礼的几部书定名为《中国古典文学研究资料汇编》之《白居易卷》《陆游卷》，后来相继约编《陶渊明卷》《柳宗元卷》《红楼梦卷》等。我当时由于政治等原因，不能撰写文章发表，就利用业余时间编了两部书，即《黄庭坚和江西诗派卷》《杨万里范成大卷》。李昭玘《乐静集》就是我在辑集黄庭坚与江西诗派资料时，较广泛地披览宋人文集所得的。当时在中华书局文学室工作的还有王仲闻老先生，他是王国维次子，二十世纪六十年代前期集中为唐圭璋先生《唐宋词》做校订工作，他本人对唐宋词也深有研究。当时我与他在一个办公室，就时常交换意见，就把《乐静集》中为贺铸代作的三封书信告诉他，他说值得参考，叫我录出，事后就由他寄给夏承焘先生。不过他寄予夏先生，并未与我说过，我后来也想不起来，因此八十年代前期周笃文先生向我谈及此事，我真是不清楚。

《唐宋词人年谱》之《承教录》，所辑确为老学者，如王欣夫、周汝昌、胡道静、詹安泰及日本学者清水茂等，而我写录《乐静集》几条材料，交给王仲闻先生时，还只是《黄庭坚和江西诗派》刚编就，即一九六二年、一九六三年间，不过三十岁，且只是一个普通编辑，而夏承焘先生却在后来修订重印时，就将我所录与其他几位老先生的意见一起补入。我现在重阅《唐宋词人年谱》，回忆当时情景，真有恍如隔世之感。夏先生对后辈的循循善诱，又能采其片善，正体现了他虚怀若谷的风范，真使我永志于心。

夏承焘先生于七十年代中期来北京住，我与他见过面，他也曾写给我几封信，待我以后检出时再作文志念。

二〇〇六年六月

本文原刊《学林漫录》十六集，中华书局二〇〇七年四月第一版。

我的老师夏承焘
——旧时日记摘录

施议对

一九六四年，我从福建师院考上研究生，于夏承焘教授门下攻读宋词。近日获悉温州各界将为瞿师（夏承焘，字瞿髯）诞辰一百一十周年举办各种活动，作为瞿翁弟子，深感欣慰及鼓舞。谨将旧时日记之有关片段，摘录于下，以应《温州日报》记者所问，并表示对瞿师的深情致敬。

问：第一次见到夏承焘先生，他留给您的印象是怎样的？

一九六四年八月二十日 星期四 阴

很高兴地去报到了。找到教务科的老师，一说是夏先生的研究生，他马上叫出我的名字。立即打电话到研究室，要他们给安排膳宿。

我很想了解有关情况。从教务科那位老师口中，我知道夏老今年只收两名研究生。另一中山大学毕业、在中学教书。全校共招收十一名，没有女的。这位老师还跟我说，夏先生家里很简单。我问，有没有孩子?他说，没有。我怕孩子指的是男孩，就再问一句，有没有女孩?他说，没有。只有夫妻俩。

到达研究室，我看到了夏老的照片。他虽说已六十三岁，但身体魁梧，看起来很健壮。全不像我想象中瘦弱学者那个样子。而且，他戴着眼镜，微笑着，十分慈祥。他们要我去见他，我不敢。

八月二十二日 星期六 晴

我记得很清楚，从校门口的马路一直往前走，到了一间旧屋旁边，向左拐，夏老的家就到了。夏老的客厅，挂着字、画，从门外就看得见。而且，我也记得很清楚，夏老的身材很高大，还戴着一副眼镜。

我走着走着，想着想着，就到了夏老的家。我很小心地找那墙上挂着的一副长长的对联。看不见?呵，这位不就是夏老吗?也戴着眼镜，正从窗口看着我。

"夏老师，我叫施议对。""好好，你等一等。"夏老赶忙从里房走出来，只穿条短裤，连外裤也来不及穿。夏老一见面就请我坐，很亲切地和我交谈起来。我把黄（寿祺）主任的文稿、信件呈交他。他看着信，问我黄师母的病情。夏老是很健谈的，全不像我想象的那样。他老人家生活很朴素，上面穿着件粗布的白衬衫，里面有件旧纱衫，着一双丹色的线胶鞋。我们谈了一会，他就进房去了，要我先坐一坐。过一会，他出来了，是特地进去补穿长裤的（黑乔布做的，切裤头的），并换上黑布鞋（见面时穿的是睡鞋）。

看上去，夏老是很可亲近的。他问我什么地方人。福建晋江，洛阳桥那边。到过杭州吗？没有。他还问我住在什么地方，朝南或者朝北。

我问夏老，我们开几门课。他说，专业课是：词论学、专家词。他说，你这次考试，成绩很好。并说，你那篇《龙川词研究》我还没详细看。他问我，会不会辨别四声，我说，会。又问，会不会辨别阴阳，我说，不大会。我说，我基础很差，希望老师多教导。他说，不要紧，慢慢来。

问：作为学生，夏承焘先生授课时，您印象最深的是什么？他授课是怎样的风格？

一九六四年八月二十四日 星期一 晴

下午看了夏老开的书目和培养计划，是很有些紧张的。他讲授的课时，一共只有三十二节，其余的全靠自学。就这样，考试能通过、论文写得出来吗？看这情况，我倒留恋起福建师院来了。在师院，教师扶着走，到这边，放开自己走，怎么能行呢？而且，那么多书，《论语》《庄子》《老子》《孟子》，还有《通鉴》，都看得懂吗？

不过，老研究生却对我们说，他们那个时候也是这种心理，以后具体做了，也就没什么，是顶得住的。

九月十一日 星期五 晴

下午，夏先生说:研究生全国没几个，是应该写好字的。而且，日本人就很看不起我们中国人，说我们中国人没有人会写中国字。我们能写好字，就有国际意义。

要求做到两条:在传统的基础上提高。夏先生叫我写几个字给他看看，他才替我选择字帖；具耐心与恒心。夏先生说，总要经过慢的过程，要有慢的功夫，慢到一分钟只写两个字。

方法步骤是:摹、临，背写与创新。

九月十六日 星期三 阴雨

晚上一起到夏先生家，他给我们讲词，并唱词。

十月九日 星期五 晴

晚上，夏先生给我们讲课。有一句，我解错了，他说不同意。另一句，我解对了，他很高兴地对着我说:小施这么讲是对的。

问: 课后与夏先生往来多吗?都聊些什么?

一九六四年十月七日 星期三 晴

晚上和夏先生、夏师母一起看电影《彩蝶纷飞》。夏先生他老人家，是很喜欢看电影、看现代剧的，我很不应该连一点艺术欣赏也不感兴趣。于是，我很认真地看，我思索着，舞蹈同样也是通过形式来表现思想内容的，它们同样有语言，有结构。

一九六五年十月八日 星期五 晴

六日晚到夏先生家，偶然间谈到禅宗。

七日下午，随夏先生一起到平湖秋月赏桂花，观看浙江美术学院师生画展。我不会欣赏，陪先生从头看到尾，很是疲倦，最后只悟出一点，画也是写出来的。写，就要有吸引力量，而不能让人有一览无余的感觉。他们的画，题材革命化，写的都是工农兵，缺点就是粗糙些，画面太杂，把什么东西都说出来，没给读者留下深思的余地，因而缺乏感人的力量。

问：夏先生学问给您最深的启迪是什么？

一九六五年十一月四日 星期四 晴

上节课夏先生跟我们讲写词，提到神品。认为，它是诗歌中的最高境界，并举了"独立市桥人不识，一星如月看多时"（黄仲则《癸巳除夕偶成》）作为例子。夏先生说，这就是好，但好在哪里，说不出来。他说，好就好在说不出来。

这么一讲，会不会就是不可知论呢？孔（成九）主任说，第一届研究生就写文章这样批评夏先生。夏先生说，说我不可知论，我就不承认。孔主任说，但你也没办法驳倒他们。夏先生说，那我只好不驳。

当时我想，所谓神和形，是不是指的事物的本质和现象。传神，就是能把事物最具本质特征的神态出色地表现出来。但是，也觉得像是有些简单化。

晚上到夏先生家，陈铭说是自己看了姚文元的文章，作了札记，讲了一大套。说：姚文元说，神就是指精神面貌，传神就是最高的典型形象。而且，也对"一星如月"作了分析。说，这诗句，说明那知识分子很孤独，但又孤芳自赏。那颗星，像他一样，虽是星，他却当月看，不去看月。这表现知识分子的精神面貌。

我感到，说得浅了一些，简单一些。当然，这么讲（解释）也可以，但古人所说神品，却要更加进入好几步。如果照这么讲，那许多能表现精神面貌的作品，就都是神品了。这显然跟古人所讲神品的本意不合。

后来，我又提出，现在讲神品，跟我们表现轰轰烈烈的斗争生活，有没有矛盾？

夏先生说，比如演戏，也不是说都要大喊大叫，出大力才算好的。他说，这次外国人看我们的《红灯记》，都说看得很吃力。他说，艺术是要给人以一种享受的。

夏先生又举了不少例子，说明神品是存在的，而且是说不出来的。如会叫苦的人，不一定就苦。真的苦，有时是从笑中表现出来的。拈花微笑（拈花一笑），说的是，灵山会上，释迦一次讲学（拈花示众），下面的学生，有的说不懂，有的叽叽喳喳地在分析，只有站立在旁边的学生（迦叶尊者），不说一句话，只在那里微笑。释迦说，只有他懂得（有正法眼藏）。

夏先生说，神是讲不出来的。比如，回眸一笑百媚生。百媚，谁能一个个讲出来呢？但美人确实是媚的。匠人得心应手，他就没办法教给别人，连他的儿子也不可能知道。

夏先生说，我们的语言是有缺陷的。印度有几百种语言，词汇算是最丰富的了，但他们还感到不足，可见有些意思是语言所无法表达清楚的。这就是"只可意会，不可言传"的意思。

语言不足，音乐补之。陆游说"情知言语难传恨，不似琵琶道得真"，就是这一意思。

于我看来，神这东西，同其他事物一样，也应该是可以知道的。那需要我们具有丰富的实践经验，然后才能状难状之神，传难传之神，使之呈现目前。

问：您对夏先生有何评价？

我的旧时日记，在一次搬家过程中，不慎丢失十有余册。杭州一段，幸得保存，但零星记录，不足反映全貌，加上篇幅所限，更加难以概括所有。

上文所辑存，仅限于一九六四年八月至一九六五年十一月，一年多时间,乃初入师门时的事情。之后,历经"文化大革命",再度追随左右，由京门之朝阳楼到团结湖，一直到友谊医院,相关事情，均未采录。

　　一九六二年十二月十三日，胡乔木致函夏承焘教授，曾以"一代词学大师"见许。就个人词学造诣看，自当之无愧。而就其对于一个世纪的词学发展看，我以为，对于夏先生的评价，除了"一代词宗"，仍须添加六个字——"一代词的综合"，也即"一代词宗"与"一代词的综合"。这是我所撰《民国四大词人之一夏承焘》的总标题。该文由北京《文史知识》于二〇〇九年第五期至第九期连续登载。可参阅。

本文原刊《温州日报》二〇一〇年九月三十日。

在夏承焘先生家搭伙

任　平

"文革"前夕，全国普遍开展"社教"运动，高校教师被指派到农村搞"社教"，与农民同吃、同住、同劳动（即"三同"），既解决农村问题，清查违法乱纪，也锻炼改造知识分子，一举两得。当时杭州大学中文系的教师被省委社教工作组安排去诸暨。我父亲（任铭善）"三同"的地方就在枫桥农村。当时我母亲当小学校长很忙，周末才回家。我在读初中。为了解决我的吃饭问题，父亲和夏承焘先生联系了，让我在他家搭伙。学校有中餐，于是，每天的早餐和晚餐，我就直接到夏先生家"享用"了。几天之后我就发现，享用的不光是饭菜，还可以听夏先生说文学，谈艺术，耳濡目染一位智者的风采。精神的"享用"才是我最大的收获。

当时夏先生家里有三人，除了他和游夫人之外，还有从温州老家来的亲戚——柯国庆，女孩子，应该是不到二十岁的，是待参加高考还是待参加工作我搞不清楚。菜主要是"太师母"

做。其实我都是称"太先生""太师母"的，因为夏先生是我父亲读大学时候的老师，后来虽然多年同事，但总是老师，比我高两辈。太先生的开朗与太师母的内向恰成鲜明对照，太师母的瘦小静谧有时在人群中几乎不被人察觉，有时又特别被人察觉。柯国庆是典型的温州女孩，漂亮伶俐，但又不同于一般的女孩，她活泼但不失稳重，很有教养。

要说夏先生家里的饭菜，一是干净，二是简朴。他一家都是极其爱干净的，窗明几净，温州人大都这样，这一点我后来去温州实习得到了证明。当然，菜不但弄得干净，而且绝不油腻。素食为主，我印象当中在他家吃到的荤菜主要是带鱼和鲫鱼。太师母的简朴早有耳闻，这次也得到了印证。带鱼是红烧的，但切成的每一段大约是一至两厘米，我家至少是四厘米，这样，每伸一次筷子夹到的分量，就不够，小男孩也不管什么，就反复地夹。太先生和太师母当然不会有意见，反而鼓励我多吃点。其实这个分量对他们来说是合适的，尤其太师母，胃口极小。现在我倒是有体会了，年纪大了适当控制饮食，有助于健康。

那些日子"饭来张口"固然很方便很惬意，但更让我感到惬意的是与夏先生的交谈。他知道和我这样的小孩子谈学术我也不懂，但他还是把我看得比一般孩子要"有文化"一点，这让我很高兴。他知道我喜欢画画，就常常谈到他对中国画的理解，他喜欢宋元文人山水画的高逸，也喜欢明清文人花鸟画的闲情雅趣。宋词是中国古典文学中最具文人情趣的，夏先生对书画的审美，看来与他对宋词的偏爱是暗合的。书架上有几幅水墨花卉，尺幅不大，率意但不失笔墨趣味，构图也挺别致，我正诧异，夏先生告诉我这正是他画的。夏先生也会画画?我的惊讶进一步上升了。他说，当初在浙大龙泉分校，中文系几位教师同住在"风雨龙吟楼"。这楼名字好听，其实是破竹楼一座，当时战乱纷纭有后方这一点安宁就不错了。大家常常吟诗，偶尔也作画。我父亲受我奶奶的影响，算是会画的，但夏先生也并不输与他，只是对画梅花自认弗如。所以在夏先生的诗集里有一首《为心叔画荷》正是表达了这一意思。诗云："事事输君到画花，墨团羞对玉槎枒。不如听我说旧梦，湖月圆时船到家。"

　　温州人都有点艺术天分，在外地成名的艺术家不少。夏先生当时给我介绍了在杭州的几位温州籍的画家，说有的虽然是业余的，但画得很好。在他家也碰到一位，是电力研究院的，去看过他，可惜后来也没有再联系。有一位夏子颐先生，是夏先生的侄子，在浙江美术学院工作。第一次是在夏先生家，由夏先生介绍认识了子颐先生，后来我出于对美术的狂热爱好，常常去美院看画，而夏子颐先生所在的水印版画工作室，是每次必去之处。当时叫"水印木刻车间"，在全国美术院校也是惟一的，夏子颐先生是创始人之一。他本来就是版画系的教师，是著名的花鸟画家。在子颐先生的示范和说明下，我领略了"水印木刻"这一中国艺术的奇葩（今天已经列为国家非物质文化遗产）的魅力，也明白了刻印的工艺是如何不同于一般印刷，简直就是一次精心的创作！出自该"车间"的代表作之一潘天寿的《雁荡山花》，据说连潘老看了水印作品都以为是自己的原作。还有齐白石、吴昌硕的花鸟小品，那墨色的润化惟妙惟肖，令人叫绝。我曾经向夏子颐先生讨了几张木刻水印的小品，至今珍藏着。如今，夏先生和他的这位侄子都已仙去，但美的东西还留在人们心里。

夏先生的书法，知道的人比较多，在我看来，他的字在形体上和用笔上都很像马一浮先生的，但似乎更生动更显才情，是他学问家兼诗人的气质流露。有一件事很能说明他的书法的"震撼力"。"文革"中，造反派为了造革命声势，也为了让"牛鬼蛇神"自己羞辱自己，逼迫夏先生写下斗大的标语"打倒夏承焘"，并且贴在自己家门口，让过路的人都能看见。我是看见了，是竖着从他家大门顶上挂下来的。字写得很有气势，很有傲骨。但第二天就不见了，而且再也没有被找到。当然不会是夏先生自己收起来，而是有人因喜爱而"大胆收藏"了。只是不知"花落谁家"。到了今天这标语也算是文物了。我在夏家搭伙时，夏先生为我出示过他的几幅作品，是横幅小行书，写自己的诗词。看我爱不释手，他就允诺为我书写一幅。几天后我就幸运地得到了，写的这首诗，正是前面提到的那首。此诗反映了他和我父亲之间深厚的感情，有对一位有才华学者的赞叹，也有对某种个性命运的忧虑。他还为我解释了其中的用典。

夏先生对学术问题的精见与宏论，大都在他与研究生交谈中流露。我虽然在边上听，听不太懂，但有此"熏陶"也是极大的收获和幸运。当时在他门下的研究生有陆坚、陈铭和施议对。隔几天就会聚在夏先生家。陆恭敬有分寸，陈儒雅而深沉，施活跃而好问，其实声调最高的还是夏先生，并且无拘无束，时有爽朗的大笑，现场的气氛很融洽。那天是周末吧，人都到齐了，我闻说有"节目"，便也在饭后遛了一圈后又回到夏家，见已济济一堂。夏先生正经八百地宣告今天要做一个"智力测验"或者说"智力游戏"，并且由柯国庆担任裁判兼司仪。他说，你们中任何一位，在我不在现场时指点房间里的任何一样东西，等我回来时就能够知道你点的是什么。于是他就到隔壁房间里去并且将门锁上。大家默不作声，有一位学生就点了墙上一幅书法上的某一个字。里面说："好了吗?"夏先生就出来，东看看西看看，大家也都用狐疑的目光跟随着他。几分钟后就走到那幅书法前，准确无误地指出那个字。太神奇了!他在其他房间里是看不见也听不到任何动静的，怎么会猜得如此准?这时夏先生神秘兮兮地说现在有人在研究感应之类的事，具体也不清楚。大家不罢休，说再试试。于是又点了几次，居然次次不差。弄得大家认为夏先生确有能够感应的特异功能了。于是又喝茶，吃水果，气氛缓和了，但诧异仍然回荡在每人心里。夜阑人将散去，夏先生却在送客之时微笑着宣布，将揭开谜底。

原来事情极其简单，只不过用了个障眼法。在大家注意夏先生时，柯国庆已经点了一下那个目标，一切都在神不知鬼不觉中发生，谁都不会去注意柯国庆，但夏先生看到了。事情说破了，自然没有任何"感应"和"特异"，但大家体悟到的是，这带来了欢乐和轻松，这是夏先生的智慧和美意。

夏先生晚年长期住在北京，后来的夫人无闻先生照顾他，并且整理出版了他的学术著作和诗词作品。据说最后那几年里记忆基本失去，有时昏迷，但在昏迷中常常念叨的一个名字是"心叔"，就是我父亲，可见他们之间感情至深。蒋礼鸿先生告诉我，夏先生当年研究姜夔和宋词音韵，就曾让我父亲写过两篇文章，并以"缪大年"笔名发表。当时我父亲遭反右之祸，降职降薪，连用真名发表论文都受阻碍。夏先生这么做，一方面是看重我父亲在音韵方面的学术专长，希望不要荒废，一方面也是想让父亲挣点稿费贴补家用。八十年代末，我去千岛湖，特地嘱咐朋友将船驶到有夏先生墓的那个岛上。墓地很清洁，犹如我印象中他的家。在松柏环绕的夏先生的塑像前，我鞠了躬。当然，当时想到的是比搭伙更多的事。

本文原刊《瓯风》第五集，中国文史出版社二〇一三年五月第一版。

夜夜神游周九寨　天心月胁行无碍
——怀念夏承焘先生

张珍怀

开箧取扇，随手拿起一把折扇，顿时感到凄怆感伤。这把扇子正是我的词学老师夏承焘先生书写的。而且双面都是写他自己填的词：一面是写他三十五岁时所作的《浣溪沙》，另一面写的是他于建国十周年国庆节在北京看焰火所作的《玉楼春》：

归来枕席余奇彩，龙挂鲸呿穷百态。欲呼百代汉唐人，来俯一城歌吹海。　天心月胁行无碍，夜夜神游周九寨。小词纳福背翁吟，防有风霆生謦欬。

词后有跋云："天安门看节日烟火，越日见一浮翁作宇宙飞船词，乃得下片。"这首词我曾奉和二次，可是今天重读却感到无比神奇。"天心月胁行无碍，夜夜神游周九寨。"不正是他翩然化去，神游八极、放歌广宇的自我写照吗？

夏先生与我有四十年师生之谊。他是我在校读书时的词学

264

老师，也是我的祖居温州谢池巷同里邻居，但自离学校之后，两地暌隔，通信虽多而晤面很少。我所做的工作一直与词没有关系，惟由于先生的鼓励、教导，数十年来从未中辍。他逝世已两年了，今年五月已安葬于千岛湖羡山。为了表达对老师的怀念，作此文以寄托哀思，亦可使今日词苑及爱好词学的人们对这位一代宗师的生平事迹有所了解。

"文革"十年动乱开始时，夏先生是报纸上点名批判的"东南反动学术权威"，全国重点打倒对象。因此，他遭受的迫害是极其残酷的。他虽年已老迈，但凭仗坚强毅力，为学术而战斗的大无畏精神，终于战胜了屡欲置之于死地的魔掌。那时我也进入"牛棚"，彼此不通音问有数年之久。忽然于一九七〇年四月收到夏老来信云，他已不在校内劳动而被放至西湖之"曲院风荷"去扫地（那时"曲院风荷"尚未修整，是一片荒芜之处）。他希望我在夏至日去找他，就在湖畔论词。我读信后，深受感动，觉得他的胸襟旷达，热爱词学，不顾个人安危。真是个伟大的词学家啊！可我未能如期践约。因为我担心如为造反派发现他竟在湖畔论词，岂不为他招来难以估计的灾难。其后一九七二年初夏，他又来信说，已被解放，抄去的书，多半发还了，在杭四十多年从未有过如此清闲的日子，盼望我去协助编选《域外词选》。于是，我就去杭小住约三个月。这是我平生在老师指导下学词最集中、受益最深的日子。

那时，夏老前夫人游柔庄才逝世不到三个月，夏之长兄特来陪伴，其堂妹和两个晚辈女青年都来为之照料生活。原住的人已不少，我来后更加热闹。夏老时已七十二岁了，精神矍铄，生活颇有规律。每晨五时余，就起来散步，我和他的兄妹也都随之前往。从保俶塔宿舍出发，一直走到岳坟才坐下小憩。在浩劫中他的腿脚受过伤，行走不大灵活。但是，他坚持日日拄杖缓行，每天往返要走十几里路。"诗情不在酒边楼，浩荡川原爱独游"，就是他独自散步时所吟的诗句。

到了下午，便是夏老为向他求墨宝者写字和阅读资料选词之时。当时，所能搜集到的域外词，日本资料较多，朝鲜的资料极难寻觅。越南的只有从前《词学季刊》所载白毫子之作。因而我所笺注的就是日本词。夏老颇推崇明治名词家森槐南和高野竹隐，称之为日本词坛"二豪"。他曾对我说："日本词人皆未辑专集，我们中国词学界应为编辑。"他有论诗云："槐南竹隐两吟翁，梦路何由到海东。哦到玉池仙子句，白须祠畔系乌篷。"又云："白须祠畔看眉弯，樊榭风徽梦寐间。待挽二豪吹尺八，星空照影子陵滩。"如今重吟，更感到境界超然，仿佛看到他手挽海东两吟翁，于箫声缥缈之中，翱翔在星光闪烁的太空。

当时，我和他家中的人们一样，最喜欢的是每晚饭后，围灯而坐，聆听夏老讲故事。他的学识渊博，不仅精通中国古籍，对于世界名著，也无不熟谙。有一次他为大家讲《鲁滨逊漂流记》，说得有声有色，引人入胜，如只是略阅一遍是不可能讲得如此生动的。在三个月里听他讲述许多故事，最令人激动难忘的，就是他叙说自己青少年时勤奋读书的往事了。

也许有很多人不了解这位一代词宗的身世。他既非官宦缙绅之后裔，亦非诗礼书香之子弟，他的上代累世都以小商小贩谋生。他的父亲是个卖布商贩，是为士大夫之流歧视的市井小民。夏老幼年正值科举初废，学校方兴之际，他和长兄才有机会入小学读书。家中人口众多，生计艰难，为了要改换门庭，想从四子中培养个读书人。可是，让哪个去读书呢？父亲踌躇不决，就去找老友商量。老友问夏老："你愿意读书吗？"他回答："我要好好读书，长大做个有学问的人。"老友见他有大志，便拉到面前仔细端详他。忽然看到他右耳廓里畸形，比常人多一小格，就开玩笑说："耳为聪，有奇相就一定聪明，你好好读书吧！"就凭这一句戏言，父亲下决心送他读书。夏老讲述时，还抱遗憾，指其兄道："是他把读书机会让给了我，否则，今天我不会在这里谈往事了。"后来，夏老为了不增加家中负担，考入温州师范学校，可以免缴学费、膳费，并有几元零用钱。

在师范学校肄业时，他在图书馆读了许多书，对诗词最感兴趣。偶然从同学处借来《白香词谱》，大为喜悦，这便是他立志于词学的开端。

夏老从温州师范毕业后，就在本地小学教书，其时二十三岁，由于他勤奋自学，已获得丰硕成果，诗词之外，古文、骈俪文皆已擅长。只是那些士大夫之流仍然看不起他，讽刺地说："你这种人家子弟，做个小学教员也该知足了，别再妄想当诗人雅士！"夏老师受此打击，更加发愤自强，遂辞去教职，跟随同乡人上北京另谋出路。于是，就在北京一家报社任副刊编辑。其时西北大学创立，在北京招聘，一般文人都怕西北艰苦，不愿前往。夏老却毅然前往应聘，在西北大学执教五载，他的学问飞跃发展，成为青年词学家。不久，他回里完婚，便转到严州中学任教，旋往温州教书。这时他开始写第一部著作《唐宋词人年谱》。他每天除了上课之外，全部时间都在图书馆中阅读资料和写书。因为要节省时间，他就迁居于温州图书馆隔壁。此书脱稿，就在《燕京学报》发表，遂轰动词坛，驰名遐迩。因为他是以考证的治学方法运用于词学研究中，这在当时是创举。

其后，他应浙江大学之聘，往杭州执教，从此一直居杭（抗日战争时曾随校在龙泉避寇）达半个多世纪之久。暮年在杭大以患脑血管硬化症，赴北京就医。在北京依然扶病著作，手不能书，就由其继配夫人吴闻女士代笔。夏老一生对于教育事业极为热爱，教过的学校从小学、中学到大学，贡献卓越。在词学方面，无论是倚声填词，还是词学论述，他都可以说并世无匹，不愧为继往开来的一代词宗。同时，他自幼胸怀大志，勤学苦练，是近代自学成才的一面光辉旗帜，也是青年一代学习的典范。

我和夏老于一九七三年杭州一别，遂不复再见。回忆当我携带他交给我的日本词资料返沪时，他亲自送我到车站，一再嘱咐我注释《域外词选》中日本部分之后，要将明治时著名词家森槐南、高野竹隐、森川竹磎三人所作倚声填词，整理成专集。其后我于一九八一年著成《日本三家词笺注》并将此书交北京某出版社。原定年内出版，旋因纸价昂贵，古籍亏本，该社虽已排版，不能开印。我收到清样后，无比怅惘，夏老的遗愿不知何日才能实现？望着他当年抱病为此书所写之题签，不禁泫然。

今年五月得吴闻女士寄来夏老安葬于千岛湖所作《贺新郎》词：

幽绝湖边路。最关情、轻梳雪羽，一行鸥鹭。缥缈闲云美峰上，似有仙灵来去。拍招手、词翁同住。千岛回环拱一墓，荡晴波、万顷涵丛树。春不老，人千古。　　平生兴在林泉处。记流连、西湖北雁，竹筇麻屦。唤取桐君与严叟，还有南邻神姥。共商酌、诗词隽句。我有难愁如柳絮，任风吹梦成烟雾。鹃语咽，四山暮。

吴闻是夏老的学生，也是我的同学。一九七三年与夏结婚，成为夏老晚年的得力助手。书法与夏老都学黄道周（她与夏老系世交，幼年即从夏学书法）。她的字与夏老如出一手，难以分辨，在北京夏老患病时，人求墨宝，大多是吴代笔。方期望她继承夏老之学派，发扬光大，岂料竟于月前突然病逝矣！谨此附笔，以志悼念。

一九八八年岁暮重写旧作

本文选自《日本三家词笺注》，森槐南、高野竹隐、森川竹磎著，张珍怀笺注，黄山书社二〇〇九年八月第一版。

半年时光终身受益
——怀念我的堂叔夏承焘

夏贤益

夏承焘是我的堂叔。一九七二年，他夫人在温州病逝，当时我高中毕业在家赋闲，夏老知道我没事就叫我随他到杭州去，在那里一待就是半年（1972年8月—1973年2月）。时光飞逝，转眼三十八年过去了。每当想起那段日子，这位慈祥老人的音容笑貌就浮现眼前，久久难以抹去。回首自己走过的人生道路，备感夏老当年的教导指点使我受益匪浅。有关回忆、纪念夏承焘的文章在报刊上、网络上已经很多，我就写一些当时在夏老身边耳濡目染的人与事，作为自己迟到的怀念。

散落三地的几处故居

温州的故居：夏承焘在二十世纪三十年代前居住在鹿城区登选坊四十号；三十年代初他搬到鹿城区杨柳巷一处叫周泰兴的房子（是典租），该房子在二十世纪八十年代是温州市人大常

271

委会所在地;到了二十世纪三十年代后半段,夏承焘在鹿城区谢池巷买了一块地,建造了一座取名"谢邻"的房子与父亲、哥哥、弟弟合住(该房子解放后成为"五马产妇院",八十年代旧城改建时被拆掉)。那时,他与夫人只在寒暑假时才回来居住。

杭州的故居:二十世纪三十年代,夏老在之江大学任教时,学校的宿舍在现在西湖的白堤上,其名叫"哈同花园",他在那里居住了将近二十年。二十世纪五十年代他搬到了位于西溪路边的杭州大学教工宿舍四幢四号,那是一套三室一厅一储一卫一厨的住宅,面积约一百平方米,夏老在此居住了二十年左右。

北京的故居:北京朝内大街××号南单元四〇二室,夏承焘夫人吴无闻的居所,夏老一九七四年至一九八六年居住于此。

几样珍藏随身相伴

夏承焘的小皮箱内珍藏着他以无党派人士当选全国第一、第二、第三次全国人大代表的代表证,以及当选浙江省人大代表的文件。他曾说过,看到它心中就会有许多美好的回忆:与陈毅元帅的结识、与盖叫天先生的友谊、受到国家领导人的亲切接见……

夏老的珍藏还有一方砚台:解放前他在外地用四个银元购得,它的大小虽无异于一般砚台,但有一些奇异,一是用过普通的墨后砚台上的墨水不会发臭;二是如果用鼻子去闻一下那砚台还会感到一种清香。我刚到他家的时候夏老就介绍了它，一九七四年他离杭赴京，砚台也随身带走。

一幅清代墨宝：一九七一年夏老从吴天五先生处用三百元购得一幅（宽约45厘米，高约180厘米）清朝永嘉盐官江湜所书"欲写龙湫难下墨；不游雁荡是虚生"，这幅字对夏老有特殊的意义。抗战时期，夏老应雁荡山灵岩寺住持的口述，书写了一副"欲写龙湫难下笔；不游雁荡是虚生"对联，直到一九七一年买到这幅字后才知道是出自江湜之手，夏老对自己在雁荡书写时用错"笔"字深感遗憾。这幅墨宝一九七四年亦随夏老赴京。

生活起居简朴规律

夏承焘在"文革"中被打成反动学术权威。一九七二年，他的家从原来三室一厅一储一卫一厨的套房被换成一室一厅一储，卫生间、厨房共用。他的生活非常简朴，那时候他家没有电视机、收音机，甚至没有电风扇。平时粗茶淡饭、衣着普通，烟酒不沾。每天的起居习惯是：早上六时起床，去黄龙洞走一圈，回家吃早餐，看书学习，十一时半中餐，十二时午休，一时到一时半开始整理准备出版的书稿，我在的那段时间经常帮他抄写，《域外词选》的稿件就是我抄写的。晚餐后，如果天气好就再去黄龙洞走一走，回来后看一会儿报、信，必要时写一下回信，二十二时准时睡觉。

数位老友常来常往

我在杭州的半年时间，夏老家经常来的朋友主要有：

一、严群，福建福州人，杭州大学教授、古希腊哲学研究室主任。他个头瘦小，不修边幅；为人诚恳，待人热情。他是夏老的常客，经常与夏老谈古论今、鉴赏字画、回忆过去。

二、徐勉，温州人。身材高挑，为人热情，善于言谈。他经常到夏老家做客，用温州话拉拉家常。记得他向夏老传授按摩健身法，以缓解老人便秘顽疾。有一次，夏老携我们亲戚四人到徐勉先生家做客。

三、张珍怀女士，温州人，夏老的学生。退休前是上海一所中学的语文老师。她慈眉善目，身材略显肥胖，性格开朗，讲话幽默。那时他们通信频繁，偶尔张女士也会登门造访，主要谈论有关词学的研究。

四、陈从周，一九三八年入之江大学文学系中国语文学科，诗词师承夏承焘教授，后专门从事古建筑、园林艺术的教学和研究，成绩卓著。一九七八年任同济大学建筑系教授。一九八五年受聘为美国贝聿铭建筑设计事务所顾问。陈教授在一九七二年八月至一九七三年二月与夏老书信来往较多。记得那年的冬天，陈教授画一幅《红梅图》寄给夏老，夏老高兴地对家中人说："从周知道我喜欢梅花，就年年为我画梅。"许多年后，我对我舅舅（陈久昆，同济大学教授，陈从周学生）说起此事，舅舅说:"陈老师是擅长画竹的啊,特地为恩师画梅真是难得!"

谆谆教诲记忆犹新

记得三十八年前我刚刚到杭州,夏老便带我到西湖边游览了一圈,回来后要我写一篇文章,什么体裁都可以。我就写了一篇游记,他看后不语。第二天他为西泠印社写字时顺便也给我写了一首他早年所作的诗:"意气元龙百尺豪,飞鸿下视亦秋毫。何以稳听笙歌卧,田水声中一枕高。"我不懂,他就给我解释,噢,原来是在批评我。

在准备离杭回温时,他又给我写了一句陆游的诗"胸次先收一华山"来鼓励我,这几个字现在还一直伴随着我。那时我经常陪着他漫步在道古桥至黄龙洞的路上。这一路上他谈古论今,有感慨、有欣喜、有寓教于乐,使我受益匪浅……记得一次在路上夏老突然对我说:"青山迎我坐,你对下联。"我慌不择路,胡乱答道:"溪水两边流"。"错,再想想。"我想不出合适的对子。还有一次,我陪他去赏桂。夏老说:"我定一个韵,你作一首词,无论用什么词牌。飘。"我想了好半天,选了词中最简单的词牌十六字令:"飘,秋桂芳香遍六桥。摘一束,同看浙江潮。"夏老说,可以,回去后对照一下平仄。他曾谈起自己如何质疑《满江红》,如何不同意郭沫若先生关于《李白与杜甫》的观点,回忆在京开人大时与陈毅同志如何探讨诗词的情景。他还谈到为了普及词学方面的知识，二十世纪六十年代在《杭州日报》上以每周一篇的形式开辟了"西溪词话"栏目，用一些通俗易懂、喜闻乐见的人与事来介绍词学知识，"文革"开始后该栏目中断。

词学大师的身后事

一九八六年五月，夏承焘逝世后，他的骨灰一分为二。一部分送到雁荡山的天柱峰与夫人游女士葬在一起，坟前刻着：月轮楼夫妇墓；一部分骨灰安葬在千岛湖羡山岛，墓前有夏老的半身像雕塑。

夏承焘逝世后，他的荣誉称号有很多：词学大师、一代词宗、国学大师、学术大师。有人这样评价：夏承焘先生作为杰出的词学家，既是传统词学的总结者，亦是现代词学的奠基人，他的一系列经典著作无疑是词学史上的里程碑，二十世纪优秀的文化学术成果。夏承焘的词学研究是有目共睹的，其成果来自刻苦的学习与辛勤的耕耘。他说："以笨为本，笨鸟先飞。"这话的含义与我国古代的闻鸡起舞、凿壁偷光是一脉相承的，其实夏老身上所展现的就是我们中国人那种吃苦耐劳的精神，我们的人民正是用这种精神来建设自己的家园的。

本文原刊于《温州日报·人文周刊》二〇一〇年九月三十日。

画里扶筇诗里去
——纪念夏承焘先生逝世三十周年

徐宗帅

第一次听到夏承焘先生的名字是一九六三年。

一九六二年我从朔门小学考入温州二中，那时宽松，网开一面，让我担任班主席，还负责级段的少先队工作，主持大会，颇为春风得意。或许也是一种奖励，初一暑期，开明的母亲获准我第一次独自出门，扛着竹席筒，坐汽车去金华，然后转乘火车到杭州探亲。抵达法院路尚德里三号已是夜深，由于事先没有信到，家父（徐勉，字勖夫）有点手忙脚乱，解开随身携带来的席子打地铺将就了一晚。第二天，收拾了楼下院子里一个杂物间，搭起一张单人床，就成了我的临时寝室。没过几天，家父就在我房间门口的小板凳上，见缝插针为我开讲《古文观止》。他教我背，直至暑假结束。临走时，还给我买了套《古代诗歌选》（其中就有林风眠的《江上渔者》的插图，让我初识林风眠，这是后话），再三叮嘱，打好古代汉语基础，将来就上杭州大学，跟夏承焘先生。当时我心里还嘀咕，不是还有北大、复旦吗，殊不知名校要看学科，学科关键是教授，夏承焘先生在词学领域就是顶尖名家。

而第一次见到夏公，却已是一九七二年。九年之间，磕磕碰碰过来，少年憧憬破碎。最为尴尬的是，一九六五年初中毕业，划入另册，无缘高中。我尚年少懵懂，只是郁闷不快，而家父明白教育的轻重，愤怒极了。一九六六年支边新疆，翻来覆去，尽是磨难，直至一九七二年回来探亲，滞留杭州，开始漫长的病退交涉，成了"黑人"。适值受尽屈辱的夏公，已出"牛棚"，可以小心翼翼走动走动，我们家便成了适合他歇脚的地方。一老一少碰在一起，已不是梦寐以求的授读图，而是两位苦恼人的漫画，称作"排阵走归图"，最为切题。夏公当务之急是办理退休，远离杭州大学，避开造反派工宣队，而我是迁回户口，摘掉"黑人"的帽，寻到归宿。夏公话极少，时常是沉思状，倒是其兄怡生先生健谈。怡生先生与家父也是老相识，当我们赞赏夏公学问时，他总讲：我阿弟啊，只会读书，别样一点儿勿懂。在旁的夏公从不争辩，指的像是别人似的，静静的，只是偶尔笑笑。怡生先生私下嘱托家父：我阿弟，请徐先生多加关照指教。原以为是客套话，后来知道"指教"还真有所指。夏公写的退休申请报告，拿来请家父过目把关，像是另外世界里人写似的，文体老式，遣词造句与现实格格不入，大有无视学校头头之嫌。家父边读边改，夏公只是点头，有时也与大家笑成一团，自嘲老朽背时。此后，有些诉求文字，索性

278

由家父代笔起草，免得夏公为此烦心。

夏公续弦之后，与夫人吴闻一起来的次数越来越多。游夫人在世时，他们生活一直俭约，饮食也都简单。吴闻毕竟是《文汇报》记者，长期在京沪两地，生活方式与游夫人不同，消费力度加强，上馆子已习以为常。一天吴闻与家母在数已用餐过的菜馆，还说，要让老先生吃遍杭城餐馆。家母十分赞同，说：有了吴闻真好，老先生可以享清福了。其实这种用餐消费的任性，或许也是多年精神上郁闷的一种宣泄与放飞，多少有点醉翁之意不在酒。从道姑桥进城，经过尚德里，一段时间几乎三天两头可见夏公。夏公手执短笻，悄悄而来，也不上楼，喜欢在我们楼下厨房间井旁的竹椅上一坐，而吴闻总进厨房与家母拉家常。夏公最爱听我讲新疆的事，一提到轮台、疏勒、高昌、和田，就会双眼发光，惊喜不已。我想可能是地名背后边塞诗词意境的联想与互动吧。他说自己最远到过陕西，新疆是不可想象的地方。对我小小年纪能去如此遥远的西域，还有点羡慕呢。当时院子里还住了两户军代表，温州乡音交谈，最可掩人耳目。但一天邻居王老师路过，惊叫了出来：这不是夏承焘？还好，她见没有回答，可能已清楚我的为难，就不再作声走开了。两老走后，家母告诉我，又送来了几十斤粮票。夏公知道我们家最缺的就是粮食，屡屡馈赠，安抚接济，真是没齿难忘。

夏公与吴闻结婚，在七十年代初是惊世骇俗的新闻。再则夏公口口声声说，六月一日儿童节结婚，从不遮遮掩掩，风言风语就特别多。据吴思雷回忆：一九七二年初，吴闻记者职务已被剥夺，在一印刷厂装订车间劳动。他出差经过上海前往探望，她问他从哪里来到哪里去，他说明天经杭州回温州。她思忖片刻，对他说：杭州夏先生多年没碰面，那么明天我请个假，跟你一起到杭州看看夏先生好吗？于是第二天两人一起坐火车到了杭州。他急于返温，未能陪她到杭大寓所去。其实就是这一趟杭州之行，订了终身。就时间而言，至儿童节，仅数月而已，对外人而言，讲是闪婚，并不为过。其实吴闻不但是夏公挚友吴鹭山胞妹，还是学生，并且之间一直就有诗词唱和，情谊极深。患难之中，惺惺相惜，走在一起，更是水到渠成。不过旧式文人，如此洒脱，从中也可窥见夏公个性中果决开放的一面。家父高度评价夏公与吴闻喜结连理，说是睿智的选择。在三人之间的诗词唱和中，可以读出理解与祝福。

减字木兰花

奉和夏承焘先生吴无闻女士

崔郎未老，犹记桃花依旧笑。瓜葛情联，一曲新词喜并肩。

才高马卓，艺苑朝朝同细琢。窗对黄龙，拾翠寻芳兴味浓。

夏承焘先生原词

左班兄妹，风谊平生朝世世。风露何年，湖月湖船得并肩。

一灯乐苑，相照心光同缱绻。待学吹箫，无琢新词过六桥。

吴无闻女士原词

雁书来去，字字殷勤传细语。如此杭州，绛帐春风读好逑。

愿春长久，莫把黄花比人瘦。携手西泠，同唱新词约月听。

我曾好奇问三首唱和词的评论，家父毫无迟疑，说吴闻的填得最好。

在庆祝夏公从事学术与教育工作六十五周年的贺诗中，家父再次广播夸奖吴闻：

当代词宗谁与俦，文章书法亦风流。

开门成市群生育，著作等身赖好逑。

退休是获取自由的最好途径，也是夏公多年的心结，但办理总无进展，十分焦虑。夏公的侄儿夏子颐、吴闻的族亲蒋德闲，都是贴心的人，常聚在一起商量排阵。其实彼此无权无势，仅只出谋划策，纸上谈兵，都是有心无力。无奈之下，吴闻一度也曾想将北京的儿子调来杭州，还带儿子来过我家谈论此事。托来托去，最后挂上一位在湖滨打太极拳的拳友的钩，此人通天，也肯帮忙，期望值甚高，但等了一段时间，也是烟消云散。两头落空，吴闻当机立断，准备自己上京料理一下家杂，返杭定居。当时舍弟宗挥正从夏公学词，还陪夏公散步，时常从道姑桥至黄龙洞，边走边谈，教益颇多。夏公讲词，出神入化，宗挥听得津津有味，回家都有复述，将词解读得如此精妙，真是绝了，我也每每分享词趣。夏公十分喜欢宗挥，延续我的梦想，宗挥是指日可待了。也就是在这时候，吴闻向父母提出，要求宗挥在她赴京时来与夏公住在一起，一方面可就近学词，一方面照顾他的日常起居，特别是服药，为期半个月即可。现在回首，这是一个关键的人生拐点，不管是对夏公，或是对宗挥。母亲担心宗挥尚年轻，当时谋财害命案时有发生，农大一教授前不久就被窃贼残杀。红卫兵抄家时，夏公存款达九万多元之巨，传闻在外，唯恐难胜重任，没有答应下来。吴闻别无可托，只得决然偕同夏公一起北上。从此，杭州大学失去了一代宗师，宗挥梦断黄龙，高考恢复，读了英语，远走西班牙。唯一可以告慰夏公的是，宗挥西语翻译唐宋词在马德里出版，荣获塞万提斯翻译奖最终入围，在西班牙语系推介中华文化精华有所建树，这是夏公万万想不到的。

夏公的墨迹成了我们家的文化珍藏。最早一幅是写给宗挥的孙过庭书谱长卷，还有多本拓片字帖的题签。为宗挥《温州名胜》山水册页的题辞，"梦路还应绕永嘉"，夏公在一张宣纸上写了两遍，并且不作裁剪，原封不动赠予，有种特别格调。夏公的酒杯字，不论是横披，或是条幅，都书卷气十足，神韵远溯黄石斋，流逢马一浮，近亲吴鹭山。吴闻力追夏公，几可乱真，特别是钢笔字。北京时期，书信往来，吴闻代笔居多，不但字像，行文语气也如出一人。夏公书写对联不多，但都出手不凡，个性鲜明。晚年书联，我见过最为精湛的当是宗挥为其老师叶曼济先生求得的：足下千群浮白雁；马头一线挂黄河。笔精句妙，堪称夏公第一联。曾托金辉打听此联的下落，至今杳无音信，后悔没有及时拍照保存，否则至少有影印本可供后人欣赏。为亲朋好友代求夏公墨宝，是经常的事，夏公总是有求必应。印象最深的是一次与家父同去道姑桥四幢四号寓所。夏公刚用了早餐，听毕我们说明来意，立即铺纸研墨，并翻开词集，要我在一边读，他来写。范成大的词，没有什么生僻的字，不知怎么，我就是支支吾吾，读不顺畅，是温州话拗口，还是不同于平时闲拌，一旦进入词境，在专家面前怯场了？夏公没有丝毫责怪，一口气写了两幅，分赠我温州同学金辉和上海朋友学祺。又兴致勃勃挥毫写下一首《清平乐》："短筇抛得。鸦背看秋色。太华中条青万叠，要试明年脚力。宵来雷輵争鸣，山神拿电经行。何物狂奴斗胆，敢夸掷地诗声。"词有气势，字也奔放，腕力劲健，犹如思绪潮涌，冲堤而出，一泻千里。主动书赠并不意外，惊异的是上款落为：宗帅小弟博笑。这是夏公对我的特别关爱，也是勖勉之意。不明此理的人读了，还以为夏公与我称兄道弟，我有什么名堂。这首《清平乐》作于六十年代重阳节登杭州北高峰，是夏公的得意之作，一九八二年三月从北京寄赠家父的条幅（见夏公日记），写的也是同一首词。夏公的一幅横披在家父天意阁悬挂的时间最长，后来都呈焦黄状。书写的是家父寄赠北京劝夏公南归的诗："乌云滚滚伤心别，盼到长空万里晴。道姑桥边惊梦觉，月轮山上绕书声。西溪词话堪新续，东海文坛复旧名。画里扶筇犹记否?南归还望早兼程。"在这首诗之前，一九七七年十二月，家父还曾填过一首《眼儿媚》："瞿髯先生晋京三年有感：天低云压赴京城，裘葛已三更。当年情景，花多溅泪，鸟亦惊心。武林此日风光好，一片读书声。西溪词话，重开绛帐，早赋归程。"意在"四人帮"粉碎，形势好转，企盼夏公南归。词，意犹未尽，再诗相劝。夏公读到此诗后，"其情可感"，遂扶病挥笔，书原句回赠，还风趣地署上"夏晴涛"的名款。夏公曾有诗云："前堤姓白后堤苏，舍北村桥号道姑。画里扶筇诗里去，几生修到住西湖。"家父引用夏公的诗句，就想激发他对西湖与道姑桥的美好回忆，早日走归。夏子颐认为这幅墨迹意义特别，专此补跋于后："家叔瞿禅教授为一代词宗，晚年卜居京华，勛夫兄与之交谊甚笃，赋诗劝其南归，禅叔既感其情又赞其诗，乃书原句回赠，书诗双璧弥足珍也。"夏公再也没有回到西湖，健康是原因，其他顾虑也在所难免。

到了北京之后，夏公与家父联系仍然十分频繁，书信往来不断，现存的还有十余通，并时时带来口信问候。

其中一函，足见初抵北京日常起居、朋友交往以及徘徊留返之一斑：

勛夫先生：

弟抵京后，曾奉一函，由舍侄子颐转致，当承收阅。近日秋热，想贤伉俪兴居清胜。弟在此连日寻医访旧，亦殊劳倦，得朋友帮助，在首都医院（旧协和医院）挂号看病，开来半月病休单，已挂号寄中文系。朋旧往还，日必数起。已去看过沈雁冰、顾颉刚、夏鼐、张伯驹、钱锺书等，夏鼐连日导游故宫和自然博物馆，看出土文物和大象恐龙骨架，出土文物中有金缕玉衣，弟作小诗一首录后博笑。天津朋友张牧石，昨日专程来京，得一良晤，亦殊可感。今日复偕张伯驹枉顾，张今年七十八岁，全国政协委员，新从外地视察归来，约我夫妇于后日至其家小酌。北京形势大好，反动学术权威之号久已不提，科学院文学研究所等单位多派新领导，落实知识分子政策，着手抓业务，《文学评论》《哲学研究》《世界文学》等刊物都将恢复出版，朋友们都紧张起来，作撰稿准备。杭州形势如何，望来函告我。此间朋友都劝弟在京久住，不必亟亟回杭。弟意：如杭州情况好转，大约于九月中旬或下旬南归；如仍无变动，则久住之计，亦可考虑。杭大中文系一同志来信，谓教授退休，一般可以办到。子颐处请转示此函，不另致。即颂

　　庆安！

弟夏承焘八月十九日（一九七五年）

吴闻附候

其他信札摘要如下：

杭大为焘平反，焘所远处北京，事先一无所知。

数月前，社会科学院文学研究所借调来京工作，杭大复信已表示同意。文学研究所不必天天去上班，一年讲几个词学专题即可，平常可以在家整理旧稿。

近年整理出论词绝句及月轮词论集旧稿，前者已由香港《大公报》（我们党领导的报纸）艺林副刊上连载，北京中华书局亦将出版；后者亦由中华书局出版。俟出书后，当寄奉请教。

目前与无闻合注清词，此是人民文学出版社订的货。中央人民广播电台记者不久前来组稿，嘱写有关诗词艺术欣赏的稿件。虽然不去上班，每天工作亦不少。

明年春秋佳节，如条件许可，争取再作西湖之游，届时当诣府奉候，图一快晤。

关键词总是：申请退休、疾病治疗、谢邻房屋、纪念集出版，时时陷入繁琐事务。

夏公避震长沙时，一九七七年与一九七八年分别油印了夏承焘著无闻注释的《瞿髯词》《瞿髯诗》，都在第一时间寄赠家父，区别的是，前者赠言："勋夫兄正，承焘奉，七七年冬。"为夏公手泽，而后者赠言："勋夫先生教，承焘奉。"已为吴闻代笔，虽极像夏公墨迹，但还是流露女性的秀美。读到这两本诗词集，家父特别兴奋，其程度远远超以后见赠的正式出版物，因为已经可以预感，夏公新著将会源源不断问世。油印本的草创性带有特殊的使命感，也成了我们家夏公著作的珍藏本，时常翻阅，毛边纸钢板字，油墨余香，格外浓郁。

我最后一次见夏公是在北京，一九八二年冬送宗挥出国，在朝阳楼辞别。那天阳光和煦，夏公精神挺好，十分安静，尚可交谈，时有言不达意，但长者慈祥风度不减。我们在一起还拍了不少照片，也为其单独特写留影，他都乐此不疲，还是手不释卷。更为难得的是他还专为宗挥出国题诗（在夏公日记里有记录），并且是一首长诗，已在宣纸上写好，等待我们的到来。吴闻总是忙前忙后，里里外外，照顾夏公，奉汤侍药，体贴入微。整理旧稿，诠释注文，有条不紊，出版新著有序进行。夏公真是几生修得娶吴闻。

郑重是吴闻的同事，近晤面时，他谈起要写夏公。我说，你应多写吴闻，历史不应该忘记这位才女。

日前读周素子《水云集》，发现了鲜为人知的吴闻身世，恍然大悟："仇家是我镇望族，子女都读大学，接受新思想，长子岳希，长媳吴闻，在上海《文汇报》任记者，加入左倾的民盟，因此连累到家庭。与所有的知识分子的遭遇一样，后来仇约三因地主、反革命被捕在杭州乔司农场劳改，瘐死狱中。家中房屋地产没收。'文革'中岳希自杀，长媳吴闻于五十五岁年龄转嫁夏承焘。"吴闻没有将苦难写在脸上，总是那么温和文静，力量与才干总是在默默中绽放。

夏公逝世四年，一九九〇年吴闻紧跟而去，年仅七十三岁。我们全家痛惜万分，久久不愿相信。如果她能多活十年，夏公旧稿整理，再出版几本应该没有问题。再则她自己一生的文字，亦可汇集出版存世。未见她的诗文集，不能不说是个遗憾。所幸，她念念不忘的雁荡和千岛湖两处坟墓，都已大功告成。吴闻奔走营墓的身影，我还历历在目。

吴闻遵照夏公遗愿，托族亲费尽心思在雁荡天柱峰西侧，紫霄嶂南麓的一岩壁上（属下灵岩村）凿穴立碑，安葬游夫人和夏公部分骨灰，并亲自手书"月轮楼夫妇墓"。夏公与名山永在，心昭天日的吴闻，其德行也将流传后世。

沈迦曾作夏公千岛湖羡山墓寻访记，并附墓照，读后感叹不已。为羡山墓，吴闻还曾填《望江南》词抒怀："明湖曲，卜宅住词仙。照水石莲开一朵，花头趺坐好参禅。入定不计年。"写得真好，不愧填词高手，并肩夏公，毫不逊色。吴闻逝世，合葬羡山，与夏公一起入定，天长地久，这是莫大的慰藉。

夏公晚年，特别是从一九七二年直至一九八六年去世，与我们过往之密，通家之好，真真切切。在夏公逝世三十周年的时候，沈迦、韶毅"逼"我写出来，填补空白，不留遗憾，于情于理，都是不可推却。况且夏公对我还有饥食之恩，即使自己再愚钝，呈现再粗糙，也要发声报答。

本文原刊于《瓯风》第十二集，上海远东出版社二〇一六年十二月版。

欲立立人，欲达达人
——缅怀夏承焘先生

裘樟松

"一代词宗"夏承焘先生（1900—1986），高如西湖保俶塔，是被我国当代学子和骚人"仰首流连俯首拜"的。我年未弱冠，就渴望游学夏门，苦无途径。记得一九六四年初春，有一位同学带我到先生家里去求先生墨宝，有此机遇，喜不自胜。憾此行未值，我只见到师母和半屋子泥塑的戏剧脸谱而已。为此，我尝以机运不乘深憾之。

一九七三年初夏，恩师方令孺先生主动提出要把我交给先生，并指定我向先生先学《楚辞》，再学词学。宿愿欲申，欢天喜地，唯盼早日能得教诲。有一天，我侍方先生到黄龙洞散步，刚巧先生坐在那里，方先生与先生寒暄后，就把我介绍给先生。方先生背了我的几首拙诗给先生听，先生听后勉励曰："有希望。"之后，方先生恳请先生费神授我《楚辞》和词学，先生欢笑，点头应允。此次先生谈屑时间虽短，但给我的印象非常深刻。先生虽处于逆境，又丧妻不久，可他待人笑容可掬，亲切慈祥，仍不失大家风度。他的美髯和额上的道道皱纹，显示出沉着和智慧的骄傲。

我从首次拜望先生未值，到此次先生应允授我古典文学，已逾九年。虽逾九年，为时未晚。

先生生平主要事迹，《夏承焘教授纪念集》已初具规模，此不沓拖。先生晚号瞿髯。我曾问过先生"瞿髯"之意义，先生曰："瞿，长着两只大眼睛的鸟；髯，胡子。"

先生授我《楚辞》，先授《九歌》，次之《九章》，次之《天问》，次之《离骚》。我和先生面对面地坐着，先生先把是日所授部分《楚辞》摇着头领唱一遍，我跟着唱，唱毕，先生再解题释句。像这样地学，隔几天学一次，学了几个月才学完。可惜那时录音机尚未流行，没有把先生带着浓厚方言色彩的悦耳动听的唱腔录下来。

此后，我开始向先生学填词。我首次填词，不识词律，试着填了二首，即《浪淘沙·访友夜归》和《卜算子·读郭樟鎏从淳安到白沙词》。二词皆送先生斧正。《浪淘沙》原词曰："归客辞山阴，夜已三更，披风沐雨过松林。一片茫茫人不见，十里涛声。高歌徐徐行，群山回音，风光何处不迷人！莫道春光更绮丽，独爱秋魂。"先生用钢笔批改。他把"辞"易作"别"，"高歌徐徐行"易作"高唱且徐行"，"山"易作"壑"，并在"魂"字下批曰："人魂二字出韵。"至于那首《卜算子》，先生则批了"此首难改须再作。"先生手书告诫我："学诗词唯一诀门在多读作品，李杜诗选及唐宋词选，能背诵三十首左右自然能写作，此外别无法门。"先生一方面要我多读多背名作，一方面又要我多思多写，也要我背出《诗韵》和《词谱》。我凡有新作，都交先生评改。经先生启发诱导，呕心倾注，诗词格律，渐渐熟悉。对于尚未掌握平仄之字，经查韵书，也能运用。初时，先生对习作皆亲笔修改，后来只作圈点，批评后要我自己斟酌损益。先生雅性谦克，尝谓自己无七步之才，往往苦吟有声，为推敲一字，彻夜不眠。又常常评訾自己"词学深，词功浅"。可见填词之难。先生课徒，授以学之之法，不告以得之之妙，引而不发，用心良苦。

　　一九七三年秋天，先生在生活上发生重大变化。有一天，我在保俶路方令孺先生女儿庆绚家里，和方先生口论《红楼梦》到底哪个人物比较可爱的问题，我们各抒己见，没有框框。正当议论激烈时，先生携一女史姗姗而进。我立即把问题求教于先生，先生笑着轻轻地说："我爱吴闻。"一言出之，我和方先生顿然口噤，面面相觑，因为《红楼梦》根本没有"吴闻"这个人物。忽见倚立在先生旁边的女史的脸倏起红羞，我和方先生恍然大悟，不禁捧腹大笑。先生拉了拉红着脸的女史，向我们介绍："她叫吴闻，口天吴，默默无闻的闻。"是先生新婚妻子。是年先生丧妻，在生活上已孤身一人，在政治上仍受迫害，且年已七十四。比先生小十七岁的吴闻，愿与先生结成秦晋之好，以帮助先生度过艰难岁月。先生福分非浅。我和方先生齐向先生祝贺，为先生暮年能摆脱孤独，能有人谈谈知心话而感到高兴。

吴闻先生，号无闻，浙江乐清人，是《文汇报》驻京记者，与先生婚约时已退休。她古典文学基础深厚，书法神似先生。婚后，凡信件、赠人诗词、撰文等案头繁务，大多由她代笔。先生尝对我言，他在一九四九年以前就认识她和她的兄长，彼此非常了解，他们成为伉俪，并非偶然。

吴闻先生对先生关怀备至。先生自幼喜欢晨读，闻鸡即起。青年时背《左传》曾昏厥一次，暮年仍手不释卷，读书和著作成为他的养生之道。生活俭朴，不追求享受。"文革"前月薪二百七十元夫妻两人用不完，稿费几乎全部储蓄。到一九七三年岁梢，存款已累积至十二万元。非是先生吝啬守财，他原打算用节约之钱自费到日本作学术交流，"文革"后此计划成为泡影，存款变为包袱。先生也根本不懂得用汗水换来的钱如何使用，他的全部精力都花在读书、研究和教学上了。有的人在背后议论先生"小气"，他们根本不了解先生。吴闻打破了先生的清苦生活习惯，大量购补品滋补先生。我也曾受她委托，代购蜂皇浆二斤和蜂蜜十多斤，按比例用白酒调和之，供先生天天饮用。四时水果不断，我也沾光，常常尝新。先生夫妇日夕谈咏，探讨翰墨，精研词学，琴瑟调和。桑榆晚霞，胜过朝暄。他们在家里谈话喜用温州方言，显得亲切、协调。温州话很难懂，讲快时连一个单词也不易听懂。我听不懂，先生往往笑着为我翻译。有一天，先生把美髯刮掉了。我问他："胡子呢？"先生答："被风吹走了！"先生风趣如此，亦可见其爱妻之深。先生前妻游氏，没有生养。游氏朴素如保姆。我尝问先生："何以沟通一起生活？"先生答："她照顾我很周到。"王季思教授的《一代词宗今往矣——记夏瞿髯（承焘）先生》云："瞿髯真正的美满家庭生活，是跟吴闻夫人结婚开始的。"吴闻曾对拙作七绝《黄龙洞》易过一字，是一字之师，所以我一直称她为先生。

先生曾把他的部分得意之作写在宣纸上赐我，我天天捧读，如饮甘露，获益非浅。记得首次赐我的是《浣溪沙·灵峰晓行》："过雨清溪万佩鸣，草虫能学鼓琴声。溪头侧耳有牛听。隔水数峰犹在定，过桥孤杖莫相惊。"此词有景也有作者其人，景是作者之情，情景交融，气韵生动。我对先生说："这首是神来之笔。"先生坐在躺椅上，见我佩服得五体投地，他摇动着躺椅，情不自禁地露出兴奋之色。先生得意之作，有《广州别寅恪翁》，《吴闻注论词绝句嘱题》四首，《西湖杂诗》四十四首，其二、其六、其十三、其十五、其十七、其十八、其三十五，《浪淘沙·过七里泷》，《望江南·自题月轮楼》七首，《清平乐·乱峰千笏》，还有自创词调《平韵满江红》等一百多首。这些作品先生都让我拜读过。吴闻说先生写过一千多首，她赐我全读。先生一听此言，从躺椅上跳起来，连连摇手说："不行！不行！"在吴的坚持下，结果还是让我一一捧读。先生诗词创作，出版过

《天风阁诗集》《夏承焘词集》《瞿髯论词绝句》《天风阁词集》，四书加起来约八百多首，尚有数百首未出版。沧海遗珠，都应补入，以飨读者，以免散佚。

"我爱青年似青竹，凌霄志气肯虚心。"这是先生勉励弟子之诗。先生严于律己，虚怀若谷。有一天，先生夫妇到灵隐白乐桥方令孺先生家小坐，随手带去由吴闻代笔、钤有先生印的先生大作《水调歌头·自吴淞泛海》："万象入横放，一舸独趋东。眼前涛奔岳走，独立我为峰。昨梦相逢坡老，伴我送江入海，咳唾满天风。脱手成佳句，脚底潜蛟龙。　　琼儋笔，扫星宿，落心胸。憾事铜琶铁板，海国阆笙钟。坡笑兹游奇绝，百世几人一遇，此事付诸公。相顾拭吟眼，晓日正瞳眬。"是时，我侍坐在侧。方先生阅后觉得"脚底潜蛟龙"之"潜"，不如易作"起"字好，意即脚底蛟龙也起听奇句。先生不以词宗自居，回家后让吴闻先生重写，把"潜"易作"起"，落款添上"令孺方家两正"，再送方先生。方先生逝世后，此幅已归我。我把它放在卧房写字台玻璃板下，天天观看，永志先生精神，以策驽钝。此词出版时除"潜"易作"起"外，还把"涛奔"易作"涛飞"，"铜琶"易作"铜琵"，"晓日"易作"红旭"。先生弟子台湾著名散文家潘希真（琦君），在她的《卅年点滴念师恩》中，提到先生"松间数语风吹去，明日寻来尽是诗"之佳句。先生赐我此诗时，"尽"已易作"便"。一字之易，诗境迥异。可见先生对旧作，也在不断地琢磨提高。

先生尝问我社会上对他的书法有何评价，我未曾与人议论，也不知道先生曾在学校里教过书法，我对先生只谈了自己的直观。我认为先生还不能算作书家，而是文人之字，内涵博学。其实先生书法古朴，行书和章草结合，行书多而章草少，富有墨趣，境界较高。沙孟海先生曾告诉我，文人之字和书家之字是很难区分的（见拙文《沙孟海先生谈书法》）。沙论甚是。浙江省博物馆书画鉴定家黄涌泉研究员主编的《浙江近代书画选集》，影录先生《望江南·自题月轮楼七首》行书横幅。《作者简介》："其书法别有文人情趣。"论颇中肯。西泠印社出版的《浙江书画选》，也影录先生《玉楼春·忆桐庐》行书一幅。

一九七四年五月，我在方令孺先生家里读了复旦大学一位教授的《吟草》。先生也收到一份，他尝问我阅后之感。先生对别人寄给他的作品，不论亲疏，都是非常认真地对待的。我亲眼看到他对《吟草》不但认真阅读，而且还与吴闻先生进行讨论。先生待人，诚志笃行。先生对弟子，学术上非常民主。我尝对先生说："填词以李后主为第一高手。"先生说他是"亡国哀音"，对我的观点并未批评，也未把他的观点强加于我。

是年夏，我如读小说一样把《史记》浏览一过。先生知道后，批评我缺乏读书方法。他认为不研究先秦，不研究汉朝，不研究《史记》，不研究与《史记》有重大关系的内容，则只要选读《史记》中《本纪》和《列传》即可，不必费精耗力全读。指示选择研究课题要慎重，这好比掘井，勘察准确，掘得愈深，泉水必然愈来愈多，活水不竭。勘察不准，好像在岩石上掘井，即使用炸药炸，也炸不出泉水来。他说读书法有两种，一种作卡片，一种作笔记。先生是用笔记法治学的。笔记虽是死的，它不能像卡片那样随时可以调整、移动，但可以记得比卡片详尽。只要分门别类地记，文字简洁，笔记就很实用，只是在撰文前必须把有关记录整理一次。他教导我在三十岁以前要博览，三十岁以后要专。博对专有利，反过来专得愈深，涉及面必然愈广，也会博起来。比如研究唐代诗人，必须读《全唐诗》、两《唐书》，以及与唐诗发展有关的魏晋南北朝诗，也必须读唐代以后唐诗研究的成果，要特别认真地读序跋。

友人王翼奇抄昆明大观楼长联给我看，我从未涉足昆明，有的句子看不懂，就写信向先生请益。先生赐复说："昆明大观楼长联是名作，其间看不懂的句子查《辞海》《辞源》之外，还要查《佩文韵府》（查典故的工具书）。如'楼船'查一先韵，'革囊'查七阳韵，并不难查。你可不必费心神于这些。"今天，我能熟练地使用各种中文工具书，这还是先生教出的。读书曾受先生指导，终身有益。

是年秋，先生推荐我阅读狄更斯名著《大卫·科波菲尔》。先生说有人说过欧洲所有小说都可烧掉，但《大卫·科波菲尔》不能烧；《大卫·科波菲尔》可以烧毁，但《暴风》这一章不能烧。我非常认真地阅读了这部小说。在先生和方令孺先生的督促和鼓励下，我连续阅读了《高老头》《战争与和平》《复活》

《悲惨世界》《猎人笔记》《简·爱》《茶花女》《红与黑》等一批世界名著。其中《高老头》伏脱冷的长篇议论未读懂，曾向先生请益，因为先生对哲学颇有研究。先生爱看小说，尤爱戏剧。他与盖叫天先生、姚水娟先生等著名戏曲艺术家，都是很好的朋友。"文革"前他家堆满泥塑戏剧脸谱，这不足为奇。

一九七五年初春，我侍先生夫妇游玩花圃。在江南三大名石之一绉云峰前小憩时，先生详细地对我讲了绉云峰掌故。吴闻先生儿子吴君常云，在此为我和先生摄下一张照片。先生坐着，我侍立在右侧。这是我和先生合影的唯一照片，甚珍贵之。

一九七五年五月，北京大学宗白华教授率子赴杭探望他的九姨方令孺先生。"文革"前先生赴京时，曾到宗家拜访。宗教授决定此次回拜。是时，先生处境极其恶劣，宗教授不以此为忤，他怀着对先生在词学上有重大开拓的敬佩心情，由我陪同，步行拜访。那天，我们在方令孺先生女儿庆绚家吃中饭，跑到道姑桥，午影已斜。先生未午枕，正与省党校的人在讨论陈亮词。两位老人握手后并未中止讨论，宗教授也发表了他对陈词的意见。宾至如归，大家侃侃而谈。省党校的人告辞后，先生立即关切地询问了宗教授近况，和近来可曾看到郭沫若先生，以及有关《三叶集》等问题。当先生听到宗教授之祖善诗，有《自梓诗集》藏常熟县图书馆时，先生问得特别详细，为未能阅到此本而深憾之。后来，先生夫妇陪宗教授到黄龙洞散步。他们渐渐转入学术讨论。可惜我未把他们的谈话速记下来。他们在黄龙洞谈了近二个小时，才在曙光路依依不舍地分手。先生为纪念这次会晤，还挥毫作《玉楼春·宗白华过访》。我从两位著名教授的这次会晤中，才真正悟然《礼记》所云："君子之接如水，小人之接若醴，君子淡以成，小人甘以坏。"先生与宗教授相交，无利故淡，道合故成，诚君子之交也。

先生夫妇步履老健，天天到黄龙洞散步，天天取回白沙泉水，烹茶自用，也以此待客。

一九七五年七月，先生赴京养疴。在先生赴京前一日，我曾去拜谒。我要求送行，先生坚决不肯，他要我珍惜时间读书。想不到此次却成为永诀，我再无机会仰亲慈颜了。

先生赴京后，对我仍很关注，他有信必回，有问必答。我虽然懒散，写信不勤，但对先生悬企甚至，时时记挂。

一九七六年，唐山地震，波及京津。我记挂先生，立即写信请安，并附新作数首寄与。中秋节，先生赐复云："来信收到，迟复为歉。此次北京地震我家住四楼，震动幅度较大，幸无损伤。震后三日，即避居亲戚家，日昨回到原朝内大街住处。拆读手书，承殷殷垂念，无任感荷！现在北京震情已趋稳定，工厂恢复生产，居民赶修房屋，清理街道积土，准备迎接国庆。老年人逢此百年罕见之自然灾害，备极劳瘁，近正在休养中。自来北京，甚少通候，想你近况佳好！方令孺先生想老健，晤中请代候。大作几首读过，试改动数字，随函附还。初归，匆匆书此，恕不一一，即问近好。"看得出，诗是先生修改，信是吴闻先生代笔的。

一九七六年九月中旬，方令孺先生病危。先生获悉后，于九月二十日至三十日连续发三信，对方先生病情极为关注。其信云："得信惊悉，令孺先生病况，极为忧念。惟望转危为安。并请你代之致翘念之情。并请拨冗作复。""获悉方先生在垂危中，为之悲咽。"方先生逝世后，先生又赐示，托我办理送花圈。先生待友，一片赤诚。方先生对夏先生也很尊重，先生的片言只语她都珍藏之。在方先生遗物中，就有先生于六十年代撰的但未签名的《忆江南·莫干山与晓沧、令孺诸老人慰问嘉兴越剧团听女演员忆苦》行书小幅一张，保存完好，墨色如新。此词未见发表，兹录于此："歌舞队，难作女儿身。百劫飞花随露电，九天挥泪作星辰。致语莫酸辛。"

一九七八年一月，我出差到上海，淮南李孟星赠我《李贺诗歌集注》。我读此书后，想治贺诗。我把自己的想法报告了先生，先生首肯。先生总是满腔热忱地支持青年人搞科研的。

一九七九年，先生写信来委托我把他的家具、书籍等清点后运往北京。他强调指出，有太湖石镶在台面上的写字台千万不要丢失。线装书由我处理，善本和价值较大者运京，其余由其侄转送杭州大学图书馆。我和陈晓华、何钟嘉等人足足忙了一天，才办完此事。先生家具极其简陋，他心爱的写字台的太湖石已四分五裂，陈旧不堪。先生如此爱此物，可能是此物已伴随先生数十年，先生的重要著作是在此物上写成的缘故吧。

在清点包扎过程中，发现先生的读书笔记很多很多，大本子、小本子，大大小小，密密麻麻，规模不一。我都一一清点，不敢遗漏点滴。先生爱古董。吴闻先生尝赐示云："'文革'抄家，瞿翁被抄走明代古砚（鹦鹆砚）一方，落实政策时，文清小组说该砚找不到了，迄未归还。"先生一定心疼。

先生搬家后，南归的可能性不大了。我盼望先生南归，希望能像过去一样常常得到他耳提面命的教育。为此，我尝以诗代札，撰《寄北京瞿师三绝句》，以达此意。兹录二首于下，可见我心：

吟成电笑过千城，雁荡西湖日月春。
令我高山兴仰止，钱塘一塔一诗人。

雁荡奇峰玉琢成，江南胜境拜词人。
西溪侧畔来回数，望授高歌屈子声。

先生曾一度心动，欲南归春游，托我办理住房，惜此行未成。

杭州成立"西湖诗社"后，先生赐信云："西湖成立诗社，主其事者蔡堡先生，是焘旧友，以后如有诗作，可与诗社联系，取得切磋之益。"我在先生的指示下，在杭州大学刘操南教授的介绍和推荐下，加入了"西湖诗社"。

一九八四年十二月，在北京政协礼堂隆重举行夏承焘教授从事学术与教育工作六十五周年庆祝会。听说一九七八年以后，先生记忆力逐渐衰退，连有些老朋友见面时都不认识了。可先生未忘记我，他亲自写请柬寄我，邀我赴京参加庆祝活动。是时，我有公务在身，不能赴京，憾甚。只得请著名书法家姜东舒先生书《寄北京瞿师三绝句》之其一，裱好后托《浙江教育》编辑汤新祥先生带往北京，并带去贺信一封。信云："敬悉瞿髯先生从事科学研究和教育工作六十五周年庆祝大会在北京召开，我谨在此恭祝大会圆满成功！并祝当代词宗、杰出教授瞿髯先生健康、长寿！瞿髯先生是个自强不息的学者、长者，虽然年逾八十，但仍躬耕不息，著作惊人，把自己一颗灼热、正直的心献给了中国教育事业和中国古典文学研究事业，把自己所有的心血都灌溉在事业上了。瞿髯先生是我们后学者的光辉榜样。瞿髯先生词学深厚，著作丰富，他的词学是我国元明清以来词学研究史上最上乘的收获。为此，我建议大会成立'瞿髯先生词学研究会'。"汤新祥先生返杭后，带给我大会纪念品——《天风阁学词日记》，扉页钤有"庆祝夏承焘教授学术活动六十五周年"朱文。

一九八六年五月初，吴闻先生赐信云："瞿翁身体欠安，现正在住院医治。"我为之难过，天天翘企，祈先生康复。想不到五月十五日，竟收到吴闻先生寄来之讣告，云先生于"十一日早晨四点三十分逝世"。晴天霹雳，我数天悲咽无语，茶食不进。我请事假未被批准，因此，不能赴京参加遗体告别仪式，即撰挽联请青年书法家胡文科代书龙门对寄往北京。联云：

江南北等身著述，盖宜兴豪放秀水清空阳湖寄托，共仰一代词宗伟誉，千秋辟绝学；

海内外学界闻丧，看东瀛云愁南洋星暗台港咽流，岂第两浙子弟同声，一哭失宗师。

区区一联，难尽哀思之深。每想起先生教诲，我就黯然神伤，泪如泉涌。先生曾赐示誉我"诗很有气魄，望不断学习，必有成就"。可我很少温诗，殊多应酬之作。先生还誉我"做学问有基础"。可我至今未有学术专著问世。先生著作，凡有出者皆赐我，如《瞿髯词》油印本、《瞿髯诗》油印本，《唐宋词人年谱》《瞿髯论词绝句》《月轮山词论集》《唐宋词欣赏》《夏承焘词集》《天风阁诗集》《金元明清词选》等等。里页往往有先生亲笔或吴闻先生代笔题的"樟松老弟正疵"此类语。书中凡有舛误，先生总是用钢笔校勘后再赐我。先生待我恩重如山。我实在辜负先生雅爱，不知何以慰先生在天之灵。

一九八八年十一月，我突然收到吴常云寄来的吴闻先生逝世之讣告，我心情很悲痛，很悲痛。一九八五年春，《人物》编辑谢云先生曾来信要我转告吴闻先生，《人物》想刊登她的传记。吴闻先生对此默默无语。她的心血都花在先生身上，为先生和先生的事业鞠躬尽瘁。先生逝世后，她三度南下，在"一川流碧玉，两岸夹桃花"的千岛湖羡山落成了由她亲手设计，亲笔题辞的"词学家夏承焘墓"。成为人文景观。吴闻先生给我的函札中，选录二节于后，以见她注释先生著作之辛苦，和对先生事业之帮助："抄示清平乐词一阕，甚感。杨云友生平，望抄示一二。我查人名辞典，并无杨云友条。其墓在葛岭，想《西湖志》中一定有记载。""兹有一事奉恳，就是想请你了解一下浙江图书馆所藏项鸿祚的《忆云词》有多少种版本?其中有哪几种是善本珍本?可以出借否?项鸿祚字莲生，杭州人。我们想: 浙江图书馆关于他的版本应该比别地图书馆要多一些的。你了解情况后，请来函告知。"

吴闻先生给先生以极大的支持和帮助，使先生晚年著述和诗词创作方面，又出现了一个本已不易出现的高潮，为我国词学事业增添了一笔可贵的财富。吴闻先生为整理先生遗稿，为准备出版《夏承焘教授纪念集》《天风阁丛书》等著作，日夜伏案写作，殚心竭力，耗尽心血，积劳成疾，医治无效。吴闻先生是用自己的生命去爱先生的。她是一位默默无闻的杰出女性。

《夏承焘教授纪念集》出版后，赠我书者已不是吴闻先生，而是吴常云了。吴常云告诉我，吴闻先生的遗骨将归葬于千岛湖。先生与心爱的人永相厮守，我想这一定是他最大的快乐。

———————

本文原刊《人物》二〇〇九年第四期。

词风吹拂叙晚情
——追忆母亲吴无闻

吴常云

一

转眼间，母亲离去已近三十年了。但母亲的音容笑貌却早已深深埋入我心中。在我的居室内，至今一直摆放着两幅照片，一幅是我寻根雁荡山时在观音峰下拍摄的"雁荡山观音峰烟雨图"，一幅是我小时候在上海虹口公园草地上与母亲的合影。有了这两幅照片的陪伴，我时时感觉到母亲没有走远，也不曾走远……

母亲是温州乐清虹桥镇南阳村人。一九四四年，日寇入侵，母亲那时正怀着我，只好躲进雁荡山中等待分娩。我长大些后听母亲说，当时她住在雁荡山观音峰下的一间农舍里，出门抬头就能看到观音峰。向远眺望，在观音峰西南方向有座山峰，常年有云雾缭绕，叫作常云峰，这就是母亲给我取名的来由。

解放前后那几年，母亲一个人带着我住在上海。母亲毕业于无锡国学专科学校，凭着自身的文字功底被文汇报社聘为记者。

在二〇一七年五月二十八日的上海《新民晚报》第二十一版上，通版刊发了母亲的一位老同事郑重老师写的《西湖鸳鸯曲——忆吴无闻和夏承焘》，该文记载母亲一九四七年到《文汇报》做事，后因报纸被国民党当局查封而短暂离开。一九四九年《文汇报》筹备复刊，又被社长徐铸成聘用。那一年，我才五岁。记得母亲曾告诉我，一开始她是在报社校对部工作，工作很辛苦，而且都在晚上。于是，就把我送进女青年会托儿所全托。至于我的父亲仇岳希，我小时没太多印象，后来才知道他在北京做事。当时交通不便，他要隔很长时间才能到上海来看我们一次。

母亲是个非常温和的人，我从来没有见到过她发脾气。小时候，我如果淘气不听话了，母亲对付我的办法就是板起面孔不理睬我，最多也不过让我到墙角罚站，直到我知错为止。有一次，我不记得犯了什么错，母亲有两天都没和我说一句话，让我心里好难过，那也是唯一的一次，让我记忆至今。

母亲的性格虽然温和沉静，但处事也有非常果断的一面。在上海，她有一位要好的朋友，无锡国专的同学顾晓岚，在《解放日报》做事，顾的先生是大名鼎鼎的报人——钦本立。按照上海人的习俗，母亲让我管顾姨叫"寄爹"（即干妈）。事情的缘由是这样的，顾姨在医院生产时遇到难产，母亲一直陪在身边。可能是由于当时医疗条件的限制，院方说孩子和大人只能保一方。在无可奈何情急之时，母亲毫不犹豫地和钦伯伯商量应保大人。孩子没有了，伤感之余，母亲即让我认顾姨为寄爹。

二

一九五三年，我已经在上海虹口区的国润小学上四年级了。一天，母亲对我说，我们要离开上海到北京去了，因为报社要在北京建办事处。当时，报社让在编的编辑记者自愿报名，很多报社同事都不舍得离开上海，母亲则主动向社里提出了申请。这一是为了全家团聚，二也是为了在事业上有更大提升的空间。那年，母亲三十六岁，我九岁。父亲到上海来接我们，我们全家三人带着家具行李风尘仆仆乘了两天两夜的火车到了北京前门火车站。途中，到南京时，我们乘的火车是搭渡轮过的长江。当我们从北京前门火车站出来后，乘马车载着一应家具行李到父亲新租的住所——厂桥胡同五号。印象中，一路上满眼看到的北京都是黄土色，黄土色的街道，黄土色的房屋，很少树木，难见绿色。那个时候，上海和北京的差距很大，怪不得母亲的很多同事都不愿意来呢。

到了北京后，为了尽快适应北京的语言环境，母亲和我们说，在家里大家也不要说上海话或家乡话了，都说普通话，为的是更快适应北京的工作学习环境。那阶段，母亲经常回家很晚，甚至因工作过度疲劳有一次竟晕倒在公共汽车上。在这三四年间，母亲的工作节奏一直很快，母亲主要负责采访文艺口和教育口。那些年在京的全国文艺汇演很多，特别是戏曲方面的。于是母亲买了很多戏剧和文艺理论方面的书读，还买了一些名角经典唱片听，为的是更好地熟悉业务完成采访任务。在郑重老师的文章里也提到，那是母亲在报纸上发表采访文章最为密集的时期，当然也是母亲工作最为愉快的时期。

我家在北京没有亲戚，母亲只有一个兄长也就是我的舅舅吴鹭山，诗人，研究杜诗，长住在温州，写过很多诵咏雁荡山的诗词。舅舅有时来看我们，我记得在上海时，舅舅还送我去过托儿所。母亲心中最敬佩的、也是常提起的，就是母亲在无锡国专读书时的老师、现为杭州大学中文系教授的夏承焘伯伯了。母亲原名叫吴闻，做记者后需要一个笔名，母亲就请夏伯伯给起，夏伯伯说：就叫无闻吧。所以后来，母亲在写报道时都用"无闻"这个笔名，而在著书时就用"吴无闻"这个名字。夏伯伯是我家的世交，和舅舅吴鹭山年轻时就是诗词上的挚友。

时间到了一九五七年，风云突变，反右运动波及整个文化知识界。虽然我还在上初中，但也感觉到了一种压抑的气氛。父亲因在单位（人民交通出版社）征询意见的会上发了言，就被打成右派，之后辞职，后被安排到街道工厂。母亲本来就只是踏踏实实做事的人，凡事从不出头，所以她在单位的会上，把嘴闭紧，无论怎么动员，都一言不发，最终成为幸免者。而报社北京办事处的所有记者，除母亲外，全部被打成右派，甚至有被打成反革命的。那次运动之后，报社北京办事处换了一批新从上海调来的记者，只有母亲一人是留下的北办老人。之后，母亲虽仍照常工作，但脸上再也没有以往轻松的表情了。

一九六二年，到了我该报考大学之时，按我的本意想考文科类院校，但母亲还是强烈建议我报考理工科。因为眼见得在数次政治运动中，文艺界人士总是首当其冲受到冲击，而理工领域则相对安全许多。后来，我考上了北京钢铁学院（现为北京科技大学）。父母都还满意，而我则怎么也高兴不起来。

很快，"文化大革命"来了，文汇报又遭风雨，最后，报社北京办事处被撤销，母亲连同其他同事被召回了上海接受审查，母亲被安排在印刷车间劳动。让我觉得非常可惜的是，母亲在离京前把多年积累的、在报纸上发表的一本厚厚的采访剪报给烧掉了。这是母亲多年记者生涯里辛勤耕耘业绩的见证。而那时，我已经在上大学了，平时住在学校。一天，学校通知我说父亲出事了，让我赶快回家一趟。原来，父亲因为不能忍受屈辱的批斗，自尽身亡了。

三

时间到了上世纪七十年代，我已经工作了，母亲还在上海。一天，接到母亲的来信，说她已经退休了，到杭州去看了夏伯伯。说杭州的夏伯伯在"文革"期间被打成杭州最大的"反动学术权威"，一直没有得到平反，两次脑中风后仍被勒令每天去打扫厕所，加上丧偶，境遇十分凄惨，遂断然决定留下来与老师结为连理，扶助照顾恩师的晚年生活，同时助恩师整理尚未完成的大量诗词论著稿。

于是，夏伯伯就顺理成章地成为我的继父。从此，母亲的人生自退休始掀开了全新的一页。母亲也一扫多年郁积的沉闷心绪，开始从心所愿，回归到自然舒达的状态。

大约一九七四年春天，母亲让我去杭州看望他们。大家见面非常高兴，父亲在得到母亲扶持陪伴后，精神状态已明显由阴转为晴间多云。记得我在杭州逗留的短短几天中，由父亲提议，带着全家游西湖就不下好几次。有一次拄着拐杖的父亲兴致勃勃，一下子走了白堤和苏堤，绕了西湖多半圈，也没喊累。从在道古桥的家到白堤为最近，每走上白堤，母亲都要念几首父亲的《西湖杂诗》给我们听。我印象中最深的是下面两首：

一道裙腰绿渐浓，小桃先放柳边红。
苏堤好在孤山看，忘却孤山亦画中。

母亲边读边讲给我们听，说诗里把白堤苏堤比作西子的裙带，并用"渐浓"和"先放"几个字勾勒出西湖春天色彩的动态变化，可谓诗中有画，而且是一幅连续变幻着的美丽图画。

断云别我向西峰，绕过孤山却又逢。
正有一诗无觅处，杖头飞堕凤林钟。

诗中写云断飘入孤山背后不见了，但绕过孤山却又与游人相逢。映衬诗人的心境从"别我"的所失回到"又逢"的欣喜。而远处传来的低缓的钟声，为这一"又逢"平添了一份从容的喜悦。是的，"别"与"逢"，天上的云如此，地上的人又何尝不是如此呢？

记得又有一次随父母走到孤山北侧时，父亲忽然提议同行人等一同面对保俶山大声喊，可以听到清晰的回声，并率先喊起来，大家也跟着喊，一会儿就听到阵阵回声从保俶山传回，大家都放声笑起来。很长一段时间，父母都没有这么开心过了。

退休，旋即又做出平生最为果断的一个决定，母亲实现了自身及生命历程的蜕变。记得广州中山大学王季思教授曾在香港《大公报》刊文中，对于父母有这样一段叙述："他们结婚后，无闻的身影就多次出现在瞿禅（父亲的号）词里。'一点浮云人似旧，唤下长庚斟大斗。双江阁上梦词仙，人虽瘦，眉仍秀。玉镜冰心同耐久。'（《天仙子》）'到处天风海雨，相逢鹤侣鸥群。药烟能说意殷勤。五车身后事，百辈眼前恩。'（《临江仙》）记下这对晚年夫妇的恩爱生活。"

母亲在之前报社工作的数十年中，哪里有时间赋诗作词。然而现在，一切都放下后的身心无比轻松，又可以与恩师朝夕相处。有了恩师浓郁词风的熏染和吹拂，于是欣然将学生时期在无锡国专参加诗社、初涉诗词的那支笔又拾了起来。

那两三年在杭州，母亲陪伴父亲每天散步的地点，以西湖为最佳也频率最高。而母亲那时所写的诗词也大多与西湖有关：

初到杭州（一九七三年）

湖绿照双影，漫惊两鬓斑。

沉思往日事，始爱老来闲。

雁荡云中屐，乌峰雨后山。

还思梦寥廓，星海碧漫漫。

西湖夜行——颂易安词（一九七三年夏）

段家桥上晚凉初，猎猎风荷欲动湖。

天语殷勤鹏翼远，寻诗归路好相扶。

忆旧游——白沙泉（一九七三年）

白沙泉水傍林隈，分掬清泠胜酒杯。

双杖寻诗过丛竹，无诗携得绿荫归。

湖头（一九七三年）

藕花香里汗征衣，江海卅年已倦归。

此日湖头同一笑，闲鸥与汝共忘机。

苏堤（一九七四年）

词仙同我过桥西，烟水空蒙绿染衣。

今夜月湖应得句，两行垂柳一长堤。

减字木兰花　与瞿翁步白堤（一九七四年）

声家一老，坡稼前头容啸傲。小阁哦成，说与梅边旧月听。

断桥西路，抱朴仙翁招手去。不是仙翁，冰雪孤山一老松。

从"沉思往日事，始爱老来闲""天语殷勤鹏翼远，寻诗归路好相扶""此日湖头同一笑，闲鸥与汝共忘机"这些诗句中可以读出，母亲此时已找到了自己喜爱的生活方式，其心境也完全从诗句中表达了出来。在父亲强大诗词场力的作用下，母亲的诗词灵感也得以迸发，每每出行，往往触景成句，渐入佳境，真可谓：文思涌动寻好句，下笔轻扬有诗成。

四

当时已值"文革"后期，杭大的许多教授陆续得以平反，但父亲是省里定的"反动学术权威"，仍迟迟得不到解脱，可想而知精神上压力仍然巨大。而此时北京的政治空气已明显宽松，母亲遂决定尝试向校方请假，以带父亲进京看病为由离开杭州。没想到，请假竟然获准，母亲随即带着父亲回到北京。一到京城，父亲的精神上压力减轻许多，母亲更是兴奋有加，遂落笔成诗曰：

移家京门（一九七五年）

孤屿湖中猿鸟少，逋仙犹拟别移居。

先生未倦江湖兴，大隐京门好著书。

回京后，母亲为父亲拟出一个宏大的著书计划，助父亲将尚未完成的多本书稿，分先后尽可能编撰出来。这既为达成父亲一生的心愿，也是对中华词学的发展尽一份心力。但以父亲当时的年龄和身体状况，已再无精力独立完成著书的繁重工作了，唯有母亲在身边相助，方可实现其中之一部分。

到京后，父母同我一起住在朝内大街九十七号楼内，父亲为此寓所起名"朝阳楼"，间或亦称"天风阁"。母亲原本计划安静下来同父亲一起全力著书，但诸事亦不能完全"如人愿"。许多学界朋友得知父亲到京，纷纷登门拜访。甚至，父母到京的第一天就有客人来访了，那就是周笃文君。那一阶段，几乎天天都有新朋老友来访，相见重逢，嘘寒问暖，好不热闹。只弄得母亲前后张罗，还要设宴款待，真有些应接不暇。前日在杭州还门庭冷落，今日到京城忽宾朋盈门，两相对照，可谓天壤有别。门庭的热络，也促使父母的心情愈佳。母亲此时也不再闭口少语，而是和宾客叙旧论今，谈笑风生。

来客中如有向父亲或母亲求字求书法者，父母也都是有求必应。经过多次运动洗礼的亲历者都明白一个道理，心情低落，一切都无从谈起。而现在，已然劫后余生，心情好了，一切都会变得好起来。应酬多了，整理书稿的时间必然被挤占，不过母亲并不很在意，而是把每天的日程精细安排好，尽可能把更多的时间放在整理书稿上。

开始是《天风阁诗集》和《天风阁词集》，分别汇集了父亲历年的诗和词，由母亲编辑并注释后出版。紧接着又编了《瞿髯论词绝句》这本颇有影响的集子，由中华书局出版，而此书的第三次再版就在二〇一七年七月，书内的出版说明中有这样的评介："《瞿髯论词绝句》是夏承焘先生品评历代重要词家的一部名作，吴无闻女士作注释和题解……"

当这本集子的注释完成后，母亲有感作《注论词绝句》一首：

乐苑千秋业，词坛一代师。

青莲开绮语，白石扫妍辞。

注笔榾梨涩，分灯漏更迟。

与天争岁月，不许鬓毛知。

诗中"与天争岁月，不许鬓毛知"两句，气势无比，也可窥见母亲在整理父亲的书稿上的紧迫感。这之后《月轮山词论集》《域外词选》《金元明清词选》《唐宋词论丛》《天风阁学词日记》等书著又陆续出版。整理书稿占据了母亲很多时间，除此之外，母亲还要抽出时间与父亲写写字、作作画，还得安排时间回访和拜访友人。这段时间，仅我还记得的父母拜访过的友人有沈雁冰、顾颉刚、夏鼐、张伯驹、钱锺书、叶圣陶、夏衍、茅以升、俞平伯、周汝昌、徐邦达、叶浅予、启功、尹瘦石、周昌谷、潘洁兹等等；来访的友人有胡乔木、夏鼐、王季思、启功、张伯驹、黄君坦、陈友琴、邓广铭、陈贻焮、史树青、尹瘦石、潘洁兹等等。书信来往，更是遍及全国诗词界友人。

每逢春天到来，桃花盛开季节，母亲会托周笃文、冯统一君约车，邀上张伯驹和潘素夫妇、黄君坦、周汝昌等三五好友一起到郊外赏花吟诗，然后少不了的必为诗词唱和，墨宝互赠，不亦乐乎。在老先生们相互切磋诗文中，母亲也均有诗词作品献出。

谒金门　诸翁同游大觉寺（一九七九年四月）

风骤起，吹散红云十里。仰首鹫峰天尺咫，乱山堆翠紫。

挂壁一双芒屦，揽胜当从今始。诸老行吟皆色喜，醉饮桃花水。

北海观荷（一九七九年七月）

新荷看不足，双杖共行迟。韵淡且临水，香幽合入诗。

碧波浮白塔，斑鬓照深卮。归路绿云动，斜风送雨丝。

虽经"文革"风袭霜打，可喜的是这些老先生一个个都挺了过来，现在又能开心欢聚，同游京城诸景，吟诗作赋，诵咏祖国美好山河景致，这是一段多么令老先生们惬意且值得珍惜记忆的时光啊。

五

一九八〇年，时值父亲八十寿辰，母亲为父亲填词一首《长生乐·祝瞿翁八十寿》：

乐苑如今传胜会，高咏敞芳筵。画堂一老，鹤发早盈颠。祖述稼轩同甫，气概无前。词坛新境，九州放眼数今天。

西湖植杖，北海浮船。酒醒行歌醉后眠，是人翁自在神仙。献新词，奉春酒。祝遐寿千年。

光阴荏苒，时值一九八六年，父亲已八十七高龄，身体日衰，后住进中日友好医院。住院期间，母亲虽年也将至七旬，仍坚持日夜陪伴在父亲的床榻前，不离左右。但岁月终不饶人，母亲在父亲临终时刻，执其手，在其耳边轻吟父亲当年所作最喜欢的词句"杯酒劝长庚，高咏谁听？当头河汉任纵横。一雁不飞钟未动，只有滩声"，送父亲安详离去。

之后，母亲两次亲临千岛湖羡山，安排父亲的后事。千岛湖羡山是父亲生前同母亲一起看好的最后归属地。一九八七年七月，母亲又一次前往千岛湖，亲临指导筹建父亲墓。在那段时间，母亲一口气填写了八首《千岛湖杂咏》，现录后两首于下：

之七：望江南　羡山
山高下，百卉竞芳妍。鲜果香藤朝献佛，青峰白月夜游仙。四季是春天。

之八：望江南　羡山夏承焘教授墓
明湖曲，卜宅住词仙。照水石莲开一朵，花头趺坐好参禅。入定不知年。

一九八八年春天，墓已建好，我陪伴母亲将父亲的骨灰送至千岛湖墓地。墓地建在羡山半岛的缓坡之上，背靠二三十米高的小山石壁，两侧为成片竹林环绕。墓身面向湖面，从墓台之上向前望去，约百米处是一片橘林，每逢春天橘花盛开时花香缭绕，沁人心脾；再往前看则是一望无际、碧波如洗的千岛湖湖面了。

墓身之上的父亲半身雕像请浙江美院雕塑系汤守仁教授用汉白玉石完成。深色墓碑碑身中央有母亲亲书"词学家夏承焘墓"七个金色大字；两侧有母亲所作之联，上联为"浩荡天风，宙宇神游词笔健"，下联为"苍茫烟水，湖山睡稳果花香"，均按母亲亲书字样镌刻在墓身大理石砖上。

安葬了父亲后，母亲填词《贺新郎·戊辰五月十二日奉安

先夫子灵骨于千岛湖羡山陵墓》以慰父亲之亡灵:

幽绝湖堤路。最关情、轻梳雪羽,一行鸥鹭。缥缈闲云羡
山顶,似有仙灵来去。拍手招、词翁同住。千岛回环拱一墓,
荡晴波、万顷涵丛树。春不老,人千古。
平生兴在林泉处。记流连、西湖北雁,竹筇麻屦。唤取桐
君钓台叟,还有南邻神姥,共商酌、诗词隽句。回首六桥余一
梦,趁天风、飞作鸿蒙雾。鹃语咽,四山暮。

今重读母亲这首词,回想到父亲曾经于一九七三年写给母
亲的一首《减字木兰花》:

左班兄妹,风谊平生朝世世。风露何年,湖月湖船得并肩。
一灯乐苑,相照心光共缱绻。待学吹箫,无琢新词过六桥。

父亲当年词中的西湖苏堤"六桥",现在唯剩"一梦",足
可知当时母亲的内心是何等的悲伤和痛楚!回京后,母亲虽然每
天仍笔耕不辍,继续整理父亲词稿,但以往脸上的笑容再也看
不到了。这段时间,母亲完成出版了《夏承焘教授纪念集》一
书。就在当年年末,母亲终因殚精竭虑,积劳成疾,生命之火
在超负荷燃烧后戛然而止,突然间乘鹤离去了……
次年秋,按照母亲的遗愿,我携长子燕遥再赴千岛湖。这

次是将母亲的骨灰并入父亲陵墓内，与父亲一同长眠于湖光山色秀丽的千岛湖畔。愿父母两老之灵，正如母亲《贺新凉》词中所写那般："千岛回环拱一墓，荡晴波，万顷涵丛树。春不老，人千古。"亦如母亲碑联中所书那般："苍茫烟水，湖山睡稳果花香。"

二〇一七年，恰逢母亲百年诞辰之际，洒泪撰写此文，以表达我对母亲的无限怀念之情……

本文原刊《瓯风》第十五集，文汇出版社二〇一八年四月第一版。

忘年之交
——忆"一代词宗"夏承焘

任道斌

记得一九七四年，我刚从农村插队返城务工不久，那时虽然林彪早已折戟沉沙，可是杭州的电影院和剧场，翻来覆去仍是演绎着几出腻透了的"革命样板戏"；不讲经济效益的新华书店充斥着张春桥、姚文元写的"大批判"小册子，还有那早已家家普及的"红宝书"。文化生活单调枯涩，每当夜幕降临，就使人感到莫名空虚，心中压抑得发慌。好在我蜗居在西溪，距道古桥畔杭州大学宿舍不远，于是我便常常踏着月色去拜访词学大师夏承焘（1900—1986）教授，向这位兼任中国科学院文学研究所特约研究员讨教知识。

当时夏先生处境较狼狈，藏书被查抄，宿舍被挤占，劳动成果被冻结，每月只有微薄的生活费，出门常常遭到造反派的白眼，瘦骨嶙峋的病体非但得不到应有的治疗，而且时时有被揪上台示众挨斗的危险；为了"改造"他的灵魂，杭州大学的"革命委员会"还一度"勒令"年已七十五岁的夏老去学子如云的文二街扫马路。凡此种种的迫害与羞辱，自然是常人难以忍受的。

然而夏先生在逆境中并没有放弃他对中国传统文化的热爱。他家那间小小的餐室内，放着一张略可摇晃的旧藤椅，夏先生就悠然地靠在藤椅上娓娓地向我述说辛稼轩、陆放翁，谈李易安、姜白石，汪洋恣肆，引人入胜。立春的晚上，夏先生还兴致勃勃地把鸡蛋竖放在地上，做地气转暖的试验给我看，神情是那样从容、欢悦。老人乐观的信念与酷爱生活的精神深深地感染了我，使我不顾自己的孤陋寡闻，屡屡幼稚地向他请教一些词学问题。夏老总是乐呵呵地解答，绝无颓唐消沉之意。

当时的学界人人自危，夏老虽桃李满天下，却门可罗雀。作为"牛鬼蛇神"，他不被扫地出门已属万幸，至于六亲不来相认的孤寂与凄凉，自然不足为奇了。况且夏老又不能合法地做学问，所以工人如我才可乘虚而入，占去他许多宝贵的时间，孤灯下闭户关窗聆听他的教诲。先生对中国优秀文化博大精深的学养，使我这个在"上山下乡"狂潮中辍学有年的"知青"大开眼界，虽入夏老陋室，即如进大观园，真是"与师一席谈，胜读十年书"。春夜苦短，我却往往乐而忘返。

浙江的"文革"最初以省城的文化名人开刀，浙江美术学院的潘天寿，浙江京剧团的盖叫天，杭大的夏承焘、林淡秋，医科大学的叶熙春等"资产阶级反动学术权威"首当其冲。夏先生曾写过《岳飞〈满江红〉词考六辨》，指出世传

《满江红·怒发冲冠》一词是明人伪托宋人岳飞之作，该文曾在日本词学刊物发表。因此夏先生的罪名不轻，之一是否定民族英雄，之二是里通外国。令人哭笑不得的是，其时西子湖畔的岳飞庙也正遭到"红卫兵小将"们的破坏。夏老这篇论文沦为"大毒草"，在"毒草不能任其自由泛滥"的"革命"口号下，我也不得其详。故而有次我冒昧地向夏先生提出他认为《满江红》不是岳飞所作的根据何在？对此敏感问题夏先生不但面无难色，反面从容地对我讲了一遍他的看法。他说《满江红》非岳飞所作，其根据之一是词中有"驾长车踏破贺兰山缺"句，岳飞是军事家，以地理常识而言，岳飞伐金要直捣位于今吉林境内的金国上京黄龙府，而贺兰山在今西北宁夏一带，倘这首词果真出自岳飞之手，不至于方向乖背如此！根据之二，岳飞被害后若干年，冤狱平反，其子岳霖、孙岳珂两代搜访父祖遗稿，不遗余力，但所编《金陀粹编》《桯史》南宋刻本均没有收录此词。夏先生有力的论证让人心悦诚服。他还对我说，尽管因此而招致文字之祸，但他并不后悔。他认为做学问要实事求是，问题要搞清楚，这就是科学的态度。若重感情而不尊重历史，硬说是岳飞之作；或因此词不是岳飞之作便一笔抹煞它的历史意义，这都不是严肃的科学精神。谈到此，夜已深，这位饱经沧桑的白发长者目光炯炯，神色坦然，令我肃然起敬。至今思之，犹如昨日！

在斯文扫地的荒诞岁月，夏先生为了嘉许我对文史的兴趣，扶植后进，还书写毛泽东《大柏地》词给我留念。他不仅专治词学，而且兼擅书画。据其著《天风阁学词日记》，早在一九二九年夏先生就开始笃于书道，曾临《石鼓文》《千字文》《书谱》《圣教序》及近人马一浮墨迹，由篆而及行草，终以行草见长。在数十年的学者生涯中，他为友人（如邓广铭）、学生（如朱生豪）书写过许多屏幅、扇面，也为不少画家（如刘海粟）、收藏家（如严群）题过字画。江南名胜，如绍兴之沈园、诸暨之五泄、永嘉之雁荡，皆有其行草墨迹，或摩崖，或匾额。夏老刚健爽利的字体，潇洒秀美，透有书卷逸气，得其墨宝，我非常感动。以后我便更加利用务工之余偷偷地研习文史。

翌年，政治气候略有松动，夏先生在夫人吴无闻的照料下迁居北京。临行之际，他再三叮嘱我努力学习："莫等闲，白了少年头，空悲切！"

"四人帮"粉碎后百废俱兴，一九七八年恢复研究生考试招生制度，我以高中毕业的学历破格考入中国社会科学院研究生院，攻读中国历史。金秋十月，在北京朝阳楼重逢夏老，顿时我俩眼里都闪烁着激动和喜悦的泪花，一对忘年交的双手，终于又紧紧地握在了一起。

本文原载香港《大公报》一九九五年八月一日，选自《思嘉室集》，中国美术学院出版社二〇〇九年二月第一版。

与夏承焘先生的一段翰墨因缘

沈定庵

忆三十年前，我结识了杭州大学工人画师阿德哥（即周德鸿），通过他的介绍，"夤缘"亲近了当时杭大的几位著名教授兼知名书法家，如王驾吾、胡士莹、夏承焘、姜亮夫、严群诸前辈。诸公道德文章为世所重，毋庸赘述，而诸公书法，更为我所钦仰。其中除姜亮夫先生因眼疾不曾著求外，余均收藏颇丰，为拙居"仰苏斋"竞放异彩。

岁月不居，王、胡、严三公及严公之夫人琴趣老人（亦工书法，惠书于我）均已先后谢世，每当展读诸公法书，追念往事，怆然而悲。一九八六年五月十七日我自沪返杭，于浙江书协案头，不意得一讣告，惊悉夏承焘先生因患心肌梗塞，经抢救无效，于一九八六年五月十一日凌晨四时三十分在北京逝世，终年八十七岁。夏老一代词宗，噩耗传来，哲人其萎，为其太息不已，痛定思痛，爰将夏老与我的一段翰墨因缘，笔之于后，聊寄哀思。

三十年前夏老执教杭大，寓校中宿舍。时余常往校中访问。一日，晤夏老，并面求法书及其诗词，夏老欢喜应允，不久蒙夏老惠赐册页两方。每方纵33.5厘米，阔27厘米，纸质。其一词曰："卵色天光鸭绿溪，画成团扇欲贻谁。风帆侧影如蝴蝶，钓叟前身是鹭鸶。　同俯首，礼横眉，四山风雨欲归时。笮边谁识苍茫意，禹会桥头得小诗。"款识："十年前山阴道中作《鹧鸪天》词，时以筹备鲁迅纪念馆自杭赴越，定庵同志嘱书，承焘。"钤印瞿髯、夏。其二，为诗作，曰："红紫满天地，我行看富春。偶来濯鬓髯，无意动星辰。饮水亦能醉，放船不问津。钓台横笛客，倘识朗吟人。"款识："过富春旧作，定庵同志两正，承焘。"钤印：夏承焘。

笔者幸运，尚藏有夏老早岁书赠越中词人养庐（朱允中）先生词一首，纵26.5厘米，阔29厘米，纸质。词曰："敛手江湖载酒编，微言剩要汉儒笺，千秋乐苑一灯传。双展长怀天柱月，百杯犹负鉴湖船，岩滩搞笛问何年。"款识："《浣溪沙》里词奉题养庐先生相人偶斋填词图并求教正，永嘉夏承焘。"钤印：瞿禅。此幅未署年月，想为夏老早年之作。此幅行中带楷，又富章草笔意，朴茂简省，苍浑入古，不可多得。前两幅为夏老晚岁代表作，浑厚华滋，真力弥漫，气势开阔，点划圆润劲秀，别有文人情趣。吾将什袭而珍藏之，传之永远。

本文原刊《古今谈》二〇一四年第三期。

读先师夏瞿髯先生的一则日记

陈增杰

　　数天前，礼阳先生微信发来《夏承焘日记》一九七五年四月二十六日："温州师院陈增杰偕杭大毕业生□□□来，问法家陈龙川诗词。"校注："此处原稿留白。"见询：空阙三字其谁？

　　时间长久了，一下子难以想起，但文中"法家"两字提供了线索，让我忆起四十五年前已经尘封的一段往事。

　　一九七五年春，"文革"进入"复课闹革命"阶段，我那时任教温州师范专科学校函授部。函授部承担温州地区中学教师的进修授课。以前的教材都不能用了，新的教本又未能及时发来，而课要开讲，只得靠自己动手编写。函授部语文组先后编印《马恩列斯和毛泽东著作选读》《毛主席诗词解读》《鲁迅作品选读》几种，分发各县学员；古代作品是被作为"封建糟粕"封禁的，未敢擅作安排。

　　当时的政治界、学术界都在开展"批林批孔""儒法斗争"的大批判、大论战。有一天，我看到《光明日报》以"法家诗词"标题选刊几位古代诗人的作品，加以注释介绍，说读一点法家人物的文学作品，对于"促进无产阶级文艺革命"，是有一定意义的。接着《浙江日报》以整版篇幅登载《法家诗词选刊》，这在那个年代特别引人注目。我又看到当时仅有的几种期刊，如上海出版的《学习与批判》，连续发表所谓"法家诗人"如王安石、陈亮等的评论文章。因此我想到，是否可以编一本《法家诗词选读》作为教材，让学员借此机会接触和学习古代文学作品，提高这方面的知识水平和阅读能力。我一直认为，古文、古诗词是基本功，是中学语文教师必须跨越的一道门槛，而由于"文革"的耽误，年轻同志在这个方面确实太欠缺了。我的提议得到语文组教师的赞同，组长叶国梁先生予以首肯，谦言自己不谙诗词一道，委托让我具体执行。我搜集并参阅了有关资料和文章，细加斟酌，从当时认定的法家和具有尊法反儒倾向的进步诗人中，初步拟定入选作家和作品，制定编选体例。经全组讨论，最终确定二十位诗家的一百首诗词，他们是：

屈原（二首）、刘邦（一首）、曹操（五首）、武则天（一首）、李白（八首）、柳宗元（九首）、刘禹锡（十三首）、李贺（九首）、李商隐（六首）、王安石（十一首）、辛弃疾（四首）、陈亮（六首）、张居正（二首）、李贽（五首）、王夫之（二首）、龚自珍（九首）、魏源（二首）、严复（二首）、章炳麟（一首）、秋瑾（二首）。

这份名单，现在来看，会令人觉得奇怪，或者说多少有点滑稽。为什么给这些作家贴上"法家诗人"的标签?天晓得!那是根据当时的认识和标准，只能说是历史留下的印记。

全书体例，分作者介绍、作品注释、全篇说明（评述）几个部分。由语文组叶肇真、陈继璜、陈增杰、陈鹤鸣、郑征庄五位教师分头执笔，协同合作。叶先生统筹全局，最后由我和陈鹤鸣通读全稿，统一全书格式。夏先生日记记的就是在本书编写的准备阶段，我和陈鹤鸣（杭州大学中文系一九六四年毕业）两人前赴杭州、上海等地访问取经。夏先生写有《龙川词校笺》，因之登门询问陈亮诗词的有关问题。

我执笔写的《后记》署一九七五年七月，大约这时已经完稿。但由于排版印刷的困难，捱延数月，直至年底方才校定全书。我的日记记云，十二月二十九日去函平阳请苏渊雷先生题写书名:《法家诗词选注》。好在那时还没有什么严格的出版管制，也不需申报批准号，这样到一九七六年一月就顺利出印。共印六千册，主要供给各县函授学员，少量用作国内院校交流;同时发函开展征订，省内外教师进修学校及个人订购者不少。

《选注》印出后，反映不错，大家对古典诗词是久违了，所以特有新鲜之感吧，广受欢迎。我送书给梅冷生先生，王景逊先生看到了，即索要一本。王先生阅后甚加称赏，亲口对我说:虽为顶着"法家"名义，选的尽是好诗，说解亦颇得当。他特别举了所选王夫之《续落花诗三十首》之十二:

彩云歘倏散还休，款款萦萦倍惹愁。嫩蝶攀援拟借蔻，狂蜂轻薄诅安榴？徒钻故纸唯糟粕，欲扫讹书苦校雠。一洗青林烦夜雨，白蘋碧杜亦芳洲。

本书译释：落花如果像彩云一下子就消散了，也倒还罢了；她在微风中缓缓地回旋谢落，那缠绵的样子，真会加倍地触引爱花人的忧思恨绪。蝴蝶的幼虫准是凭借豆蔻，才得以爬上高高的枝头；轻薄的狂蜂怎能安稳住石榴的花朵，不受损坏。古书中充斥着糟粕，自己的钻研只怕是徒费心血；要想扫清历史上所有的伪书谬说，却支付不起时间和精力。青葱的林木纵经夜雨的洗涤，摧残殆尽，而那遍满白蘋碧杜的绿洲，就是我理想中的芳园。

评解：据作者《正落花诗十首序》推定，本组诗写于清顺治十八年（1661），此时南明政权已告覆亡，大陆抗清力量也已被清统治者扫荡殆尽，作者在反抗斗争失败后隐居致力著述。诗中以"落花"为喻，不断牺牲的抗清志士，触动了作者的忧思恨绪。三句"蔻"谐音"寇"，暗指敌寇（满清贵族）；四句"榴"谐音"刘"，代指汉族政权。此联以双关手法，借对"嫩蝶""狂蜂"的描写和揭露，痛斥追逐私利的腐朽官僚和卖国求荣的投敌者。五六句叹息自己徒然钻研学术，无补于救国事业。结末用"托意香草"的笔法，寄托美好理想，表达自己坚贞的意志。

王先生说，这首诗是不大容易读懂的，经过这样明确切当的诠解，揭明奥义，十分透彻，为功不少。王先生如是之评价，对于编选者是一个很大的鼓励。

夏先生的日记用语很有讲究，其云"问法家陈龙川诗词"，"法家"二字寓有微义焉，不经意中透露出了那个特定时期的政治运动情势。

打着"法家"旗号编写的这本小书，在文化遭受摧残的那个畸形年代，不过是借新瓶装旧酿，夹缝里求生存，曲线施教，实出无奈之举。我们之所以叨絮往事现在还提起它，是想作为历史的教训而存照，昭示世人。

二〇二〇年十二月三十一日

本文原刊《瓯风》第二十一集，文汇出版社二〇二一年七月第一版。

善解人意
——忆夏承焘先生惠赠墨宝

滕万林

在抗日战争晚期的一九四四年下半年，夏承焘先生到雁荡山的乐清师范任教。一九四五年四月曾被邀至淮南中学作过一次题为《立志》的讲演。那时我刚进淮中念书，当然也参加听讲。可惜的是，我这个不晓事和健忘的少年人，现在一点也记不起夏先生当时所讲的内容。而对他当年为灵岩寺成圆上人书写的那副江弢叔联语"欲写龙湫难下笔；不游雁荡是虚生"，至今却一直清晰地留在脑海里，黑底绿字，清逸优雅，十分耐看。

我对夏先生的书法的确是一直羡慕的，但给他写信，并无求赠墨宝的奢望。那时候，我读了王瑶编著的《陶渊明集》碰着不少疑难问题，找不到答案。这个疑团一直萦绕在我的脑中。一九七五年仲秋的一天，我在一位友人的家中看到夏先生书赠的一首七绝。友人说这首诗是夏先生怀念雁荡山之作，可是我却感到或许另有寓意，但又不敢自是，于是立刻萌发了写信请教夏先生的念头。我当即向友人要了夏先生的通信地址。三天后，我给夏先生写了一封求教信。信中开头写了得观书法真迹不胜欣喜和读了他的这首七绝的感受。接着就向他提了读陶诗的五个问题（内容略）。

不久，我接到夏先生从北京朝内寄来的复信，拆开一看，是一封短信和一纸墨宝，当时的喜悦之情，是无法用语言来表达的。他的复信不长，只说了那首七绝是"怀念雁山旧游，并无他意"。对于我求教的陶诗问题，他说："顷在北京治病，手头无书，并常感头晕，恕不能奉报。"捧读至此，我深感自己贸然去信打扰他是鲁莽灭裂。要是另一位名教授接信的话，大半是会置之不理的。而他不仅给我回了信，而且赠以墨宝。他的这种至诚待人的精神，是永远值得敬佩的。

夏先生赠我的墨宝，写的是他的一首《清平乐》。与一九八一年三月由湖南人民出版社的《夏承焘词集》中所收录的这首词的题目和词语有些差异，故按他的手迹照录如下，以供对照参考。

雷崩雪斗,欲语先摇手。消得病秋肝膈否? 分搁清泠数口。
一峰冷月冥冥,寻诗梦路千层。不信龙眠能稳,四更犹有吟声。
三十年前与适一诸君中秋夜宿雁荡之龙湫轩,夜半起沐大龙湫下看月,作《清平乐》。

我是羡慕夏先生的书法的，但在去信中未敢启口相求，他却不顾年高体病而书赠一纸，真是一位善解人意的长者。

关于夏公的书法，补白大王郑逸梅先生在《书林一叶》中有这样的记载："夏承焘以词学鸣，亦能书，有人云其多致力于此，谓亦谋生之道，因出鉴古阁石鼓文临之，寒暑不辍。"说夏公"以词学鸣"，是对的；说他"出鉴古阁石鼓临之，寒暑不辍"，只能说是夏公学书之"一叶"吧！据亡友吴思雷在《词宗夏承焘轶闻》中所记，夏公从一九二九年开始研习书法，从篆及行草入手，再学大字《文殊经》，另外还临写过《千字文》《书谱》和《圣教序》等帖子。在沈曾植和马一浮的影响下，对明人黄道周的书法尤为崇拜，下的功夫最深。他的一首《学书》诗这样写道："心仪卌载石斋翁，笔下香光杳眇中。到老方惭难力取，不能苕秀不沉雄。"诗中第一句就是写对黄道周的崇拜；从第二句中，我们可以看出，他是学过董其昌的，可惜这一点常被人们所忽略。在他的书作中，我们是可以隐约地觉察到董其昌的影子的。他学黄石斋，实际上也不像沈、马二人学黄的翻转挑磔笔法那样学得明显。至于末两句，是他的谦词。不过就比较而言，夏公之书，"苕秀"似胜"沉雄"。看上去是那样清润恬淡、高雅明净，那样富有书卷气息，确为真学人之书也。

本文原刊《书法导报》二〇〇五年一月二十六日，选自《书学漫步集》，中国民族摄影艺术出版社二〇一九年九月第二版。

侍读札记

周笃文

承焘先生自一九七五年初秋来京，到一九八六年辞世，余得侍汤药，亲承教诲者十有一年，兹将见闻所及，撮述于下。虽断锦片玉，亦可管窥蠡测，略见高深耳。

一

夏老为一代词宗，夙所钦仰。犹记一九五九年高校大拔白旗时，老辈学者都噤若寒蝉。一日于《光明日报》副刊读夏老赠同游诸同学诗："云栖高处记幽寻，一语相开胜苦吟。我爱青年似青竹，凌云气概要虚心。"十分震撼，特别是后两句：一片规箴爱护之心，如醍醐灌顶，有顿开茅塞之感，因而动了抠衣求教之念头。但天南地北，谈何容易。直到"文革"中得陪丛碧师杖履，因缘际会与杭大周采泉先生有一日之雅，遂得通款于瞿师。当获知老人处境艰困，病体支离，乃谋为北上治病之举，定于一九七五年七月末北上。八月一日吴闻师母陪老人到京，下午即奉丛碧师命前往探视，并安排名医诊治与入院治疗之事。因得常接咳唾，忝为弟子之列，亲承薰沐十有余年。获教实深，终生难忘。犹记初叩朝阳门寓楼，谈到读"赠陪游诸同学诗"时，老人只是说这是旧诗改作成的：将"数子能为浩荡吟"改为"一语相开胜苦吟"。我说就这一句见出了老师随机示法的大智慧。改"肯虚心"为"要虚心"尤见深心。老人为之莞然一笑，说："马马虎虎吧。"

当我说到自己读书恒少心得，难有长进时，瞿师现身说法，示以"少、小、了"三字诀。即案头的书要少，心头的书要多。最好每天能读未见之书，但不宜庞杂。此之谓"少"。"小"，即随身准备一个小本子，凡有闻见有益之事物语言，随时记下，积累多了都是学问。三是"了"，对读书的疑难，事理的奥窍，要深入钻研，不留疑义。

先生主张乐读，他说《论语·学而》："学而时习之，不亦说乎，有朋自远方来，不亦乐乎，人不知而不愠，不亦君子乎。"强调悦乐，是很重要的。他接着又说，光乐还不够，作学问要下笨功夫。"笨"字从本。笨功夫是做人、做学问的基础，决不可忽略。夏老说他既乏家学，亦无名师。能有所进步，靠日积月累下苦功，但他不赞成熬夜。而王季思先生在浙大，爱开夜车，白天难免打盹。夏先生就其投影，勾勒成形，题曰《睡虎图》。并劝告说："作学问不靠拼命，而要靠长命。"七十年代末王老来北京看望，还津津乐道地说起这段佳话。

二

夏老诗词以豪健为宗，深受放翁影响，立志比踪古贤。他在一九二九年一月十四日日记中说："予生于一千九百年。是年王尔德卒，尼采卒，陶孙卒。若左拉、哈特则卒于一九〇二年。小泉八云卒于一九〇四年。易卜生、俞樾、李宝嘉卒于一九〇六年。托尔斯泰、般生、吴沃尧、刘鹗卒于一九一〇年。王闿运卒于一九一六年。安特列夫卒于一九一九年。法郎士卒于一九二四年。皆予同时人也。"这些文化巨人正是他见贤思齐的奋斗目标。

一九二八年八月二十二日日记：欲书放翁"万里欲呼牛渚月；一生不受庾公尘"联自悬。夜梦陆一赠予古剑，醒时偶成一绝："学路江湖未可寻，虚堂风雨此宵深。千金惭愧屠龙手，重此荆卿一片心。"

又二十七日有：忆放翁小楼春雨句："儿时学诗好豪语，坐卧挂口翁佳句。…… 待赁小楼杏花时，招翁吟魂听春雨。"又作《夜闻风雨作，因忆放翁钟隐句》："杏花初放二分红，便觉春愁写见工。身在两重吟境里，小楼夜夜雨兼风。"

一九二九年五月一日日记云：夜瀹茗读《词林纪事》，拟选豪放词一二百首，命适君抄之自诵，能增意气不少。

九月十二日云：灯下读清真词，觉风云月露，亦甚厌人矣。欲词之不亡，不可不另辟一境界。正是基于此种考虑，同年秋季先生精心创作了《浪淘沙·过七里泷》这首旷世杰作："万象挂空明，秋欲三更，短篷摇梦过江城。可惜层楼无铁笛，负我诗成。　杯酒劝长庚，高咏谁听。当头河汉任纵横。一雁不飞钟未动，只有滩声。"此词将月下泛舟的奇绝秋光，与词人高夐绝尘的意识融为一片。星辰万象，随口吟出。老人在逝世前嘱咐吴闻师母和我们说："我过老时你们不要哭，在耳边哼这首词就可以了。"老师这种风月同天的宇宙意识，着实令人无比感佩。

十一月二十五日记：《十年三过潼关，忆放翁》："一诗哦就出长安，休笑先生客况寒。风雨潼关驴背上，此身谁道放翁看。"

一九二九年八月二十五日记云：足成旧词一首。思中国词中风花雪月，滴粉搓酥之辞太多……求若拜伦哀希腊等伟大精神，中国诗中当难其匹，词更卑靡尘下矣。东坡之大，白石之高，稼轩之豪，举不足语此。以后作词，试从此辟一新途径，王静安谓李后主词"有释迦，基督代人类负担罪恶意"。此语于重光为过誉，中国词正少此一境也。

基于这种理论的自觉，夏老刻意锤造雄深意远的作品，一九二九年十月二十八日的《金缕曲》就是一首代表作："展卷寒芒立。有当年、河梁凄泪，扪之犹湿。比赎蛾眉寻常事，多此几行斜墨。便万古、神暗鬼泣。何物人间情一点，长相望、旷劫通呼吸。思酹酒，贯华石。　生还忍数秋笳拍。念苏卿、雁书不到，乌头难白。朔漠头颅知多少，放汝玉关生入。天要与、词坛生色。渌水亭头行吟地，谢故人，轻屈平生膝。东阁酒，咽邻笛。"

词的背景，是顾贞观为救其老友吴汉槎因科场冤案贬谪北荒，而跪求纳兰性德之父明珠宰相，终得脱洗冤情，从宁古塔回到江南。顾有词扇寄吴汉槎。夏老二百年后读之，乃有题扇之作。夏词写了看到这种生死以之的至情文字在内心引起的震撼。顾贞观为了翻卷铁案，使吴能玉关生入，乃于渌水亭一屈平生之膝求纳兰相助，真能泣鬼神，惊天地，为词坛生色。瞿翁此作词意苍凉悲壮，声铿金石，大得朱彊村先辈激赏。称之为"历落有风格，绝非涂附秾丽者所能梦见。题梁汾扇一阕尤胜。私庆吾党不孤"云云。

崇高豪健，力辟新境，是夏老毕生追求的目标。他也是这样鼓励后辈放胆填词，写出英雄气象。他曾说："老熊尚敢身当道，乳虎何妨气食牛。"以勉励之。一九七六 年老人在写赠给我的一首《玉楼春·赠周晓川》云："楚兰满握殷勤授，犹记楼灯红似酒。临觞一笑勿沉吟，插帽双花期耐久。东风百尺江潭柳，岁岁华予词几首。雕虫千古亦才难，莫纳屠鲸横海手。"关爱鼓励之情，感深入骨。

夏老的词风力尚雄健。如《玉楼春·北京看节日焰火，次日乘机南归，歌和一浮、无量两翁》："归来枕席余奇彩，龙喷鲸呿呈百态。欲招千载汉唐人，共俯一城歌吹海。　天心月胁行无碍，一夜神游周九寨。明朝虹背和翁吟，应有风雷生磬欬。"不愧奇气拿云，想落天外之空前杰作。又如其《水调歌头·亮夫告我，秋光之美，世界名胜奥区，无及我国西湖者。今年九月，自杭赴沪，夜车中作此词。时施华德先生自柏林来书，即以此为报》："秋水不能画，西子有明眸，醉人千顷波碧，临镜欲横流，待续坡翁俊语，宜雨宜晴而后，谁识更宜秋。三月碧桃水，切莫酿春愁。 攀斗柄，探月窟，壮哉游。故人相望何处，万里海西头。争似断桥吹笛，携得波光仙子，招手落双鸥。让汝广寒阙，容我占湖楼。"此作雄奇韶秀，异境天开。将一种高雅奇妙的人文情怀，发展到了极致。在词人看来西湖的文学趣味之奇妙，是丝毫不亚于探天访月的科技创造的。这不正是庄惠濠上之辩的翻版吗?东坡而后，仅见斯人。

<h2 style="text-align:center">三</h2>

　　夏先生作词立意高奇，用笔虚活，不惮修改。夏先生不止一次对我们讲过这样的例子："鬼灯一线，露出□□面"，让大家填空。于是有说"狰狞"的，有说"血盆"的，有说"獠牙"的。然而最后案底却是"桃花面"，这大出意外，却显得更加恐怖。夏先生说这就是艺术上的铺垫反衬，以美形丑的匠心之笔。他还举出形容雁荡山水的例子。雁山石奇水活，灵山秀水，万象缤纷，从何处下笔，方能给人以美的震撼呢?夏先生

在一九七六年写的《平韵满江红》追忆五十年前旧游，结尾几句是："两界他年同蜡屐，二灵如画是家山。好归邀，造化小儿嬉，糖担间。"把神奇雁荡山水比作造化小儿的糖担间的小物件。活用了明人的游记之语，纳须弥于芥子，化大为小，便显得亲切、灵妙之至。好的诗词应具有纵向的历史感与横向的地域感，以及交叉的现实感。如何沟通时空，是诗人必须处理好的问题。一九八○年鉴真大师塑像返国，赵朴老请耿鑑庭先生邀约一批诗家进行创作，夏老作《减字木兰花》："轻舟浮渡，六度功成临彼土。愿力无边，招手冯夷看海天。　行医讲律，盏盏明灯明暗室。杖锡千家，环海都开友谊花。"

当我问道"招手"的命意，老人说诗词不宜太实，要虚灵一点，增加想象的空间。我也在先生的督导下写了一首《临江仙》："一棹沧波东渡，天华法雨纷纷。扶桑赤县证前因。心灯开别派，仁术济劳民。　弹指一声今古，山花涧水长新。万家空巷礼金身。清凉看故国，唇齿结芳邻。""弹指"就是从"招手"脱化而出的，前面夏词提到的"欲招千载汉唐人"以及"携得波光仙子，招手落双鸥"都有一种沟通时空的化实为虚的作用。

先生诲人不倦，使我受益匪浅，深受感动。一九七五年来京后，夏老作词相赠：

临江仙

乙卯秋卧病北京，承诸友关注殷勤，调护周至，乃得转危

为安。吴闻嘱写"五车""百辈"旧句为赠

　　七十六年弹指，三千里外吟身。高秋携杖叩京门。山河朝绚日，灯火夜连云。　　到处天风海水，相逢鹤侣鸥群。药烟能说意殷勤。五车身外事，百辈眼前恩。

　　词写得极好，气象光昌，感情挚笃。我在先生的鼓励下，试和一首。下片是："化雨春风无远近，漫云逸足骀群。清风佳气见精神。驰驱渐宿愿，亭毒荷深恩。"先生接到我的寄稿后，写信给我："承示大作，本应函复，旋念函札不能达意，颇思与君当面详谈，聊尽鄙陋之见。何时得暇，请枉顾一叙。承煮，晨七时。"一清早就亲自作复，令我感动。见了之后，先生为我一一点正。还谆谆教导说作词用字要熨帖稳当，不要突兀生硬。子书上的字，经书上的字不宜滥用。也有用的，比如辛弃疾，有其才学胆识化得开，才能可用。"亭毒"，见老子，很生硬。"贤风"之类也可再改。在先生的启发下我一一作了修改。对于略有长进之作，先生则鼓励有加。如一九七六年写的《山乡杂咏》十首，中有"开窗好放闲云入，替酿诗情到梦边""一枕清风凉入梦，身骑蝴蝶到荷花"。夏老则评曰：绝句十首，风华郁茂。诵坡词咏周郎"雄姿英发句，曷胜企贺……年来一切承兄关怀与吴闻同深感荷"云云。如此等等，令我感奋不已。

　　一九七六年春间，夏先生在京养病。伯驹先生喜得良友，倡为诗钟之集。二月十三日写信让我约夏老共同主持，说："此次诗钟欢迎夏老同作。于十日内交卷，以便抄寄评选，于游大觉寺日同观。"并附上《平韵满江红》词："残照金台，凤池梦，重逢禊三……莫匆匆，归去望西湖，思挂帆。"词极好，很有感情。夏老病中得书，高兴地对我说："诗钟虽是文字游戏，但可磨练诗人隐括事物的能力，可增长才情，是一项基本功。"并说他二十岁时作过"李城"二唱："行李尚余诗可压，愁城只有酒能攻"评为压卷之作。在二老鼓励下，我作了十来首送呈夏老。隔日得复："手书今到，诗钟一纸兹奉还。略动数字，不知当否，请教。十八日下午得暇，望过寒舍一叙。瞿髯 三月十六日"

　　我的信是三月十四日发的，隔一天老先生就批复了，并约下改天来叙。可说是当急件处理。

诗钟九题 晓川作 瞿师改定

烤鸭 张丽华

胫短独能羞上客，长只以绾黄奴（叔宝字，黄奴）。

改：胫短犹堪过白酒。

宋徽宗 老残游记

八朝社稷余图画（太祖至徽宗为八代），一代文章记串铃（老残以串铃行医）。

张家口 杨太真

管钥九城通马市，兴衰百代话霓裳。

改：笙歌百代话霓裳。

隋炀帝　木笔

孤村流水天然句，小院书空二月花（本草：木笔二月花）。

改：孤村流水千秋句。

书画录　小周后

珊瑚铁网千秋宝，金缕香鞋一代情。

改：金缕香鞋一夜情。

又改为：铁网珊瑚无价宝，香鞋金缕可怜情。

李后主　糖尿病

焉得金茎消痼疾，枉将春水喻愁怀。

改：承露金茎消痼疾，满江春水比深愁。

李师师　蘼芜砚

熏帷吹笙神女梦，散珠横绮绛云诗。

改：散珠试笔绛云诗。

陈后主　脂砚

旧恨新仇凭木石，春兰秋菊话兴亡。

改：真将血泪评哀史，可有心肝醉后庭。

白干酒　唐明皇

肯共君消夜永，要凭羯鼓唤春回。

改：好共麹君消夜永，欲凭羯鼓唤春回。

此次诗钟之举当代名家都寄来作品，洵为一时之胜。君坦先生更余兴未央，还寄来一组诗钟绝句。如云："七字推敲创格诗，探骊犹笑八叉迟。双鬟赌唱旗亭句，多少猩屏绣折枝。"又云："诗钟断句折枝。一嵌字格，一分咏格，一笼沙格。其名诗钟者，限时限刻之总名也。"又作嵌以贱名之折枝二首："笃耨香添金鸭火，文光花尽玉虬枝。""清夜闹钟方待晓，流光阅水自成川。"内嵌"笃文"与"晓川"诸字，雍容雅逸，颇得到夏公之佳评。

正是在老辈的指引与扶持下，我得略窥诗艺之门，并以之作为终生服膺的目标。记得黄山谷曾云："人生须辍生事之半，养一佳士。教子弟为十年之计，乃有可望。求得佳士，既资其衣食温饱，又当尊敬之，久而不倦，乃可尽君子之心，而享其助。"古贤造士育才之深心，我从夏老身上得到真切的体会。我虽不才，不敢当佳士之目，而老辈恩德，则没齿不能忘也。

四

髯师一生在刻苦治学的同时，能不废诗词，乃至开宗立派，卓有成就。千帆先生说："精于词学者，或不工于作词…… 故考订、词章每难兼擅，而翁独兼之。"不仅工词，于诗亦大擅胜场。其十八岁发表于《瓯括日报》的《闲情》诗："淡罗衫薄怯轻寒，无赖闲情独倚阑。昨夜东风今夜雨，催人愁思到花残。"这些风流自赏的佳句，一时传遍，大得称赏。三十年代他写的《读稼轩词》："青兕诗坛一老兵，何能侧媚亦移情，好风只在朱栏角，自有千门万户声。"刚健含婀娜，可谓销魂百代之句，深得彊村翁嘉许。曰："何不多为之。"先生于三十年后写成百首《论词绝句》，实发端于此。髯师诗词收入《夏承焘集》第四册的有词五百四十首，诗两百八十四首。如果加上别本单行的《论词绝句》则为三百八十四首，合计九百二十余首。这只是髯师创作的一部分。仅据《学词日记》所引，就有一半左右未能收入。据一九二九年日记为例，共得诗词四十七首，入选者才十三首，不及四分之一。夏公词，吉光片羽，皆为至宝。如何征集整理佚作，是一项重要的工程，应当下大力气做好。近日翻检髯师寄赠八十通手札函件及资料，中有未刊作品二十六首。爰录于下，以飨同好。

夏承焘先生佚作二十七首

水调歌头

亮夫告我，秋光之美，世界名胜奥区，无及我国西湖者。今年九月，自杭赴沪，夜车中作此词。时施华德先生自柏林来书，即以此为报。

秋水不能画，西子有明眸，醉人千顷波碧，临镜欲横流，待续坡翁俊语，宜雨宜晴而后，谁识更宜秋。三月碧桃水，切莫酿春愁。　攀斗柄，探月窟，壮哉游。故人相望何处，万里海西头。争似断桥吹笛，携得波光仙子，招手落双鸥。让汝广寒阙，容我占湖楼。

浣溪沙 赠友　　一九七六年

笔走龙蛇趣不平，闲来慷慨短歌行。虎头山色梦中青。　老去一筇容作健，故交几辈话更生。枕边临夜汨罗声。

过邯郸怀梅冷生 作减兰　　一九七六年

滩声七里，唱我小词人冷齿。旧梦低徊，白月烟篷访钓台。江湖迟暮，不分邯郸寻梦路，莫话黄粱，绕枕风雷过太行。

注：五十年前冷生于严滩舟中诵予《浪淘沙》小阕。邯郸在太行山麓，有小站名黄粱梦。时河北地震。

过龙门谒香山墓　　一九七六年

五十七年指一弹，重游还欲叩潼关。

关头皓月平分看，公有龙门我雁山。

洞仙歌 与吴闻游洛阳龙门　　一九七六年

秋来伊洛，梦瓜皮双桨，便欲浮秋到天上。买江天快意，老杜归来，定自笑、辜负家山高唱。　梦中真幸会，九老图中，倘让鲰生几龄长（香山卒年七十五）。唤起九原听，望里江南，原付与龟孙抚掌。诵几篇秦岭落天风，笑蚓曲蛮腔，自矜清响。

注：江天，见杜诗："恣意买江天。"

346

劲风翁挽词三首　　一九七六年

抱痾同玄宴，沉绵不记年。

书空余半臂，得句动连篇。

心事冰壶贮，风裁玉□悬。

定知乘谴去，皓月本来圆。

永嘉论宿学，此老亦殊伦。

博识关文戏，多闻信席珍。

早叨青眼赏，晚觉白头亲。

当忆江亭会，鸥群狎更驯。

床债从今了，尻舆遽已遐。

摊书犹昨梦，分手有长嗟。

乡议崇三老，诗名擅一家。

他时耆旧传，公案述桃花。

注：劲风：梅冷生号。公病中尝作有桃花词十余首传诵一时。

笃文写示谷城、步青教授感事新作　嘱和。与两翁不见十余年矣　　一九七七年

禁边忽报地天旋，六合沉阴豁隔年。

快事乍闻收雉雊，论功真合勒燕然。

雪消梦见江横地，日出争看霞满天。

姓氏他年钟鼎在，巾车还欲问居延。

熏风曲 叶帅八秩颂　一九七七年

落指熏风廿五弦，罗胸韬略十三篇。至人八秩是华年。　尊
俎威灵劳借著，朱黄间手看擎天。九州共仰地行仙。

注：调名取熏风曲，浣溪沙别名，见《词谱》。

金缕曲 寿丛翁八十步蛙翁韵

雁语来天外，落江城几行醉墨，灯前光怪。词苑长城千万
仞，兀立金刚不坏。欲俯视高楼湖海。红萼一枝人并倚，闹元
宵灯烛春长在。酒可饮，画休卖。　风仪如旧流光改，看鸥波
霜眉照影，耄期初届。百曲霞觞赓金缕，想象衣冠罗拜。更不
必尊前寄慨。五岳归来燕关坐，算平生已了看山债。临湖好，
胜登垲。

挽联：挽沈祖棻教授联　一九七七年

白下人归武汉；黄初诗到文姬。

赠日本乾寻女士　一九七九年

一

五清月底影交加，捉塵人来小艇斜。

正是鸭头新水涨，西溪池馆见梅花。

二

槐南竹隐两吟翁，梦路何由到海东。
哦到玉池仙子句，白须祠畔梦乌篷。

题书画绝句十四首

题旧拓天发神忏碑为子谷作

上帝何曾佑大吴，迟年青盖入东都。
断碑文字传天玺，差胜蜀君片石无。

禅国山铭谷朗碑，宜兴遥接耒阳陲。
与此成三亦鼎足，六朝文采首吴儿。

东下楼船已渺茫，千年铁索久沉江。
我哀史事连文物，宁有诗篇谏后王。

北山命题雨田画鸢

画师惜墨写霜天，下视齐州九点烟。
翼底空来三宿恋，图南中道又盘旋。

小诗二首为雨田作

江山信美虫鱼妍，万象入图各适然。
写到寒塘双白鹭，波光和月上吟笺。

搜尽奇峰打草稿，古人不见仰山高。
今人道路不循古，时代新风足自豪。

为启元白题双蛙图

两楼犹见绿衣郎，尔汝殷勤理旧狂。
记得前宵风雨恶，也惊雷电到池塘。

鼓吹还能听两部，官私难断闹千春。
吾家画史嘉和秀，写出无声胜有声。

为方瑞题韩羽画三打白骨精小幅

圣有孙行者，妖容白骨乎？
恢恢天网密，不似世间疏。

为雪汀题柏石黄花石斛图

熏风解愠遍天涯，虬干擎云气自华。
画到女娲遗石处，金钗十二几枝斜。

为唐裕祥题圆明园遗址写生

英法联军事未忘，圆明园址已全荒。
残雕断柱秋风里，还背夕阳吊国殇。

惠蓉女士赠梅一幅报以小诗

天寒白屋食无鱼，弹铗归人正索居。

冷艳一枝来岭外，餐春今不赖庖胥。

苇妍惠寄《门泊东吴万里船》画幅，诗以报之

门泊东吴万里船，春城尺幅寄幽燕。

宵来我有江南梦，草长莺飞画里眠。

七乡图诵

北戴河边淡淡秋，宵来织妇会牵牛。

填桥过后乌鹊散，碧海青天月两钩。

本文原刊《中国韵文学刊》二〇一二年七月第三期。

夏承焘

王湜华

一九七三至一九七四年顷，陈友琴先生陪了一位留有清隽飘逸长胡子的老翁来看家父，那时家父已行动不便，难以出门，所以多为朋友来访。原来这位髯翁，即是一代大词家夏承焘先生。那时"文革"已到尾声，所以杭大红卫兵三令五申地勒令他回校接受批斗，而他还可以待在北京。他住在朝内大街路北的楼房里，离我家不远。我不但可以常去看他，还曾陪刚主丈同去拜望。有时下班早，还偕同陈次园、吕剑同去拜望。夏老特别风趣，看我们经常三人同行，戏称我们是三人帮，三公一母缺了一母。

一九七六年大地震之后，住平房的人尚可在屋里搭一个抗震架在床上，聊以自慰，而住楼房的实在不敢再住了，纷纷离家避震。夏老夫妇为此正犯愁，正好我家里屋一壁有大立柜，柜前尚可搭一床，就请夏老夫妇住我家避震。白天我们去上班，夏老在我家闲翻架书，倒也不寂寞。晚上下班回家，两家人共进晚餐，还真其乐融融。如是者约两个月，警报似乎解除了，二老便到长沙等地去避震了。这本是难中互助的区区小事，而夏老还特地填了首《浣溪沙》送给我，并收入了他的词集，词题即为《谢浞华兄小屋避震》云：

电斗雷惊渤海头，千家不幸九州愁。几家心悔住层楼。　只有遗山识东野，高天厚地一诗囚。云龙上下许同游。

原题款为"文修浞华伉俪让屋避震，作小词盛情，即请两正。丙辰闰中秋书于朝阳楼。夏承焘"。收入词集时，"不幸"改"洗劫"，"心"改"真"，可见推敲之一斑。

那时夏老腰脚尚健，拿上手杖，尤健步如飞。文天祥祠堂是他常常经过的地方，每过其地，感慨良多，作了不少平韵满江红来凭吊文公。夏老与郑诵老先生过从甚密，互相间多有唱和。我同事冯统一君是夏老的入室弟子，搜辑唱和甚全。我即在此基础上抄集了一本《研瞿酬唱集》，启先生还欣然为此集题签。

七十年代初，工余闲暇，我抄录了一本《李清照诗词》，当时即得到家父的批评，认为"李氏挺秀于北宋南宋之交，为一代词人冠冕，顾思想行动与现代生活格不相入，业余读写，固贤于博弈，而重于此者正多，奈何专事此类不急之务乎！……"夏老偶尔见之，还将他的一首《题漱玉词》诗题在了我的抄本上，诗云：

目空欧晏几宗工，身后流言亦意中。

放汝倚声逃伏斧，渡江人敢颂重瞳。

　　诗切实动情，却空灵雅隽。对清照词评价至为恰当，而对我之抄录，于每好不急之务等等，却尽在不言中了。后来孙功炎先生住我家，得见此册，还为我画了幅《易安填词图》，特地与抄本同大，以备合订入册。至今仍夹在书内，未曾拆订。

　　而今夏老夫妇都已谢世有年，迄无机缘去千岛湖一拜其墓。年前友人王灶玉，浙江淳安人氏，知我敬仰夏老，特冒雨前去夏墓照了许多照片寄给我。只见青竹茂密，铜像端坐。清凉超凡之想油然而生，而一代词宗之风范，将永世长存！

本文选自《音谷谈往录》，中华书局二〇〇七年二月第一版。

忆夏承焘先生

钱世明

吉瑞满神州，民富矣，知仰风流。瞿鬐矍铄铜琶拨，天风阁上，行云影底，豪气横秋。 学海放槎浮，掣鲸手，歌舞涛头。几番吟得沧桑变，词坛执耳，经筵夺席，桃李蹊稠！

这是我敬贺一代词宗夏承焘老前辈从教六十五周年的词，调倚《庆灵椿》。这是一九八四年的事了，庆祝会是在全国政治协商会议楼上礼堂召开的。那天，宾朋满座，夏老坐着轮椅，精神矍铄，笑容满面地参加会议，受到满场阵阵不息掌声的欢迎。胡乔木同志书赠的贺辞，便是"一代词宗"。夏老非但是当代词学研究专家，而且是一位诗词作家。我五十年代在师范读书时，就读了他的《唐宋词人年谱》，对他治学的严谨、精微，十分钦佩。七十年代中，我从老诗人曹辛之先生处得知夏老移居北京，就忙去朝阳门内大街路北、他寓居的"朝阳楼"拜望。

夏老是位美髯翁，浓眉大眼，目光炯炯，满面红光，神采奕奕。他穿中式袄，笑容可掬地用浓重的浙江口音和我对坐谈话，亲切至极。我当时就想：我所认识的老学者、老作家，都这么谦和平易。看来，学问愈高、名气愈大，待人愈谦。这是老一辈学人的共性吧？

我把对夏老的印象告诉我的老师田个石（名瑜）先生，个石翁说他夙仰夏老先生的才学，立即让我引路，从西城到东城朝内来访夏老。一位九十一岁的老人，和一位七十七岁的老人——两位诗词大家相晤的场景，我见到了！那是个冬日，个石翁穿着蓝布长袍大棉袄，不用手杖，健步登上三四层楼。我叩开门，夏老的夫人吴无闻先生见我陪个石翁来了，忙叫夏老。夏老从内室迎出，也穿中式短袄，忙拱手作揖，个石翁也作揖还礼。夏老退到左边，请个石翁进了门。两位老人在客厅坐下后，我站在个石翁身边，无闻先生命我坐，我才坐了。两位老人谈诗论词，提到江南名儒金松岑等，谈得冬室之内春气融融。我记得最清的有两句对话——

田老说："我非常钦佩你的词！"

夏老说："岂敢，岂敢，你是前辈，还要请你指教！"

谁说"文人相轻"？夏老与田老，是如此相重啊！这不是为文人们立了应该学习的风范吗？

夏老对后学是极力扶持、提携的。他对我的鼓励，我终生难忘。"四人帮"猖獗时，我请他看我的一首七绝，他读完"我亦有心垂钓索，昆明池里钓神奸"时，一拍扶手，高呼一声："厉害!"我们会心地笑了。夏老说我的词风如辛弃疾,既有豪放,也有婉媚,便于丁巳(1977)十一月,以他评辛词的一首七言绝诗:"青兕词坛一老兵,偶能侧媚倍移情。好风只在朱栏角,自有千门万户声!"题了我的《大明诗稿》和《大明词》。他的称许,对我这比他小四十二岁的后学,是多么大的鼓励与鞭策啊!夏老一到北京,周围便聚拢了许多后生,真是"桃李不言,下自成蹊"!在他主编的《天风阁丛书》中,就有几位他提携的中青年学子。他见我当时研究金朝文学,又有希望去教文学的打算,就积极支持,与夫人无闻联名写了一封给人民大学一位负责同志某君的推荐信。虽然此事后来未果,但夏老这种奖掖后进、推举后进之笃情,我每一忆起便感激不胜。

本文选自《困斋詹言》,中国友谊出版社一九九八年二月第一版。

飞虎营头听鼓角
——记夏承焘先生在长沙

彭　靖

"昨梦驾黄鹤，飞落九疑巅。云间招手屈贾，历历几髯仙。"此夏承焘先生初到长沙所为《水调歌头》句也。

夏先生于丙辰秋以避地震自京来湘，寓居长沙高风门。经冬入春，凡百余日。先生所居之楼，仅二层；然以附近无高大建筑物，日暮凭栏，清湘荡碧，峻岳飘丹，皆出眼底；而一抹青青，王船山词所谓"舜岭云峰"者，亦宛转入望。因题名曰九疑。

先生日寻古迹，暮归论诗。一灯午夜，多士相对。先生欣然忘倦。风雪盈楼，亦未尝或辍。尝以胜日，登岳麓山，至云麓峰，俯长沙城。归途礼屈原祠，抚六代松。片云与共，神接千载。其时，屈祠已为一大学教工公用厨屋。黄叶纷飞，炊烟弥漫。吾人已度尽劫波，而先哲尚在劫中。九天灵爽，知何所依！先生徘徊陔余，对夕阳自云峰下，不禁怆然。

贾谊祠在太平街附近。其时，亦为一街道工厂所据。原有雕像，竟成爨余之物。除日雪霁，予与陈云章翁从先生往谒，唯祠前旧井，名太傅者，尚余浅碧。先生临井久立，如对汉代衣冠。夜归因作《减字木兰花》：

深灯绀绿，欲挽湘江环画阁。笑复吟危，屈贾前头琢小词。谁来敲户？灯畔腊梅如有语。莫絮乡愁，唤起山妻教《远游》。

岳阳楼，去长沙三百里。先生亦曾往游。集中收有《水调歌头·岳阳楼诵杜诗》。老病孤舟，亲朋信断；戎马关山，凭轩涕泗。于少陵，先生深致赞叹："高咏动千古，来上岳阳楼。万顷横分吴楚，一碧水天浮。潋滟巴陵美酒，让与仙家痛饮，谁共万民忧。归计不须问，戎马满郴州。"劫后河山，疮痍在目。千秋怅望，难禁泪下！岳阳一老诗人于先生此游曾赋句云："少陵而后此登楼。"亦慨乎言之。

"九疑楼"与营盘街邻近。营盘街，相传为辛幼安练飞虎营处，因而得名。几经劫火，当年遗迹，荡然无存。询之当地居民，皆不知其名之所自来；而先生每临其地，辄低徊不忍去。所为《水调歌头》有句云："飞虎营，听鼓角，晓灯前。问我别来记否？秋水酌瓢泉。"又赠姜国仁老人词云："双节共倚，记傍营盘听鼓吹。"真可谓"百世心魂相感，耿耿一灵修"。

湖南博物馆藏有王船山《宋论》等手稿，请先生往观。先生半日摩挲，时复嗟叹："了不起，了不起！"即为题签，并作《减兰》云：

六经生面，岩壑书成关世变。宙合苍茫，并世相望有顾黄。风云叱咤，红紫江山环讲舍。不待扶节，开卷光芒见祝融。

"风云"句，乃指毛泽东所创船山学社。先生之倾倒船山，可谓至矣。因嘱予为《船山词系年》，并加笺注。曾云："船山词与遗山词，乃两部重要爱国词籍。遗山词，闻缪彦威先生正为作注；船山词，子盖为之。"予谨受命。先生于丁巳春初离湘，不久自京寄书，犹嘱"幸勿中途弃置"。戊午之冬，复寄一绝：

船山诗注足千秋，飞虎营头把臂游。
风雪湘江怀屈贾，一灯红上九疑楼。

先生以为自屈贾至少陵、稼轩，再至船山，盖亦有其"一以贯之"者在。千秋大业，谁其嗣之?其所望者，当不止于为船山词作注而已。昔龚定庵有句："猛忆儿时心力异，一灯红接混茫前。"定庵心力之异在彼，先生于后进瞩望之意则在此。唯予因循懈怠，于《船山词编年笺注》，屡作屡辍，去冬乃成初稿。现承中国社会科学出版社接受出版，梓行在望，而先生已不及见矣。回首屈贾祠畔，飞虎营前，尽日追陪，俱成陈迹；而九疑楼上，风雪夜窗，一灯红对，语笑从容，如在昨日。岁月堂堂，深辜期许。言之惭痛，因成一绝：

船山诗注足千秋，数载蹉跎愿未酬。

今日书成公已往，夜深摊卷泪难收。

本文原刊《词学》第六辑，华东师范大学出版社一九八八年七月第一版。

忆瞿禅词丈（外一篇）

史 鹏

风雨凄其，巨星陨落，当代词宗夏承焘教授逝世了。噩耗传来，不胜悲恸。回忆夏老音容笑貌，其平易近人的风度，奖掖后进的热情，真有点使人不能已于言者。

我在青年时期读《词学季刊》（三十年代出版刊物，当时夏老执教于之江大学），见到朱彊村先生对他的赞许，即心仪其人。此后读他的《唐宋词人年谱》等著作，益深景仰。一九七五年从友人处读北京词人在西山访曹雪芹故居的《西山访胜词草》，篇首就是他的《减字木兰花》，始知鲁殿灵光，巍然健在。欣喜之情，使我不揣简陋地和了他一阕《减兰》，试投杭州大学请教，很快就得到他自北京寄来的复信，殷殷奖掖地说："大词清新稳健，想见学养有素，无任企佩。"这已使我感愧之至了，不料稍后又收到他第二封信，抄示了我前信询及而他第一封信中未及作答的张丛碧先生挽陈毅同志的挽联。这种古道热肠、认真负责的精神，更使我钦佩无已。从此，我经常去信请益，得到很多教诲。

一九七六年冬，夏老南游长沙，寓高风门李淑一先生家，我才有机会识荆，握手欢然，一见如故。这数月中，时相过从，常陪他至营盘街、定王台等处，探访前代词人辛稼轩、姜白石等遗踪，纵谈今古，得益极多。当时，正值故园腊梅盛开，我折了几枝磬口腊梅送他，他非常欢喜，并笑索赠花诗，我仓猝之间，愧无从应，但瞿丈仍伸手笑索不已（其逸兴豪情、诙谐亲切之态，至今犹历历在目），我被迫念了几句古人的诗，作为集句赠之："楼阁宜佳客（白居易），塞窗不染尘（殷尧藩）。旅吟还有伴（钱起），聊赠一枝春（陆凯）。"夏老大笑说："你倒真是捷才。"随后他写了一首《长沙腊月》——"雪窗一老坐堆豗，梦路家山绕几回，雷壑龙湫春到未？邻翁已送腊梅来。"的诗示我（现已收入《天风阁诗集》）。

此后，我每去北京，必造府问安请益，夏老及其夫人，待我亲如家人，餐宿任便，这是我永远铭感不忘的。前年冬，我应邀去京参加庆祝他治学六十五周年活动时，见其健康情况虽不如昔，但还能笑语酬应。原拟今冬赴京，再承馨欬，不意竟成永别，追忆前情，感伤曷极。

夏老不仅是我国词坛泰斗，其高风亮节，尤足称道：抗战时，浙江沦陷，他隐居雁荡山中，闭门著述，过着极为清苦的生活。当时某词人到南京汪伪政权下工作，夏老严词谴责他，这位词人回信说："弟此行纯粹为了吃饭。"夏老又警告他："以后只许张口吃饭，不许开口讲话。"义正词严，是多么崇高的民族气节!即些一事，可概其余。他尝教诲我:学习必须有明确的目的，确定了目标之后，要有狠心，还要有韧劲。这中间有一个艰苦的历程，但苦中有至乐存焉。他还推心置腹而又谦逊地说: 我的学历不过是一个温州师范学生，数十年治学生涯，就是这点体会。他还要我多注意搜集唐、宋时期某些不太为人注意的词人的事迹，积累资料，以后也可写点词人小传……一位词坛宗匠，对一个普通的文学爱好者如许关注垂青，这种奖掖后进的风范，是多么感人啊!惭愧的是，我对这些亲切的教导和要求，还没有完全做到。现在我把它写出来，不仅是为了怀念夏老，也是自责、自勉，更还希望青年朋友们能从中有所启迪。

本文原刊《当代诗词》第八九期合刊, 花城出版社一九八六年十二月第一版。

何物人间情一点
——记瞿禅词丈

"一代词宗"夏承焘教授，离开我们已经几个月了。当我接到治丧委员会发来的讣告时，我木然了，悲恸心情，久不能已。曾为《当代诗词》写过一篇悼念他的短文——《忆瞿禅词丈》。奇怪的是，这种心情，却未因时间的流逝而稍减。每当夜深人静，斗室孤灯，伏案工作时，他的音容笑貌，竟常常浮现眼前。噫！真是"何物人间情一点"啊！我又记起了夏老题胡汀鹭画家所藏顾梁汾书寄吴汉槎《金缕曲》词笺的《金缕曲》中的名句。目光也随之移向壁上悬挂的一幅精裱的长卷，这长卷集中了夏老为此事先后两次填的《金缕曲》、顾贞观（梁汾）以词代简的原作，以及渔洋山人（王士禛）为此写的七律等，由夏老和另外两位书法家写成。于是，那围炉笑语，一室春温，即兴挥毫的情景，又再现眼帘：那是一九七六年冬天，夏老南游长沙，我们得经常请益，或纵谈词坛掌故，也谈到了顾贞观和吴兆骞（汉槎）两人这段轶事，夏老也谈了为谢玉岑填此词的经过。我说：当我第一次读夏老这阕《金缕曲》时，开始两句——"展卷寒芒立。有当年，河梁凄泪，扪之犹湿。"我就被一种微妙的感情震慑住了。待读到"何物人间情一点，长相望，旷劫通呼吸"时我也急于要这样问了。夏老点头说：的确，这种感情，是千古相通的。这是一种至情，也可以说是两间正气。忠、孝、信、义，都是基于这一点至情啊！接着夏老还谈到了吴汉槎的妹妹吴文柔（昭质）以孤孀送嫂北行事。不久，夏老又以此为题材，填了另一阕《金缕曲》（"破晓鞭声起"），使这段传为美谈的轶事，更丰富多彩了。我因为太喜爱这些诗词，便请他们为我合写了这幅长卷，视同拱璧地挂在房里，一晃十年了。而今，夏老已作古人，追念前情，感伤曷极。

夏老被海内外公认为一代词宗，这绝不是偶然的。除了在词的理论修养和创作实践方面已达到极为高深的境界之外，更由于他人品和词品的纯正。他的诗词，处处都流露着至性至情。那种热爱祖国、热爱人民的拳拳之心和刚直不阿的高风亮节，充满于字里行间。在很多纪念夏老的文章中，都谈到了这一方面。这里，我还想谈一点他待人的诚挚感情、也珍视他人的感情，以及在重读他的诗词之后，更进一步体会到他笃于友谊的感情。

夏老离湘回京后，湘中友人都非常怀念他。有一次，我重过高风门夏老下榻处所（即李淑一先生楼寓）时，忆及前时相聚之欢，以及夏老每次送客时，总是倚着栏杆，频频挥手，目送我们远去才返身的情景。我曾率尔操觚地填过一阕小令寄京，夏老回信中说："承示《过高风门》新作，尤感深情。"说老实话，也是极为内疚的话，我当时对他这"尤感深情"一语，竟以平常应酬之语视之。想不到以后我到北京见他时，他还笑着念了这小令中的一句："回首处，倚栏一老，手拂春风。"我不胜惶愧地说："这样的俚句，您还记得？"他说："我常常翻阅友人来信。您是一个很重感情的人。"从这件小事，可以见到夏老待人的诚挚的感情。和他接触，真使人有光风霁月之感。

抗日战争时期，夏老隐居雁荡山中，闭门著述，过着极为清苦的生活。他的一位词友，却投身汪伪政权，夏老立即去信责以大义。此人回信说："弟此行纯粹为了吃饭。"夏老又警告他："只许你在南京张口吃饭，不许你在南京开口讲话。"这是多么崇高的民族气节啊！我们在重读夏老的一些与此有关的词中，又进一步体会到：由于夏老待人诚挚和与人为善的精神，对这位明珠投暗的词友的感情，也是较复杂的。对他的奴颜事敌，曾愤怒地写出，"恼他莺燕语殷勤"（《临江仙》"欲待花时寻醉伴"）。但也惋惜不已，又为之指出，"青眼东皇能几久"（《蝶恋花》"昔日青青今在否"）？衷心希望这位词友及早悔悟，"双鸳头白尚思归，莫待红桑谢了海尘飞"（《虞美人·感事》）。这位词友果能听其忠告，幡然归来，那么，"南辛北党休轻拟，雁荡匡庐合共归"（《鹧鸪天》"万事兵戈有是非"），他们定将继续共事。然而，事与愿违，夏老终于对他表示了决绝，"待东窗，换了颓阳，才许袖罗重把"（《玲珑四犯·过旧友寓庐感事》）。于此，我们可以见到夏老对于故人情谊之深，期待之切。只有当事态无法挽回、公谊私情到不可调和时，夏老才有此毅然表示。这种高风亮节，又怎能不使人钦崇不已呢？这种至性真情，发为诗词，又怎能不感人至深、使人爱不释手呢？

夏老逝世后，《光明日报》以《千门桃李绛帐重茵传绝学 一代宗师春风词笔满中华》为题，报道了："'一代词宗'，缀有这四个大字的一面红旗，覆盖在我国著名词学家夏承焘教授遗体之上。……"这是当代知识分子首创的殊荣，夏老是当之无愧的。

本文原刊《人民政协报》一九八七年一月二十三日，选自《夏承焘教授纪念集》，中国文联出版公司一九八八年十月第一版。

送夏承焘先生北归序

陈云章

曾涤生氏有言，湖南之为邦，北枕大江，南薄五岭，西接黔蜀，群苗所萃，盖亦山国荒僻之亚，信然哉！此自昔之所以称为蛮貊之邦者也。然正赖此，自晚周迄北宋，遂为迁客逐臣弃置之所。屈平导夫先路，贾生继之，开湖南文气之先声。《离骚》《鹏鸟》诸篇，为后世言情韵者所祖。至此以降，历代文章巨公，若汉之马迁，梁陈之吴（均）江（总），唐之李杜韩柳，宋之范（仲淹）秦（观）朱张，均曾流寓于此。而张孝祥、辛稼轩且宦湘者久之。沅兰澧芷，衡云洞波，供其吟赏，踪迹遍于三湘七泽之间。流风所被，群彦景从，巨儒迭起。宋之濂溪，明之船山，其魁者也。先君子天倪先生尝谓，湘土士人，崇外攘内。惟其崇外，用能吸取外贤之长，文风以兴，有如蜀之于文翁也。弟傲满自是，嫚辱乡贤，不承师学，以是一大儒出，恍如吉光电波，一瞬而逝，湘中了无后继者。船山固如此，而濂溪之学，北传二程，竟成洛学，开宋代理学之宗。即如近时曾氏之所谓四大门徒如黎庶昌、薛福成、张裕钊、吴汝伦者，亦无一湘人。此湘学之所以不能若皖之桐城，浙之永嘉，授受推挽，渊源相继，自成学派者也。甚矣，其言之切且痛也！永嘉夏承焘先生，当今硕儒，以词章雄视海内者五十年，多士慕效，川赴海会，曾函余欲南浮沅湘，访汨罗，泛洞庭，登衡山，寻屈贾杜韩遗踪，纾景行之宿念；顾以事牵，屡约屡废，未能果行。去秋适都门续有地震之报，余藉此坚请践前约。先生遂携吴闻夫人欣然莅止，时丙辰十月也。湘士闻先生之来也，奔走传告，踵门问学，先生谦诚倾接，乐与论议，镇日危坐，日不暇给；疑义剩文，一无所隐；嘉惠士林，裨益湘学，至深远矣。余馆先生于吾友李淑一君寓楼，其地密迩稼轩湘居故址。工部诗"可怜留着临川宅，异代应教庾信居"，兰成诛茅宋玉之宅，先生寄迹稼轩故地，亦遇之奇也。千秋怅望，吾固知先生必因此油然而生异代不同时之感矣。此间文士于先生之将归也，争祖以诗，情谊恳挚，积帙成册，余因述先生湘游始末，藉志鸿爪，聊以永怀。舍弟述元，幼承庭训，雅好搜句，生性傲岸，独于先生推挹甚至，拳拳服膺，自滇中寓书以奉，于先生学术大旨有所论列，先生数为余言之，特附录于次，或能藉以识先生渊怀于百一也。是为序。陈云章丁巳年元旦后五日。

本文选自《杨树达先生之后的杨家》，杨逢彬著，浙江大学出版社二〇一六年七月第一版。

"永嘉今日见盟旗"
——记夏承焘先生

顾学颉

那是农历丁巳年（1977）新春，长期阴霾、令人窒息的天气，略见开朗之际。人们庆幸大难（自然界的唐山大地震和人为的"文革"大动乱）不死，居然"活"下来了之后的第一个春节。朋友们都怀着既高兴又有几分悲凉的心情，互相走门串户，寻亲访友，问问彼此的情况，倾吐各自的满肚子苦水。一见面，就像水库开了闸门，有着倾泄不尽的苦闷，争着向对方宣泄。但彼此都心有余悸，话也只能"哀而不伤"，"怨而不怒"，说到六七分而止，怕的是万一再来一个"文革"余震，吃不消！

我也是抱着这种心情，去拜访了唐山地震后曾在一个胡同里一同度过几天震后余惊生活的夏瞿禅先生。说起来，我们已是几十年的老朋友了（他比我年长十多岁，算是忘年交吧）。那时他住在朝内大街一栋楼房面积不大的单元房里。一见面，自然十分高兴，互相庆贺，又互相慰叹。十年浩劫中，我作为"牛鬼蛇神"中的一员，遭际可想而知，不必多谈。即使像夏先生这样一生谨慎、专门治学的老学者，遭到的灾难，也很难令人想象。"文革"中的例行公事，如滥加头衔，在他头上"反动权威"是免不了的；其他什么封书、抄家、批斗之类，或多或少也总要沾点光的。然而夏老却胸怀坦然，一笔带过，不以为意。但在他极其谨小慎微的言谈中，还是可以领会出他的一些难言之痛的。

后来谈到前些时，他和朋友们到京郊各名胜处游览，大失所望，没有什么好看好玩的风景，远不如南方。那几天北京正值寒潮来临，刮大风。我打趣说：北京有"风"无"景"。他和夫人吴闻听了大笑。

谈了一阵之后，他拿出一本头年避地震在长沙时朋友们为他油印的词集《瞿髯词》，并亲笔签名送给我。他作的词，平时看到一些；他论词的主张，我也略知一二。为了答谢他的盛情，于是索笔即席填《浣溪沙》一首送他；并推崇他为当代词坛盟主（词的末句，即本文的标题）。他看了，连声说："不敢，不敢！"词云：

健老逢春不自持，登山临水有襟期。为歌明盛谱新词。
芳躅辛陈辞慷慨，衙官秦柳语喃呢。永嘉今日见盟旗。

"永嘉"二字，原为"剡州"。他看了，说：我是永嘉人。于是改成"永嘉"。我回家又用宣纸写成小条幅送给他。

话再说回去。

我和夏先生信函交往，是一九五四年开始的。在此之前，约在一九四一——一九四二年，我在兰州西北师范学院（即北师大在抗日战争时期迁往西北后的改名）教词曲课（一九四六后离开），开始撰写了一篇温庭筠《〈感旧陈情五十韵献淮南李仆射〉诗旧注辨误》，载西北师院《学术季刊》上（抗战胜利后，又载《武汉日报》文学副刊上）。之后，又连续写了有关温庭筠事迹的考证文章及温庭筠传论等。其中《新旧唐书温庭筠传订补》一文较长，在一九四七年《国文月刊》上发表。到一九五四年，我早已在人民文学出版社工作。一天，忽然接到夏先生自杭州来信，说：他编著《唐宋词人年谱》已有多年，现将完成、出版。其中温庭筠年谱，拟部分采用我的文章，征求同意。并问还有无其他有关温的著作。我复信同意，并说还有《温飞卿传论》稿，因未完稿，故未发表。后又把《传论》稿寄云。他著的上述《年谱》，经过多次修订、补充，终于一九五五年由上海古籍出版社出版。十个年谱共收十二人（二主、二晏），《温飞卿系年》列为卷首。全文四十余页，夏先生虚怀若谷，不嫌谫陋，采录拙文，约占三分之一的篇幅。最有意思的是：有不少论证，竟彼此暗合。因为夏先生的原著过去并未发表；我的文章虽发表过一部分，但时值抗日战争，我在兰州任教，偏处一隅，交通不便，信息不灵，夏先生当然没看见我的文章。可是后来一对照，许多论点不谋而合。从这一点讲，不能不说是知音了。

《年谱》出版后，学术界颇为震惊，推为佳作。何其芳同志时任科学院文学所长，也颇为关心，他请出版社的领导同志转告我：夏著第一篇转录了顾的许多段文章，应该请顾写一篇评介该书的文章，在报刊上发表推介一下。我不好拂他的盛意，便写文在《光明日报》上刊出，上海方面也转载了。文中介绍了几点该书的优点，和考证词人事迹的艰辛，从而使人认识到夏先生所用功力之深，成书之难，也略为提到某些不足之处。

不料，好景不长。一九五七年反右的风暴一起，我首当其冲，被划为右派（之后许多年，已彻底改正）。于是，由人株连到书，由我波及古人和友人的著作。夏先生为了避免"殃及池鱼"，可能采取别人的意见，把原放在首位的《温谱》，让它屈居全书的倒数第三位。书中原来称我为"顾学颉先生"，也不得不改称"顾肇仓君"了。我看到改版后的书，不禁深有感触，深为惭愧，自己不慎遭殃，连累朋友，书，和古人！他们也跟着受灾！温飞卿活着倒霉一辈子，没料到死后千年，也受牵连遭不白之冤！堪称奇闻。

书出版后和反右之前一段时间里，我们经常有信件来往，商讨一些词人的事迹，并为他找一些资料。他来京开会，我们常见面晤谈。不过，没有多少可提的事；尤其一九五七年后，我怕连累朋友，主动和他们疏远，他们当然也怀有戒心。心间又有史无前例的"文化大革命"，把人们几乎都变成了鬼。

一九七六年，我住在春松胡同，是平房，四周没有高层建筑。大约是地震的第二天，他和夫人吴闻由王伯祥先生的公子王湜华陪同，到我家看望我们。原来他们夫妇避震暂住在王家，与我家相距仅数百步。大难之余，寄居在朋友家，精神上、生活上当然有许多不便、不安。我们也只能互相劝慰，希望大家能平安渡过难关。之后，接连余震不断。我们力劝他到南方暂避。他听了大家的劝告，才离开北京到了长沙。我们也到了郑州亲戚家避难。

我在"文革"中，春松胡同的住宅被强占。一九八一年秋，中央领导同志亲自批示落实政策，我由被侵占剩下的一间屋里，迁居到团结湖新寓。不久，听说夏老也在团结湖买了两套新房，他在马路东边稍南，我在西边略北，相距不过千米，我知道了很高兴，赶紧去看望他。他们见了我，也格外高兴，谈了很久。临告辞时，他夫人说:很抱歉!夏老现在行动不便，不能回访了。这时，夏老已确见衰老，神志有些不太清楚，语言重三复四，几次问我:"你比我大还是小?你是杭大的吧?"不过看上去，精神还旺盛，也没患什么大病，我心里感到一些安慰。又过几年，他八十五岁生日，中国韵文学会、中华书局、浙江政协等单位在全国政协礼堂为他举行了"夏承焘先生从事著述及教育工作六十五周年兼八十五寿诞"庆祝会，济济一堂，气氛十分热烈。那天我用大红纸写了一副对联送去:

璞玉浑金寿者相；红牙铁板词人心。

因为夏老个子虽不很高（中等以上），但外貌魁梧，满面虬髯，很像一位北方学者。所以说他是"璞玉浑金"。他看了，笑着只点头。可惜没过一年，他就不幸去世了！

夏先生是一位当代的词学大师，著作甚富，著有《唐宋词人年谱》《唐宋词论丛》《姜白石词集》（校辑）《唐宋词选》《龙川词校笺》《词林系年》《瞿髯词论集》《瞿髯词》等十余种，先后出版。

他对于传统词家的豪放、婉约两大派系，倾向于前者。豪放派一向以苏、辛并举，但夏先生于苏词常有微词，说："苏轼受《庄子》、佛家影响很深，其诗文常用豪放笔调来表达颓废的感情，如《念奴娇·赤壁怀古》和《赤壁赋》等就是显例。"对辛弃疾则推崇备至，说："爱国思想是他一生创作的基调。他与苏轼并称'苏辛'，但他的思想感情远较苏轼丰富伟大。他融会经史子集，创造出多样的风格，词的成就是前无古人的。"对于婉约派的代表人物吴文英的词，说："其词字面工丽，音律和谐，但喜用典故，词意晦涩。"张炎评吴词"如七宝楼台，拆碎下来，不成片段"。是说吴词用典过多，词意隐晦，但"形式极美"（夏语）。朱彊村与夏谈及张炎这段话时，提出相反的看法。朱说："七宝楼台，谁要他拆碎下来看！"但夏先生还是说："吴文英词为'七宝楼台'，徒有华美的形式而已，应用李白

'一拳捶碎黄鹤楼'的精神，来捶碎这七宝楼台。"夏先生论词及本人所作，都以爱国主义精神为出发点，故对秦柳派的婉约绮丽，姜夔提出的"清空"，清代浙派词人的"清丽"，都颇不以为然。夏先生本人的词作风格，大体上看，还是近于苏辛一派；尤其与后者，无论思想、气韵、风格，都有一脉相承之处。不过，夏先生一生治词，词学的功夫深；《天风阁学词日记》所载，可见其治学（词）之勤、之艰辛（这里从略），因而所作，词才常被词学学力所掩。用事（典）有时太多，不免影响或妨碍了气势的流转，词意的晓畅和韵味的深远。其弊与吴文英颇有些近似，但内容迥然不同，是应该分别看待的。这些门外之谈，夏先生在九泉之下，或不以谬妄见责乎？

———————

本文原刊《瞭望新闻周刊》一九九四年第四十五期。

我和夏承焘先生的词缘

陆永祥

夏承焘先生是我国著名的词学家，学术界称誉为"一代词宗"。我自小受家庭影响，十分喜爱唐诗宋词，尤其是词学。一九七六年，我当时作为"老三届"插队落户在浙江平湖县的前进公社（现属曹桥乡）。然劳动之余，仍不忘"平平仄仄"。记得那年，一次我在乍浦许白凤先生处求教，白凤师让我读了从北京寄来的夏承焘先生的几首词。其中印象最深的一首是:《满江红·柴市谒文文山祠》。当时夏老写此词是一九七五年，正处在粉碎"四人帮"前夕，国内文坛当时尚是万马齐暗。而北京柴市（今名文丞相胡同），是杰出的民族英雄文天祥就义之地。词全阕是:

铁石肝肠，汤镬畔，无降有死。怎忍见，神州故宇，纵横敌骑。头上昭昭星与月，眼前衮衮金和紫。表丹心，一寸几行诗，垂青史。

生死际，艰难事。听挥手，成宫徵。念阴房鬼火，曾歌正气。欲借梅边生祭笔，槐根重写祠堂记。犯北风，如虎放高吟，过柴市。

此词慷慨激昂，充满着对文丞相的倾慕、称颂，洋溢着强烈的爱国主义精神。读了油然而生一股凛然正气，回荡胸怀，催人向上。也是对"四人帮""十年文革"倒行逆施的有力鞭挞。一时，大江南北，包括许白凤先生等诗词大家、争相吟唱，和词蜂起，十分热烈。当时我在白凤先生的鼓励下，劳动之余。也大胆试和了两首。我的词是：

满江红

奉和夏瞿禅先生谒北京文丞相祠

丞相祠前，尚郁勃，古松不死。曾几见，中原孤兔，名王猎骑。自古男儿多慷慨，嚼穿龈舌凝青紫。表忠贞，竹帛万千年，书公史。

且莫问，桑沧事；凭谁拂，清徵征。念风檐秉笔，长存正气。赣水魂归家似梦，闽江泪尽诗为记。孰解衣。碧血裹长泓，收柴市。

另一首和词是：

378

浣溪沙

奉和夏承焘先生访西山曹雪芹故居

寂寞秋风黄叶村，庭槐应识主人贫，红楼一梦叹轻尘。酒客已无空阁在，砚山犹有好诗存，高山流水共谁论。

然后，我将信和两首和词寄往杭州大学。想不到，此信从杭大转至北京，夏承焘先生在病中给我回了信。全文如下：

永祥同志：

今天接到杭州大学转来你给我的信以及两首和词，读后非常高兴。我于去年秋间来京治病；跟北京诸友一起做了文丞相祠和访西山曹雪芹故居等几首词。想不到你在白凤同志处看到它们，并且做了和词。你的两首和词做得很好，说明你在学词方面已下了一些工夫，这在青年中尤为难得，希望你今后继续努力。词是文艺工作者的组成部分，要做好这工作，首先要学好毛主席的在延安文艺座谈会上的讲话以及其他经典著作。其次对于好的词，要精读熟背，五天能背得一首，能仔细分析，便可望"大成"，坚持以恒！我在养病中，这信的前数行是我的爱人代写的，请原谅！白凤同志通讯中请代我问候！

此复。即颂

进步

瞿翁写

夏老在信中不仅对我这个青年后辈作了热情洋溢的鼓励，在词的治学上又要求我：一、学好经典著作；二、对于前贤好的词，要精读熟背，仔细分析，坚持以恒。这一谆谆教诲，虽时隔近三十年，但至今我读来仍感是那么的亲切，声声在耳，可说是我一生学词之铭。同时也是老一辈诗词名家对我们后学寄予的殷切厚望，永远鞭策着我。

夏承焘先生离开我们已经许多年了，谨以此文寄托我对他的一片思念之情。

本文选自《乳舟斋文存》，中国文联出版公司二〇〇七年三月第一版。

瞿禅先生二三事

陈贻焮

一九六三年春天，游国恩先生邀请夏先生来北大讲学，我才有机会第一次见到了这位我仰慕已久的前辈先生。夏先生讲课，声音洪亮，神态安详，无论讲他在词学上的创获，还是赏析一首词，都能做到深入浅出，情趣盎然，使学生如坐春风，受益匪浅。当时我还有点别的事，我总要挤出时间来听课，以补我对词学学习的不足。

不久夏先生南归，接着是社教、"文化大革命"，我就同夏先生失去联系了。一九七七年夏天，昭琛先生告诉我，夏先生已来北京，住在朝内朝阳楼。我听了高兴得很，就骑着自行车赶忙去看他和无闻夫人。劫后重逢，快慰可想。我见夏先生气色很好，还像以前一样的豪爽乐观，只是留起了胡须，看起来老了一些。他总不提"文革"中所受的委屈，我也不便多问。闲谈了一阵，我就带着两位老人对我的深情厚谊，和送我的一册《瞿髯词》，返回了西郊。几天以后，我收到夏先生寄给我的一幅墨宝，上面写着他送陈毅元帅的《玉楼春》："君家姓氏能惊座，吟上层楼谁敢和……"我欢喜得跳了起来，随即教儿子送到荣宝斋裱了，挂在室内，朝夕欣赏。一九七八年秋天，夏先生同无闻夫人一同光临镜春园敝寓。一进门夏先生就看见了这个条幅，端详了半晌，说："还好!还好!"显得很满意。

一天吃晚饭时，夏先生问我妻子："你叫庆粤，是广东生的吧?"庆粤说，她生在广州，后来随父母去上海，长到十岁才回老家湖南的。夏先生问："你在上海住在哪里?"我告诉他，我岳父是作《花间集评注》的李冰若先生，当年他在暨南大学当教授，他们住在上海真如校园里。夏先生听了忙说："冰若先生，我认得!只是不太熟。我和龙榆生先生倒是老朋友，常去他家玩。"庆粤说当时他们家就住在龙家隔壁。夏先生听了很高兴，就很肯定地对庆粤说："你小的时候，我一定见过你。"还要我为他作证。那时我还不认得庆粤，她在上海，我在湖南乡下，没法出来作证，只好笑而不答。吴先生说："你同庆粤见没见过面，要问你自己，怎么问陈先生?"他听了哈哈大笑。由此可见夏先生的风趣和词人联想的丰富。

住了三天，夏先生要回去了，我得抓紧时间请教："承您看得起，这几天还抽空看了我的诗词习作，请您指点!"没料到夏先生只严肃地对我说："你再不要写诗了!"我吓了一跳，问为什么。他反问我："你知道我在杭大为什么要在万人大会上挨斗呢?"我说不知道。他不无自豪地说："就因为我的词填得太好啊!"我听后如释重担,原来夏先生在幽默地夸奖我呢。照这样说,恐怕我的诗再作也作不到够在万人大会上挨斗的水平了。我又请他对我的治学提些指导意见。他只说他自己对杜甫没学好。我知道夏先生对杜甫是很有研究的,这么说,不过是为我指明奋斗目标罢了。我学习杜甫也有一二十年了,只是见古今研究杜诗的太多,自愧才疏学浅,没勇气动笔罢了。由于夏先生的提醒,想到我也不算年轻了,必须下定决心,乘时奋进。于是,就在第二年三月开始写起《杜甫评传》来了。夏先生的一句话,是我写作这部拙著的契机。夏先生看到了上卷的出版,可惜等正在排印的中卷、下卷出来,再也不能请他老人家过目了。想到这里,我感到十分悲痛。

本文原刊《词学》第六辑,华东师范大学出版社一九八八年七月第一版。

松间数语风吹去，明日寻来便是诗

韩善藏

> 词仙何许？呼片云去问，洞天消息。
> 一道银潢星斗满，梦见吟商踪迹。

一九七六年的唐山大地震，震得全国上下沸腾。许多无序的事情，又变得有序可循。断裂的关系又连接起来，成为一个新时期的开始。

唐诗宋词是我国的古典文学，不管老人还是小孩都能背诵几首。我也从小喜爱，但因努力不够，读书较少，后来又有了家，时间被孩子们占去不少，读书的时间就更少一些。但喜爱文学，特别是古典诗词的兴趣仍然不减，总想找机会能多学习一些诗词知识。有朋友介绍一位老先生给我，老先生也希望能够接触医生，对身体保健有好处。我呢，更乐于接触这位老先生，想借此学习更多的知识。当我们见面后才知晓，这位老先生不是别人，正是著名的词学专家夏承焘教授。能为这位"文曲星"充当保健医生，是我义不容辞的责任和荣耀。

"词学宗师"夏承焘教授，已经七十七岁高龄，头年才从杭州迁居北京。夫人吴闻先生是他的同乡，也是文学大家。这位开拓词学新时代的老人和蔼可亲，慈眉善目，颏下留有一撮山羊胡须，平常往往是缄默不语。但由于"运动"过烈，造成膝关节伤害，双腿痿软无力，行动不便。又因长年用脑过度，造成轻度脑软化，记忆力减退，经常头晕思睡。但驾驭语言的能力仍然是很高超的。一日来了一位"文革"前夏老的研究生，夏老向我介绍说："你看见公园里的情侣东一对，西一对吗？他就是'西一对'。"我听后，想笑又不好笑出来。这时客人拿出名片，方知此位是后来的中国第一位文学博士施议对先生，原来"施议对"与"西一对"是谐音。

夏老多年有伏案工作习惯，如今双腿痿弱无力，更不愿意活动，每天翻书一看就是两个小时。而吴闻先生知道长时间不活动，对本来无力的双腿更加不利，就每天早晚搀扶夏老下楼散步，尽量多走一些路。又怕夏老多动脑子，加重脑软化的发展，就让他看一些消遣性的文学作品。夏老看得较多的是《聊斋》，总是翻来覆去地看，并常常把好篇章书页的角折叠起来，再合起书本，闭上双眼静静地回味文中的趣味。过了一会，又回过头来，对我说：《聊斋》是本好书，写得很好，我来点校，你来写白话文，一道合作怎样？"夏老虽然年事已高，健康状况又不好，但勤耕不辍的习惯，始终不变。

夏老腿受外伤后，由于缺乏适当的治疗和营养，再加上长期伏案工作，缺少活动，便加重了双腿的僵直。双腿既不能打弯，又不能抬高，走路抬不起脚，只能蹒跚不前。我的治病方法主要以点穴按摩为主，以增强整个体质的健康水平；局部再敷贴膏药，以解决局部的血液循环，同时让患者增加一些户外活动。

原先，主要是吴闻先生陪夏老去看朋友，参加一些社会活动。到了一九七九年后，夏老的腿脚走路更加困难，吴闻先生又力不从心，因而夏老的户外活动就减少了许多。那时没有三轮车可以载客，单位的公车也很少，能要上一次车，那是天大的面子，外出只有坐公共汽车。可夏老外出最少要两个人行，一个人在前面扶着，一个人在后面推着，才上得了公共汽车。有时我上午九时就到夏老家，陪着他们二老去北海公园坐上五个小时。这样既可以坐在公园长椅上聊天，又可以让夏老多走动些。冬天一到，这些户外活动就没有办法继续了。

到了一九八一年开春以后，吴闻先生因为手头要做很多的事情，就把夏老去公园的事情委托给我们几个朋友。但一个人是完成不了这个任务的，只好求助于交通工具。一天下午在楼下散步，看见一辆用人力三轮车改装的童车，是用来早晚接送上幼儿园的小朋友的。车后有一个车厢，大约有一米高，一米长，六十公分宽，可以容纳六个孩子。早上送孩子上幼儿园后，它要等到下午五时才去接孩子回家，夏老就可以利用这段空闲时间乘车去北海公园坐坐。我们和车主温师傅商量，一拍即合。

第三天早晨九时，我和夏老坐着这辆"高级轿车"，悠悠晃晃穿过东西沙滩等街道，来到北海公园。下车后虽感到腰背酸楚，但把童年未能享受到的童趣，在四十年后又补偿到了。我把当时的感受写了下来："老叟坐童车，路人好生疑，儿童拍手笑，爷爷会演戏。"

在北海公园内看看鲜艳的牡丹、芍药，在树下长椅上一坐，眼前"千花百草嬉春路，远山淡淡在帘栊"。经常头晕的夏老，此时也没有头晕的感觉了。一会儿来了一对情侣，夏老见到新朋友，总是要说："请问贵姓，府上哪里，贵庚几何？"今天见到的是位小姐，她陪着攻读研究生的先生来公园轻松一下头脑。夏老听说小姐姓铁，马上就说："清朝有位铁保，乾隆进士，很有学问，书法也很有名，与小姐有关系吗？"小姐忙说："那是我家老祖，听父辈们说过。"一会儿小姐问我："这位老先生是……"我介绍说："老先生是位文学家。"小姐这才醒悟地说："怪不得……"

夏老的记忆力随着时间的推移也在逐渐地衰退。他有时很少讲话，但脸上总是带着一股慈祥的微笑。有时也善意地动一动嘴，但又没有说什么。有时他也告诉我一些往事。一次夏老问我："你去过西安吗？"我回答："去过，在西安待过一年多时间。"他说："几十年前，我在西安时，那儿还没通火车，要坐马车，路上很不太平。当时从西安回来的时候，带了一些钱。车老板就告诉你，坐在车上要把鞋子脱下来，光着脚坐着，并把鞋子放在车前面。劫道的看见了，知道你没有钱，就能安全地旅行，也不知这是什么缘故。"就这样耳濡目染地，我学习了不少知识。到了岁末，夏老、吴闻先生出题，请画家林锴书写一副对联赠我。上联是"醉汤浇一斗"，下联是"抱膝论三分"，使我受之有愧。它表达了两位老人对我的厚爱。

从一九八三年春节后，夏老、吴闻先生应中医学院周教授的邀请，去他家暂住。因他家住在一层，夏老可以坐轮椅到室外去，这样就可以更多地与外界接触。三月底的一天，午夜十二点多钟，有人敲门把我从睡梦中惊醒。开门一看，是周教授夫妇俩。原来那天晚上夏老入睡后不久，突然鼾声变大、变急。吴闻先生起身一看，夏老双眼向上翻动，口中鼾声增大，并口吐白沫。她惊慌之中，把正在写作的周教授叫了来。过了一会儿，夏老这些症状均失，但仍昏沉不醒，使人担忧。周先生提议我来看看。但中医学院离我家有三公里之远，周先生又不会骑自行车，最后只好请夫人用自行车带着他来找我。那时已夜深人静，行人稀少，我同周教授夫妇很快就回到了中医学院。但学校的大门已经上锁，只好从南院铁栅栏上爬进院内。吴闻先生看见我们到来，才把心放下。我打开药包，用血压计测了测夏老的血压是 180/105mmHg。再切脉：仍和平常一样弦滑。我叫醒夏老，问他自我感觉。他只说头晕并头痛，其他没有什么……这些表现如轻度的脑血管痉挛症状。当时只有静观，注意监测，这些工作责无旁贷地要由我来担当，别人都先去休息，有事再商量。我把大灯熄灭，打开小台灯，半小时摸一下夏老的脉搏，一直到天亮以后。上午七时，吴闻先生起床看到夏老睡得很好，她也就放心了，并让我去休息。我说："那可不行！应立即找车子，找人联系医院床位，让夏老住院治疗。"正好卫戍区医院有双人房间的病房。下午三时许汽车到来后，我们才把夏老叫醒，告诉他去医院治疗。但他不愿意去，经过动员才勉强地把衣服穿好。我轻轻地扶起夏老的身子，在两个小伙子的帮助下，半抱半扶地把夏老送进小车，送进了医院。住院后马上对夏老进行较为全面的检查，除血管硬化、老年痴呆外，还推断有肺结核。这样每天得服用抗痨药治疗。这时，夏老的精神比过去更差，步履更艰难，在有人扶持的情况下也只能走一米远，到病房外活动只能以车代步。记忆力也进一步衰退，连平时熟悉的朋友都不认识了。开始说有肺结核，我就不同意这种说法。因为当时没有肺结核的传染途径，加上夏老年纪已高，用抗痨药治疗，很容易伤害肝肾等脏器。夏老服药才不到一个月，口中就经常感觉无味，食量减少。于是只好把抗痨药停服，加上帮助消化的药物。半个月后，夏老的食量才恢复。不久，夏老出院回到团结湖新居。

夏老年青时患过肠伤寒，大病痊愈后，医生嘱咐他不要吃粗纤维食品。这样长期以来，食物只要在嘴里嚼动后，凡是用舌头能感触到的食物的残渣，都要吐出。老年以后，牙齿几乎完全脱落，这种饮食习惯更加明显：不但蔬菜不吃，就连瘦肉丝也只吃个味儿，吃菜心也要剁成细末；天天以吃豆腐、豆腐乳为主；肥肉和鸡蛋因胆固醇太高不敢吃，鱼也要吃细嫩的。这样不但营养不足，更糟糕的是肠中因长期缺少纤维，不能很好地把肠中的毒素排出体外，更容易增长老年痴呆症的症状。现在夏老的老年痴呆已经非常明显，一个熟悉的朋友来到后，刚自我介绍一番后，转一圈再到他老身边，他又得问你："贵姓啊？"你要问他什么，问几句也得不到什么回答，或置之一笑。多年来多亏吴闻先生的苦心，才使夏老的身体健康状况维持下来，减慢了病情的发展，从而有条件把夏老的学术研究推向一个新的高潮。

吴闻先生经过多方的努力，终于在一九八四年十二月五日，借政协礼堂举行了"夏承焘教授从事学术与教育工作六十五周年庆祝会"。在开会前的几天，吴闻先生跟我商量，要我在那几天里经常到家来看一看，有事好商量。等到了开会的那天早上，我们都先到夏老家吃早餐，进一步商量后，再坐车去政协礼堂。吴闻先生的安排是正确的。因为夏老的老年痴呆症越来越重，近来已经不愿意见人，不愿意听人讲话，常常独自一人在卧室中坐着。如今是给夏老开庆祝会，夏老在会上有什么不适宜的举止行为，都会对会议产生较为不良的影响。

到了十二月五日一早，夏老家就忙碌起来，阿姨一早就准备好了早点。我进门后，见夏老还没有起床，就急忙帮夏老穿衣下床、上厕所、洗漱，然后吃早点。夏老只喝一杯牛奶，吃了一小块蛋糕。他看见家里来人越来越多，又都走来走去（因大家知道夏老的身体状况，都习惯不跟夏老打招呼），便欠欠身体要站起来。当然是站不起来，阿姨急忙上前把他搀扶起来，挪步进了卧室，并关上门。过了不久，原先订好的三辆汽车全到齐了，人们纷纷按照事先安排各自登车出发。八点钟到了，我们最后一批人员也该动身了。吴闻先生进卧室去请夏老赴会，可夏老说什么也不起身。吴闻先生急躁起来，再三说明情况，分析利弊，夏老还是不动身。吴先生急得满脸涨红，大汗涔涔，只好走出卧室，一面搓手，一面摇头，一会儿踱进书房，一会儿又走到凉台门前。我站起来说："师母别担心，没有事的，您休息一会儿，我去看看。"说完我就慢慢走进卧室，来到床前，站在闭着双眼躺着的夏老身边。又过了五分钟，俯下身子对夏老说："我们该走了，起来吧！"夏老听见是我的声音，睁开眼睛看了看，也不说什么。我就把手伸过去，扶起夏老，坐稳后稍待片刻，给夏老围上围巾，戴上帽子，再搀扶起夏老一步一步地离开卧室，顺手拿起一件羽绒外套披在夏老的身上。走出大门，在大家的帮助下，我们把夏老抱进面包车。我紧挨着坐在夏老身边，夏老一只手紧紧地握着我的手。这时吴闻先生走到我身后坐下，并附着耳朵对我说："今天多亏您了，我今天就把夏老交给您了……"我只会意地一笑。

到了政协礼堂，已经是九点半钟了。工作人员推来一辆轮椅，夏老坐上后，就可以推着到处看看。旧地重游，十多年前，夏老参加中国人民政治协商会议第四届全国委员会时，曾在这里开过几天会。而今天在这里参加庆祝自己的纪念会时，夏老已经是两个模样，在轮椅上只漠然地坐着。十点后庆祝会开始，吴闻先生在首席位旁，放上一把椅子，让我紧坐在夏老身旁。我就小声地告诉夏老，现在来了谁，又来了谁，这个先生叫什么名字，那个先生叫什么名字，慢慢地唤醒夏老的记忆。夏老问我："这是给我开庆祝会？"我说："是啊，今天这么多人来祝贺您啊！再看看那些原来熟悉的面孔：林乎加、贺敬之、夏鼐、邓广铭、任继愈、余冠英、于若木、蔡若虹、姚雪垠等等老友，夏老笑了起来说："这么多人，我怕……"我说："没有关系，有师母在，有杭大的同学在，没有事的。"他又说："我说不了……"我说："师母都准备好了，一会儿她代替您讲话。"吴闻先生不时地看看夏老，看我正在和夏老交谈，又看见夏老镇定自若地坐着，脸上不断地呈现着笑容，吴闻先生的心也就踏实下来了，微微地向我点头。会后一个多月，一次在中央电视台"文化生活"栏目中播放"一代词宗夏承焘"纪录片时，开始从头部慢慢现出身影的人就是我。因在庆祝会首席台上，我坐在夏老身边，又不时地替代夏老起身谢客，自然是首当其冲。会后我推着夏老给诸位客人道谢，夏老脸上总是慈祥地微笑着，并不时地点头称谢。在场的客人都被这少见的举动所感染，大家脸上也都欢笑起来，完全忘记了夏老是一个多病的老人，好像他又重新焕发出执教时的风采。诸多的学子，更加兴高采烈地交流学术思想，最后在鼓掌声中散会。

过了两天，我去看夏老，正好看见杭大夏老的诸位学友。坐下后，吴闻先生就说："前天庆祝会都亏了有您在啊！"诸友也附和说："应该记大功一件！"我回答说："哪里是我个人之能，因为诸位学者聚会于京，这平生能有几次啊！夏老高兴呗！"大家都笑了起来。后来又讨论夏老的保健问题，大家都认为：近几年夏老的健康状况能保持如此水平，已经是很不错的了。

一九八五年春天，夏老的痴呆症更加明显。常常是才把餐具收拾好，他又要吃饭。坐在那儿，别人不理睬他，他可以坐两个小时不动身。十一月底，患肺炎后，夏老身体状况日渐衰退。吴闻先生与我谈及夏老状况时，我只能用"天命难违"来安慰她。事实上夏老已是八十六岁的高龄，在历代词人中也是高寿的。

一九八六年五月二日，夏老再次住进中日友好医院，从此一直处于昏迷状态中，生命岌岌可危。十日上午，我在病房叫夏老几声后，夏老微微地睁了一下眼皮，师母见到后，兴奋地说："您和夏老真有缘分啊！"可我说："非常危险唉，做后事准备吧。"夏老就在第二天凌晨四时许驾鹤归西了。

"一代词宗"就这样告别了人间，我只能拼凑《减字花木兰》一首，以寄托哀思：

高风壮采，飞絮烟花稠似海。迤节扶筇，躞足进陪忆许从。

遍山红叶，都是杜鹃啼后血。漫捻牙琴，剩有悲丝写素心。

本文选自《串雅札记》，开明出版社一九九八年十一月第一版，有删节。

斗室春风胜读书
——与夏承焘先生交往小记

茅于美

词坛宗师夏承焘先生，在三十年代，我在杭州读初中时就已景仰他的大名了。但是直到七十年代后期才有幸识荆。

那是在一九七七年八月四日，我去八宝山参加何其芳同志的追悼会。那天与会有数百人，知名人士很多，气氛备极哀肃。会后我搭乘了一段文学所的大轿车。在我座位前面坐一位老者。我忽然见他掉转头来朝我看看，然后转过身来问我道："你是茅于美吗？"我连忙站起来，端详这位银须飘拂、面容仁蔼的长者。他笑笑说："我是夏承焘。"然后他又指指他身旁坐着的女同志说："她是吴闻。"接着他热情地和我握握手。吴闻同志也回过头来，低声对我说："我们是一九七三年结婚的。"吴闻同志在《文汇报》工作时，曾与我见过面，但已有约二十年未通音讯了。我见到他们又惊又喜，在车上匆匆，未及多谈。知他们都已退休，问清楚了他们地址，准备日后拜访。

夏老那时住在朝内小街九十七号的大院里，离我的住处只有两站多路。第二天，我就走访他家。见面之后，我才了解到，原来夏老自与吴闻结婚之后，在杭州住了不久，夏老的工作就从杭州大学调来中国社科院文学研究所。据说调动的事已办了好几年了，但是"组织关系"仍在杭大，因此他人虽已定居北京，但一切的"供应关系"仍在杭州。他后来赠给我的一首《浣溪沙》词内有句云："三十年前饮美名，杭州抛却客幽并。年年山色梦皋亭。"写作年月注上一句："一九七七年九月同客北京。"可见他认为住在北京是"身是客"，只是暂住性质。我们知道若是"个人"与"组织关系"脱了钩，便会有涸鲋之鱼的困厄。我这篇小文就从这里谈起。

先生住在一所普通楼房的四层楼上。这套房间只有两居室。其房安排有如一付扁担，卧室两间分列两头，冲着楼梯是厨房和厕所。先生夫妇用一间卧室，另一间是吴闻同志的儿子常云夫妇和孙子燕遥所住。先生居此有如"入赘"吴府的模样。先生把这里题名"朝阳楼"，并在书稿上用之。

夏老一见我去，非常高兴地说："我本来想写个信约你来的，你来了正好。"这句话使我感到亲切。我落座后环视他的这间房间。吴闻说它有十七平米，看来本不算小。但是两位老人把卧室、书斋，客厅融于一体，就难免有天地狭窄之感了。

进得房门是一张大床，再往里走放着一张方桌，桌面的玻璃板下压着的是夏老的"诗笺"和"墨宝"。两位老人"食于斯""做于斯"，使这张方桌从早至晚，片刻无暇。沿墙的一边是几座书橱，另一边放了四把折叠椅子，这便是他家的客厅了。尽管简朴逼仄，但往来有"鸿儒"。以后我去看望先生，在这里常常不期而遇见个把文化名人。

晤谈之下，才知道先生很喜欢游览。两老相偕，游踪处处。就在一九七六年秋季，因为唐山地震波及京津。他们应长沙友人之邀，由京赴湘暂避。在那里，他们游览了湖湘山水名胜，倒也怡然自得。值得一提的是长沙友人把先生的诗词作品，刻了钢版，油印若干册，用以分赠友人。书名"瞿髯词稿（吴闻注释）"。刻写字迹仿宋体，工整遒劲，用线装订，其貌古朴。虽系自印，我看要比现在书店有些书的五彩斑斓、奇装异服的装帧悦目得多。以夏老的名望，他的诗作还需这样的印刷法，可见当时出书之难。

虽有以上不如意事，但是先生处之坦然，丝毫不影响他的著述情绪。他的生活很有规律，每天上下午都伏案工作数小时。我敬佩先生之为人，与之订为忘年交（我小先生二十年，是晚辈）。先生有时也偕夫人徒步来我家小坐。我家更因人民大学停办八年，我们自江西干校回京，房屋被占，家中六口人局促于两个单元的各一间房之内，尤形不便。先生来家，不以为意，反说："现在家家如此。"他那种泰然自若的样子使我窘迫心情为之少解。

夏老专心治学，于生活琐杂不甚了了。听吴闻同志说，先生前妻去世后，因未有子女，在杭州孤身一人，茕独孤苦。吴原为他的学生，早已相识，此时夫君也已亡故，便与先生结缡。她的国学基础深厚，也有著述。与先生结合后，担当起他的文稿注释、整理、誊抄、联系出版诸事。所以自八十年代后，先生的著作渐能出版，硕果累累，强半是吴的功劳。此外饮食起居，米盐琐屑，无论家居出游，无不精心照料。

那是在八十年代初的春天，时值牡丹初放。五月初的一个星期日上午，我和璇兄去景山公园。这里的牡丹繁花似锦，花高如树，名贵品种如黑牡丹、绿牡丹也参差其间。游人穿梭如织，真是人面花面交映。我俩低回良久，信步又走到景山脚下，正徘徊间，忽听得有人叫我，抬头一看，原来是吴闻。她正陪伴先生在树下歇息哩。我们快步走上前去。原来在大树荫下面停着一辆小儿可坐可卧的竹车，先生正坐在车内，由是常云在后推着。先生看见我俩，高兴地向我们招招手，笑容满面地说："今年牡丹开得早些，你们都看过了吗？"车小人大，先生蜷坐其中，手杖横在车内。这时游人从我们身旁走过去攀登景山的很多。先生不住地赞羡他们的攀登，伸长脖子抬头望着。璇兄拍拍他的肩膀笑说："高山仰止，虽不能至，心向往之了吧。"先生坐在小儿车中，神态自若，竟与坐着小轿车去游园无异。

吴闻对我们说，先生腿脚渐渐疲弱，上下楼都要用藤椅，由她和常云抬上抬下。先生无法挤公共汽车，所以就想出这个办法来，已经用了好几次了，今天恰好碰见你们。

我们听了，真不知道感慨由何而生。

耄耋之人，上下楼梯为难，而散步出游又是先生生活所不可少。友人周笃文先生家住东直门中医大院内一层楼，特请先生夫妇搬去暂住。于是他们便做客周府，我曾去拜访过。这里环境优美，楼下有花圃，尽可早晚闲步，倒也悠然自得。虽系客居，先生仍然写作不辍，生活规律化，和在自己家里一样。

先生著述渐能出版，稿酬日丰。嗣后他们在团结湖买了一套公寓，总算定居了。这套房子三居室，外貌平平，好处是一层楼，环境安谧。然而这时先生已患脑软化病，见人已不认识。整天手捧一卷书，似乎在读，但意识已不清楚了。

看见吴闻同志在先生身旁转来转去，细心周到地照顾他：替他换围嘴，替他端痰盂，替他喂饭，帮他洗脸，简直像对待一个婴儿，不禁凄然怆然。回想先生健好的时候，曾在我家小坐，闲谈之余，要和我"掰腕子"比手劲。他说着就用他的右手握起我的右手，连喊一二三，使起劲来。那时我哪是他的对手，不到一分钟，我便宣告败北了。还有一次在他家，他忽然捋起他那白胡须问我："你看我留胡子好呢，还是不留好呢。"我对他说："您老先生若是不嫌麻烦，还是留着吧，这样出门还有人给您让位子呢。"此后他始终没有剃掉胡须，留给人间一位美髯公的形象。

面对病中的先生，想到这位身处逆境，胸怀淡泊，专心著述，孜孜不倦的老学者的崇高的精神与人品，不禁肃然起敬。

最后，我谨录旧作小诗一首，作为我与夏老交往的一点纪念，也作为这篇小文的收尾。

七绝呈夏承焘吴闻两位先生

一九七七年十一月作于北京

邂逅京华识面初，

词家研注两相娱。（注：吴闻协助夏老工作）

烹茶谈艺人间乐，

斗室春风胜读书。

————————

本文原刊《人物》一九九二年第五期。

香山行
——缅怀夏承焘先生

陈文杰

又到了硕硕金秋满山红的时节，书房窗外嗖嗖发响的秋风不经意间把我带到了回忆往事的思绪之中……夏承焘先生陪我游北京香山观红叶的难忘经历及我俩的忘年之交像电影一样在脑海中回旋播放。

一九七三年的夏天，我独自从安徽黄山下来到杭州，第一次拜访长辈的世交夏承焘先生。他在浙江大学任中文系教授已数十年之久。时值"文革"期间赋闲在家且刚刚和北京的吴无闻女士重组家庭（双方均已丧偶）。我的突然到访似乎给他们的新婚带来了一丝喜庆和祝福。我将黄山及新安江严子陵钓台段的一路见闻与之交谈，激起了他年轻时在严州任教夜游富春江的美好回忆。即兴之余提笔书杜甫当年登泰山之名句"会当凌绝顶，一览众山小"的条幅送我。此后几天陪我夜游西湖白堤，参观浙江省书法艺术展览会，其中就有一幅夏老的书法作品。在被打成"反动学术权威"靠边站的年代能公开展出其书作看得出对他来讲是莫大的安慰。我俩还饶有兴致地在其书作边一起合影留念。

一九七八年秋，我和太太叶宏洁喜结良缘，夏老闻讯送我们一幅集宋人绝句"好事近"书作以示祝福。他当时已年届七十八高龄，手有微抖，基本上谢绝社会应酬之作，但为我的婚礼还是书写了一幅墨宝，弥足珍贵，令我惊喜不已，至今仍悬挂在卧室。

不久夏老随夫人吴无闻先生移居北京并兼任中国韵文学会名誉会长，仍为《词学》主编。夏老虽为中国现代词学的开拓者和奠基人，词学史上里程碑式的学术大师，曾被胡乔木赞誉为"一代词宗""词学宗师"的老前辈却不遗余力地因材施教，提携后辈，因之桃李满天下。著名的美籍台湾女作家琦君（潘希真）就是他的高足得意门生之一。

上世纪八十年代，我因公务经常出差北京，几乎每次都要去朝阳门内大街夏老的寓所登门拜访、请教。有一天他知我喜爱文物、史地方面的知识，特意将乡贤（亦是我的远亲）夏鼐先生（第三届世界科学院院士、中科院学部委员兼考古研究所所长、中国考古学会理事长）编写出版的一本有关近期中国出土文物的考古著作转赠给我并在扉页上加写了一段赠言以资鼓励，让我欣喜若狂。此书可谓集温州两位国内外顶级大师的至交情谊，堪称一绝，如今成了我的珍藏。那年仲夏，在京滞留数月，其间略有空闲。一天，夏老亲笔荐书介绍我去拜访时任全国文物鉴定委员会副主任委员、中国历史博物馆研究员史树青先生。国博因"文革"停展多年，适时为迎接美国的外交家基辛格博士等外宾正举办一次内部的"中国通史展览"。夏老认为机会难得荐我去找史先生看能否借机参观学习。在北京一条不起眼的胡同四合院里我找到了史先生的住处。大热天的正午，只见一位光着膀子穿件白色背心，大圆脸、大肚子、光头酷似弥勒佛模样的老者笑呵呵地出来迎接。看了我呈上的荐书他满口答应，当即告诉我去天安门广场东侧历史博物馆找谁联系进去。那次通史展览可谓"文革"荒漠后的一次文史盛宴。

有一天，我照常去夏宅拜访。在其门口一位老先生正从屋里出来，两人擦肩而过。进门后夏老告诉我刚刚出来的那位老先生即是大名鼎鼎的新红学创始人、北大教授俞平伯先生。顿时让我如雷贯耳！我本是一个红学迷，如今偶遇大师不禁令人激动心跳目瞪口呆。夏老见状哈哈大笑，言之怨我迟到一步错过一次很好的请教机会。鉴于此缘，几年后我的大学毕业论文即以有关红楼梦的戏剧结构为题材。作为补偿，当时夏家客厅的电视机里正开始播放京剧程派代表作《锁麟囊》的戏剧节目。曾为《文汇报》驻京文艺记者的吴无闻先生边看边向我介绍程派表演艺术的特点，剧情、唱腔，尤其是对主要人物形象的刻画手法等均作了颇具专业水准的解说，使人听之入迷，上了一堂戏剧艺术课。夏老无子女，待我辈格外亲切。那天又留我共进晚餐，席间谈及北京香山红叶正浓，提议要兑现曾经许诺过陪我一起出游的意愿。夏老一生勤勉、著作等身，稿费巨额且高级教授待遇优厚，然日常生活始终节俭简朴，清茶淡饭相伴终生，令人敬佩！

我们挑选了一个晴朗的午后准备去香山看红叶。夏老夫妇加上我，还有一位夏老的学生、中国社科院文学所的研究员共四人。外出登山对当年的夏老可是件大事，夫人细致周到，准备了点心、茶水、手杖等物品。那时的北京出租车还是比较少，四人一路搭乘公交车，几经周折谈笑风生。夏老似乎忘记了自己的年龄，像小学生外出郊游般地开心。到西郊香山脚下已是下午三点时分。仰望香山：落霞披坡，万紫千红，一派深秋的烂漫景象。四人走几步停歇一下，边欣赏边闲聊。其谈论的内容仍是以诗词为中心。他的学生一路提问有关词学方面的问题，夏老总是细声细语地娓娓道来，似乎就在课堂上。这是做学问的另一种方式。放情大自然去探索古诗词的韵味、魅力，寓诗词于天地之间山水相伴或许更能激发词人的创作灵感吧。我想此刻此景联想唐人杜牧的诗句"停车坐爱枫林晚，霜叶红于二月花"的意境再恰当不过了。攀登台阶，拾级而上即使漫步总归是比较费力的。我们走走歇歇，秋高虽气爽然时带凉意。估计只走了十分之一的山路，天色渐暗。那时候香山还没有缆车，大批登山的游客已蜂拥般地下山而来。逆流而上步履更显艰难，抬头遥望山顶"鬼见愁"颇感兴叹。见夏老走到后来多有力不从身，夫人和我们均劝先生到此为止，休息回程。当时的我内心十分焦灼，一位年届八旬的耄耋老人为了兑现曾经的许诺竟然付出如此艰辛的代价，深感不安和愧疚，然而更多的是敬佩！此行可谓给我上了一堂人生大课！

此后的几年即夏老的晚年，在夫人吴无闻先生的主持、协助下陆续整理出版了多部著作且均有寄赠予我。包括之前赠送的《夏承焘词集》《唐宋词人年谱》《天风阁诗集》《天风阁学词日记》等等。直至一九八六年的春夏之交，我在温州家中收到来自北京的讣告函，得知夏老于当年五月十一日逝世的消息，让我悲痛不已。那次香山看红叶或许就是夏老平生的最后一次郊游，竟然也成了我俩的最后一次会面。先生的谆谆教诲之音至今仍不绝于耳。他那严谨的治学态度，宽厚的大家风范，勤勉节俭、一诺千金的中国传统文人的道德修养，实为我辈"高山仰止，受益终生"！

二〇一八年十一月四日

本文原刊《温州日报》二〇二〇年一月十四日。

"生荣死哀，身没名显"

——"一代词宗"夏承焘的晚年

陈美林

夏承焘（瞿禅）老师生于一九○○年，至今整整一百一十周年：一九八六年病逝，至今人天水隔也近四分之一世纪。近读夏师《天风阁学词日记》，一九五○年九月二日有对我们新生进行面试的记叙，至今也整整一个甲子。六十年前投入夏师门墙，在校期间，与夏师朝夕相处，毕业八年后即一九六一年，方始与夏师重聚数日，对这两段岁月，我分别写有《和夏承焘老师同在"运动"中》（《历史学家茶座》二○○八年第三辑）、《记夏承焘老师一次讲学活动的前前后后》（《文史知识》二○○九年第五期）。一九六一年分别以后，直到一九七四年才恢复联系，直至夏师仙逝为止，未曾中断，其间还曾去北京拜见夏师一面。对于夏师的晚年生涯，现我所知，略作追叙。

一

　　一九七四年"文革"期间，一次政治学习间隙，唐圭璋先生低声对我说："你的老师来找你了。"说完，掏出一封信递给我，原来是瞿禅师的信。信上说，他有一个学生陈美林，五十年代曾在江苏师范学院工作，现在不知在何处，盼圭璋先生代为打听。"文革"初期就听说夏师是首批被批斗的资产阶级反动学术权威，一直靠边。如今仍身处逆境，却主动寻找一个多年未联系的学生，令我十分激动，当晚就给夏师写了信。不几日，收到夏师于一九七四年十一月七日从杭州道古桥杭州大学宿舍寄来的复信。瞿禅师在复信中首先叙及往事，说"十余年不见，得书快慰。忆解放初在嘉兴参加土改时，一日与你席地睡一处。当时同一队者，王西彦亦十余年未见，只沙孟海兄在杭州博物馆任事，住西湖滨，时常见面"。接着叙说近年生活情况，"三年前丧偶，今与吴闻（字无闻，雁宕山人）共生活，乃老友吴天五之妹，任《文汇报》记者廿余年，近新退休"。多年未见老师手迹，捧读此信，十分兴奋，反复读了几遍，发觉夏师毕竟已是七十五岁高龄老人，虽然念念不忘往事，但记忆却有些模糊了。一九五〇年冬浙江大学中文系师生奉浙江省委之命去嘉兴参观土改，一九五一年秋华东教育部又通知国立大学文法学院师生要参加一期土改，浙大文学院师生便去安徽五河参加土改，夏师将这两事相混。嘉兴之行，有沙孟海老师而无王西彦老师，沙师《决明馆日录·土地改革篇》后来影印出版，记参观土改的师生名单很详；而五河土改方有一九五一年春调入浙大中文系的王西彦老师，并无沙师，因嘉兴归来不久，沙师即调浙江文物管理委员会工作。

从此与夏师信函不断，来信大都叙及往事，流露出浓郁的思旧之情。特别是嘉兴、五河之行。如一九七七年十二月七日信中说"回忆土改时联床，忽忽如数十年"；一九七八年一月八日信中又说"久久不见，甚念甚念。忆解放初往皖北土改，和您卧铺比邻，三十年往事，尚历历在脑中"。此信与上封来信相距不过月余，就联系而言，不能说"久久"，但从晤面而言，则是自一九六一年相聚以来则已十七八年，"久久不见"确非虚言。收读此信后便想寻机会去拜见夏师，但直到一九八三年五月方有此机会，其时夏师已定居北京，我乃趁赴大连参加学术会议之便，特地在北京逗留数日，在陈翔华兄陪同下前往卫戍区医院探视，此时夏师已八十四高龄，夫人吴闻先生陪侍在侧，夏师乍见我去，还大声呼道："陈美林来了，陈美林来了。"显得无比高兴，拉着我的手，絮絮叨叨地说及往事，但说着说着又岔到不相干的事上。吴闻先生便说："老先生又犯糊了。"病房不能久留，便与翔华兄退出。翔华兄是夏师六十年代弟子，长期在北京工作，随时可与夏师见面。他对我说，我给夏师的信，夏师都交他看过，而且叮嘱他不要中断与我的联系，夏师告诉他说，陈美林是值得保持联系的他的弟子之一。

总之，自一九七四年以来夏师给我的信中经常提起一同参加土改的情景，如一九七九年一月十九日来信说"久别得书，如接谈笑。回忆数十年前一次下乡土改，与君打地铺在一起，并同行访农民作诗写斗地主"，"他日寻觅有得，当写出赠你作纪念"。不久，果然收到夏师手书的条幅《满江红·皖北五河县治淮》。当年土改与治淮同时进行，在土改间隙，还去治淮工地参观。夏师何以再三回忆起土改时的相处，当时还不理解，后来读到《天风阁学词日记》方有所悟。《日记》一九五一年十月二十三日记道："予得组长照顾，派往乡公所所在地，并以杨生纯仁照顾予，此陈生美林好意也。"土改时，我被任命为五河县五北区訾湖乡土改工作组组长。当时夏师已年过半百，便留他在乡政府而不下村，并嘱教育系同学杨纯仁多加照顾。其实这是任何人做组长都会做的事，未想到给夏师留下如此深刻的印象。

　　夏师晚年给我的信中，经常怀念他的友人。即如未曾与夏师中断过联系的唐圭璋先生，也时时在他念中，几乎每封给我的信中都要我代向唐老问好，并询问唐老的健康情况。其他如钱南扬先生，也是夏师老友，一九八○年四月三日给我的信中说："月前接南扬先生惠赠新著，欲报以拙著二册，忘其地址，盼弟即示详址。如晤及请先致谢。"除老友之外，一九六一年夏师来南京讲学时结识的友人，也有在其念中的，如一九七五年二月六日来信说："南京有于北山同志，著《陆游年谱》甚好，十余年前曾与我在南京晤见，近仍在南京否，请代打听。"据《天风阁学词日记》一九六一年十月十三日："午后在南京师院中文系古典组开座谈会，晤圭璋、金启华、杨白桦、于北山（师专）等数十人。于君新著放翁年谱，谈放翁事甚多。"于北山同志当时任职于淮阴师专。

除思念南京友人外，夏师还思重游南京访友，一九七九年一月六日从北京来信说："焘拟今年春秋佳日，再南游访旧。"数日之后，一月十九日来信再次说及"今年身体有好转，很想重游江南"。夏师曾多次来游南京、苏州、无锡等地，结识了许多著名学者，如金天翮、吴梅、汪旭初、汪辟疆、胡小石、陈中凡、柳翼谋、陈石遗、范烟桥等（我曾写有《"一代词宗"夏承焘四游江苏》，见《钟山风雨》二〇〇八年第六期），但此时除圭璋先生外，大都先后辞世。我将夏师南游之意向唐老等几位先生说及，他们要我写信郑重邀请，夏师乃于六月二十一日复信说："承邀重游石头城，此事亦可考虑，只是八十老人，不能预定时日，一切视健康情况及客观条件而定。"此后终因健康不佳而未能重游江南。

在夏师欲重游石头城时，我曾问及何时南返，夏师于一九七九年五月十二日来信中说："焘来京五年，初为养病，自去年起，文学研究所办了借调手续，今后拟长期住北京。"又云："近日与北京诸词老游大竟寺，作《菩萨蛮》小阕，录奉博笑。"不数日即收到夏师手书条幅，词云：

吟人尽道江南好，江南人却天涯老。客路看青峰，千峰烟霭中。绿柳芳草地，伴作寻春计。同唱醉花阴，花深杯更深。

美林弟笑正。

夏承焘　八十岁

读罢此信、此词，知夏师不复南返矣。但思乡念旧之情并未稍减，半年后又来信云："焘在京如常，勿念。日前书就小幅，随函附去。"（一九八〇年二月一日）条幅所写为《西湖杂诗》中之第十三首、第六首，诗云："别有诗心画不成，听人吹笛过西泠。梦中岩濑茫茫绿，枕角吴山宛宛青。""断云别我向西峰，绕过孤山却又逢。正有一诗无觅处，杖头飞堕风林钟。"我知道，吴山、西泠仍时时在夏师念中，不能忘却。果然，夏师病逝京华后仍然归葬千岛湖之羡山，一代词宗依旧魂归故土。

二

夏师晚年体弱多病，但著述未曾中辍，即使在"文革"期间，夏师也继续研治学问，一九七五年二月六日自杭州道古桥来信即要我"遇唐圭璋先生，请代问《全宋词》有法代购一部否"。同年五月赴京之后，在夫人吴闻先生协助之下，不断有著述面世。夏师主要著述约二十五种，其中十三种是在一九七九年以后所出，主编书五种，全部是一九八〇年以后出版。一九七八年五月，夏师在《月轮山词论集》的"前言"中写道："自粉碎'四人帮'以来，我国文化事业又呈现出'百花齐放、百家争鸣'的繁荣景象。我这本集子，也趁此东风，将和读者见面。今天就我个人来说，已经'垂垂老矣'，因而更加恳切地希望得到读者的帮助和指正，使我还有'一个新的开始'。"这本《论集》于一九七九年九月由中华书局出版后，寄我两本，一本嘱转圭璋先生。

在这本《论集》面世前，《瞿髯论词绝句》即已发表，一九七八年一月十八日夏师来信说："论词绝句八十首，近在香港《大公报·艺林》双周刊滥见，将来汇集出书后再寄奉。"一九七九年三月中华书局出书，其中有写于一九七九年春的"前言"，说"回溯初着笔时，予客钱塘江上，方在壮年。今藏事于北京之朝阳楼，则垂垂老矣"。后又在八十二首基础上增加十八首，于一九八三年二月再版，一、二两版均承夏师题赠。

年逾八旬高龄的夏师不断出书，如一九五四年出版之《唐宋词人年谱》，又于一九七九年五月由上海古籍出版社出版"新一版"。《唐宋词欣赏》于一九八〇年七月由百花文艺出版社出版。一九八一年三月，湖南人民出版社出版了《夏承焘词集》；一九八四年七月天津百花文艺出版社出版之《天风阁词集》是此书的续编。

此外，还指导后辈学人，或与其合作、或为之审订著述出版，如中国社会科学出版社一九八一年四月出版之《韦庄词校注》，乃由邓金城校注，而由夏师审定。一九八一年六月，上海古籍出版社出版之《放翁词编年笺注》，乃是吴熊和与夏师合作而成，在"后记"中夏师还特地说明，此前先有苏州彭重熙、四川刘遗贤二君从事此项工作，"不可没二君前导之功"。书目文献出版社于一九八一年出版了《域外词选》，夏师在"后记"中自叙此选乃"数十年来"之"搜求"所得，"经历沧桑，幸未坠失。近年检得此稿，以为稍加理董诠释，交付剞劂，将有助于中外文化交流"，至于此选的注释，则由张珍怀、胡树淼二人为之。《天风阁诗集》则由浙江人民出版社一九八二年一月出版，吴闻为之作注。一九八三年一月，人民文学出版社出版了《金元明清词选》，包括金词五十首，元词八十一首，明词一百二十首，清词二百一十四首，此选由夏师和张璋主编，参与编注者有吴闻、黄畬和周笃文等人。

夏师晚年根据毕生治词之经历，认为词籍整理工作，自明季毛晋以后，丛刻渐兴，有《宋六十家词》《四印斋刻词》《灵鹣阁刻词》《双照楼影刊宋元本词》《彊村丛书》五大丛刻，搜求虽广、辨审亦精，但皆限于宋元，不及明清。自陈乃乾《清名家词》后，有叶遐庵《全清词钞》，虽有筚路蓝缕之功，但校勘略疏，存词过少，而"有清一代，词学昌隆"，如能整理清人词籍出版，以"鉴古酌今，尤有意义"。夏师在京养病之余，常有词友"风雨过从，议论纵横"，"乃思哀集清人词集，稍加理董，试为《四印斋所刻词》《彊村丛书》之继"。以此，便"与周笃文、冯统一、吴无闻诸同志粗定凡例"，由夏师主编《天风阁丛书》交广东人民出版社出版，但仅出版四种，即《饮水词》（冯统一校，一九八四年）、《梅村词》（李少雍校，一九八五年）、《衍波词》（李少雍校，一九八六年）和《曝书亭词》（吴肃森校，一九八七年）。

以上诸书均由夏师题赠寄下，《曝书亭词》则为吴无闻先生题赠寄来，唯《金元明清词选》是一九八三年五月去京时，夏师所当面赠与，另有赠给圭璋老、千帆先生的二部亦交我转致。如今夏师逝去二十余年，十余部著作仍在，不时翻检拜读，犹记往昔耳提面教之情景，可是再也不能与夏师互通音问、促膝交谈，思之凛然泫然。

瞿禅师晚年除潜心著述外，还积极参加一些学术活动，在与北京词友聚会、研讨学问之余，还参与发起组织韵文学会。早在一九五六年，章士钊、叶恭绰、张伯驹等学者经周恩来总理同意筹建中国韵文学会，但不久因反右运动而未果。一九八〇年，夏师在京与当时仍健在的张伯驹联名重新提出组织韵文学会。他们拟定了"韵文学会缘起"，分致有关学者签名附议。夏师曾于一九八〇年六月十九日给我一信，说"韵文学会事，弟能与诸老联系，甚好甚感。签名纸希望本月底前寄京。如届时仍有一些人外出未归者，只得告罢"。我找了圭璋老和千帆先生，他们欣然签名，一九八四年中国韵文学会终于成立，夏老被推为名誉会长，圭璋老曾对我说："夏老身体不好，但名誉会长还是要他来担任的，否则我就不能任会长。"充分表现了唐老对夏老的尊重，也显示了圭璋先生的谦虚胸怀。

　　夏师对我的学术研究也很关心，早在一九六一年相聚苏州时，他已了解我的研究重点在于古代小说和戏曲，但不时也有论及诗文的文章发表。晚年与我恢复联系后，让我将近来发表的论文寄他一阅，我就将一九七七年以后发表的有关小说、戏曲以及杜诗的文章陆陆续续寄给夏师，每每得到他的鼓励和肯定，如一九七九年一月六日信有"读过甚佩"之语。《颜李学说对吴敬梓的影响》一文发表后寄给夏师，引起了夏师回忆，在一九七九年六月二十一日信中说："大作读过，无任欣慰。此题甚好。焘廿余岁客西安，甚爱读颜李所著书，读大作如温旧课，回味醇醇。"夏师曾于一九二五年任西北大学讲师，在陕期间，对清初思想家如唐甄（1630—1704）等人做过研究，发表了《唐铸万学考》，自然也会涉及对颜李著作的探讨。

　　一九七八年一月十八日夏师来信说香港《大公报》"副总编陈凡不久前来京组稿，拙作（指论词绝句）遂为取去。彼离京后曾到南京、上海、杭州各大学组稿，想你们或已晤及"。我未曾见到陈凡先生，但当年段熙仲、吴调公两位先生曾先后对我说及"艺林"副刊组稿事，让我给他们写稿。此后便在《大公报·艺林》发表了几篇有关古代文史的文章。一九八五年一月，"艺林"负责人马国权先生来信，让我为该刊主持一个"专栏"，每月提供一至两篇文章，因当时除了指导研究生外，还忙于学术专著的撰作，一时无暇顾及，便婉言辞谢。总之，我虽然未随夏师研治词学，但我在学林寻步中，也曾得到他的关注，如同另一位词学大师唐圭璋先生对我的关注、支持一样，是不能也不会忘记的。

三

夏师于一九一八年从浙江温州师范学校毕业后一直从事教育工作，先后任小学、中学教师。一九三〇年起入之江大学任讲师、教授，上世纪四十年代起任浙江大学教授，直至一九八六年五月十一日病逝于北京，从教逾半个世纪，是一代名师。从一九二五年在温州中学任教时起，夏师即专攻词学，不断有论著发表，一生著作等身，成为一代词宗。由于瞿禅师在教育和学术上的杰出贡献，中国韵文学会、杭州大学、中国社科院文学所、中华书局、浙江省作家协会、岳麓书社、湖南人民出版社、浙江古籍出版社于一九八四年联合举办"夏承焘教授从事学术与教育工作六十五周年庆祝会"陈翔华兄寄来"请柬"数份，让我分送南京几位老先生。次年为唐圭璋先生举办的庆祝会"请柬"，即以夏师庆祝会的"请柬"为范式印制，这两份"请柬"正是当代词坛双子星的标志物。

夏师庆祝会于十二月五日在京举行，新华社当天作了报道："被词学界誉为'当代词宗'的夏承焘教授从事学术与教育工作六十五周年庆祝会今天在政协礼堂举行。"接着是介绍夏师生平；继而报道了赠送贺辞、贺诗的盛况，"胡乔木在托人送来的贺辞中称他为'文坛先进，词学宗师'，叶圣陶先生也赋诗四首作贺"，最后则是参加庆祝会的各界代表，"首都文化界有关负责人贺敬之、夏鼐和邓广铭、任继愈、余冠英、蔡若虹、姚雪垠等专家学者参加了庆祝会。日本早稻田大学的稻畑耕一郎教授也到会祝贺"。十二月六日中央电视台"新闻联播"中还播放了庆祝会实况，参加庆祝会的各界人士有三百余人。

庆祝会收到贺诗、贺联、贺词、贺画、贺函数十件。夏师老友缪钺教授贺诗二首，有云："词坛今日推宗匠，天下英雄惟使君。""头白著书神益健，名山大业足千秋。"充分肯定瞿禅先生学术研究上的成就与贡献。叶圣陶先生贺诗第三首云："欣闻嘉偶是吴闻，体贴惟周凤擅文。诗集重编吴作注，词心毕达至精勤。"则是肯定吴闻先生成为夏师从事著述的得力助手。苏步青教授的贺诗云："词笔中华第一流，祝公京邑日悠悠。"夏鼐先生贺诗云："一代词宗推巨匠，遗编校理亦千秋。"王季思教授的贺联则为："海内论词风，惟临桂吴兴，差堪伯仲；天涯怀旧雨，记山楼水阁，曾共晨昏。"沙孟海先生贺联是："寿同金石固；气与霜天高。"这些贺词贺联，都充分赞扬了夏师的非凡成就，可谓"其生也荣"了。

夏师毕竟年老多病，此会之后，健康逐渐恶化。一九八六年五月十一日因心肌梗塞而病逝，享年八十有七。对于瞿禅师的病逝，新华社于五月二十一日作了长篇报道，略为摘录如下：

"一代词宗"缀有这四个大字的一面红旗，覆盖在我国著名词学家夏承焘教授遗体之上。……告别仪式，今天上午在八宝山革命公墓礼堂举行……四周陈放着的花圈，分别是习仲勋、乔石、胡乔木、邓力群、张劲夫、张爱萍、赵朴初、叶圣陶等同志，以及中央国家机关一些部委、杭州大学和文化界、学术界人士送的。……四百多位各界人士今天向夏承焘先生遗体告别。近六十副挽联悬挂于礼堂大门周围，表达了人们对于著名学者夏承焘教授的仰慕与悼念之情。

真可谓"其死也哀"。

夏师词友唐圭璋先生挽词为《浣溪沙·瞿禅词宗千古》："噩耗惊传怎禁哀，奋飞无翼到燕台。泪珠自落梦桐斋。 海雨天风酬素志，龙川白石出新裁。名扬环宇仰高才。"同时唐老又写有《瞿禅对词学之贡献》一文，说夏师"继往开来，为发扬祖国优秀的文学遗产做出了巨大的贡献"。王季思先生除写有《金缕曲》一词表示震悼之外，又在香港《大公报》发表《一代词宗今往矣》一文，记叙了六十多年来与瞿禅师的交往历程，文中有"一代词宗，芳流海外；等身著作，光照人间；人生到此，可以无憾"。的确，夏师与另一位词学大师唐圭璋先生一样，他们的业绩直可"光照人间"，两位大师均可谓"生荣死哀，身没名显"。

笔者于一九九一年一月十五日在《人民日报·海外版》发表《词坛巨星的陨落——缅怀瞿禅师哀悼圭璋老》后，又在一九九一年二月二十八日同一版面发表《我亦有孤剑，植发望燕云——夏承焘先生的爱国情操》，以示追念。如今唐老逝去已二十年，夏师仙去也近二十五年，在为文追怀唐老之后，再作此文以追思瞿禅师。

本文原刊《世纪风采》二〇一〇年第十二期，选自《学林忆往》，南京师范大学出版社二〇一七年十月第一版。

夏承焘

黄苗子

读郑逸梅先生《一代词宗夏承焘》一文，对瞿髯先生生平，记述綦详，至为可贵。我于七十年代末在北京，有缘得与夏老亲炙。记得第一次是在某年春节赴北京师范大学的公共汽车中，对面坐一老者，丰神秀朗，须发如银，等到下了车，才知道去拜访的同是一位老人——钟敬文先生是也。经钟老介绍，晤谈之际，知夏老新从浙江大学迁京，和他的夫人吴无闻同住朝阳门内大街。夏老因蜗居不远，时亦屈尊来舍，所以常得请益。那时听说夏老来京，是应一位爱好诗词的文化大员之邀，但世事变迁，这"一代词宗"便如逸梅先生所说，真个"流落北京"。好在夏老在杭州数十年，还有些私蓄。到后来湖南出版社先替他出版词集，接着《天风阁诗集》《唐宋词论丛》《天风阁日记》等先后出版，生活才逐渐好转。听说八十年代，夏老曾在团结湖区购一单元终老是间。大约浙江大学仍然保留他的退休教授的工资也未可知。

"文革"后夏老来京的原因，除了和他这位得意门生无闻女士结合外，杭州人还传说夏老有些家庭纠纷。但和吴夫人的结合，可能确是夏老真正过美满家庭生活的人生一段。吴夫人对他不仅是贤内助，并且是夏老晚年词学写作的得力助手。一九八六年夏老以老病终，得归葬浙江千岛湖，当亦是无闻夫人之力。夏老一生致力词学，用功极勤。他的《天风阁学词日记》是我爱读的近人著作之一。

本文选自《世说新篇》，生活·读书·新知三联书店二〇〇六年八月第一版。

天风阁遗事

——《淮海栖笔记》五则

秦子卿

一

夏承焘先生昔尝示余《满江红》词，述一九五一年皖北治淮时夜行垓下、阴陵、大泽事。余因次其韵奉和，起句云："一代词宗，天下士，同瞻山门。"先生报书逊谢曰："赐和一首，开头数语，即令人震骇不置，必不敢承也。"然余此语实非谀辞，自信尚属公论。后至一九八〇年湖南人民出版社印行《夏寿焘词集》，彭岩石作"书后"云"学术界称之为'一代词宗'，是对他在词的理论修养和创作实践方面的总的科学评价"。竹帛著之，公论于焉定矣。

二

瞿禅先生诗词皆不苟作，或如阆仙之推敲，反复斟酌而后定；或如半山之玩味，虽定稿亦更易之。此类例证极多，可以想见先生治学之谨严。如上述《满江红》词录示之后，复来书云："前呈满江红《过垓下》词，近改写数句，兹再奉呈，请赐还原写一纸，费神，谢谢！"不第此也，及至后来结集出版时，此词又经数处修改矣。再如《题白石道人歌曲》诗二首，亦几度切磋琢磨，尝来书云："顷改成题白石集二首，附上博哂。"其诗曰："江湖载酒若为情，落纸高谈泽潞兵。杜牧《罪言》谁会得？二分冷月在芜城。""辛陆诸翁鬓已皤，枕边鼓角绕关河。江南士气秋蚓曲，白雁声中奈汝何。"此诗《瞿髯论词绝句》中仅载前首，且有两句业经改写，而后首已删去，故为补录之。

三

夏著《唐宋词人年谱》，为韦庄、冯延巳、南唐二主、张先、二晏、贺铸、周密、温庭筠、姜白石、吴梦窗等十二家年谱合刊，而阙婉约派大家秦淮海，盖文献不足之故也。先生为此广事蒐求，知余乃淮海后裔，特抵书垂询。时余方撰成《淮海年谱》初稿，遂复书以应，提供资料。然先生因高血压、白内障及脑动脉硬化诸症相扰，卒未补作。

四

瞿翁笃于友情，每裁答，心躬亲，虽或有采薪之忧，亦往往长篇累牍，分数次写成；书末则云"幸恕病中草草"，或云"手战不惯用毛笔，读恕草草"，或言"病中不能多伏案，草草敬覆"之类，字里行间，可见古君子风。一九七五年起，先生由杭入京治疗，后因防震而流寓郑州、长沙数月，尚能自理积稿，亲作尺牍。迨一九七九年春，余友孙止匡来函云："前者闻诸我系同志，谓夏老拟于今春回暖之时来宁小住。近复据友人见告，夏老迩者多病体衰，是否能远途劳顿，颇成问题，年初所言，恐一时不克实践矣。来日倘或有南来消息，弟自当专函奉告。"然夏老终未南来，而宿疾时有起伏，近年已不能自书信札，悉由夫人无闻女史代笔矣。

五

甲子岁暮，拟订丙寅之秋在江苏高邮举办全国首次秦少游学术讨论会，委余约诸瞿禅先生任顾问，并求为《秦邮续帖》作书勒石。迨乎今春三月初，余因公入京，驱车造访，先生正卧病在家，以《天风阁词集》见贻。无闻夫人觅详述病状，聆之窃以为忧；然不意此行竟成诀别。余南归未及一月，忽闻电台广播"一代词宗"遽尔长逝，伤哉！

本文原刊《词学》第六辑，华东师范大学出版社一九八八年七月第一版。

访词学家夏承焘先生

杨牧之

进了夏先生的起居室，迎面就是一幅《老松图》。这是刘海粟先生今年春天画给夏先生祝贺他八十寿辰的。一棵老松，虽然不像青松翠柏那样郁郁葱葱，但枝枝如铁，傲然挺立，却给人以力量。

当我把刚刚出版的《月轮山词论集》样书送给他时，他很激动，摘下眼镜，细致地端详着书的封面，说："想不到我这本书还能出版。"此时此刻，老先生的感情是不难理解的。这本《月轮山词论集》的出版的确不容易。书里的大多数文章早在一九六六年就排出清样，准备付印了。恰到这时，"文化大革命"开始了，这本书当然也在"横扫"之列。十年，是那么漫长，又是那么短暂。想不到历史竟然这么快地就把人们尽情地嘲弄了一番，车轮又以排山倒海之势，滚滚向前了。

夏先生是我国当代著名的词学研究家，他有关词学的著作有十几种，最脍炙人口的有《唐宋词人年谱》《唐宋词论丛》《姜白石词编年笺校》等。他从二十岁起就献身于教育事业，历任几个大学的词学教授。正如他最早的学生、现已七十来岁的王权先生诗中所说："亲栽桃李三千树，管领风骚六十年。"

夏先生为什么会有这样杰出的成就，他在研究诗词的过程中有什么快乐或苦恼？我见夏先生兴致正高，便冒昧地发问了。

衣带渐宽终不悔

夏先生说："我爱好词学，得感谢我的老师。"说着，讲了一个有趣的往事。有一次老师在课堂上给他们讲唐人朱庆余的《宫中词》，其中有两句："含情欲说宫中事，鹦鹉前头不敢言。"那时夏先生只有十四岁，兴之所至，便填了一首《如梦令》。词中有这样两句："鹦鹉，鹦鹉，知否梦中言语？"意思是说，尽管你会学舌，可是我梦中说的话你总学不了吧？教国文的张震轩老师看到后，在这两句词的下面，用朱笔浓浓地画了几个圈。夏先生说："我拿到笔记本，高兴极了！其实只不过多画了几个圈。可是，小孩子多么看重这几个圈呀，它给了我极大的鼓励。从那以后，我填词的兴趣更浓了，一有时间就背诵东坡词，还工工整整地抄了全部《白香词谱》，慢慢地走上了研究词学的道路。"讲到这里，夏先生流露出对他的老师的无限怀念之情。

夏先生感激他的老师，感激点燃他心中知识之火的启蒙者，但夏先生之所以能成为词学专家，主要还是因为他自己的勤奋刻苦。

一九〇〇年，夏先生出生于浙江省温州市一个普通的商人家庭。夏先生说，他自己并没有什么特殊的禀赋，他的秘诀就在于苦干。他说，"笨"从本，"笨"是根本。一个人生来本来什么也不会，这没有什么可怕，可怕的是自己不学习，不苦干。

一九一八年，夏先生在温州师范学校毕业。他先在温州作小学校长，又在北京当报纸副刊编辑，后来到西安，在西北大学教授诗词。五六年间从东南到西北，历尽艰辛，但接触了社会，开阔了眼界，他的诗词写得更加深刻了。

一九二一年，从北京去西安，旅途中夏先生作《清平乐》：

吟鞭西指，满眼兴亡事。一派商声笳外起，阵阵关河兵气。马头十丈尘沙，江南无数风花。塞雁得无离恨，年年队队天涯。

揭露了军阀混战给人民造成的灾难，饱含了对国家兴亡的忧虑。

一九二三年，诗人作《登长城》，诗中说：

不知临绝顶，四顾忽茫然。

地受长河曲，天围大漠圆。

一九吞海日，九点数齐烟。

归拭龙泉剑，谁知此少年。

抒发了青年人的豪情壮志。

一九二六年，夏先生又回到江南，在浙江建德第九中学教书。建德是个美丽的地方，严子陵钓台就在这里。第九中学原来是州府的书院，里边有一个很大的书库，一直封闭着，没人利用。夏先生讲到这里，顿时兴奋起来，他说："我多亏了那个书库，它帮助我打下了学问的基础。"

夏先生到第九中学后，带着学生把书库整理好，每天上完课，就钻进书库读书。在那里，他阅读了大量的有关唐宋词人行迹的笔记小说，披沙拣金，往往见宝。后来的《唐宋词人年谱》以及姜白石研究资料，都是在这里积累起来的。

一九三〇年，夏先生开始在之江大学任教。他住在钱塘江边的秦望山上，小楼一角，俯临六和塔的月轮山。"诗思比江长"（《望江南·自题月轮楼》），在这期间，夏先生创作了许多美丽的诗词，也写作了大量的词学研究文章。

"您发表的第一篇文章是哪一篇？"

"我记得是《白石歌曲旁谱辨》。"

说到这里，夏先生讲了一个有趣的故事。夏先生刚刚开始研究词学时，并没有打算著书立说，文章写好后就放到书架上。有一次，顾颉刚先生到之江，在书架上发现了《白石歌曲旁谱辨》，关于"旁谱"的知识已经没有多少人懂了，夏先生的文章深入浅出，纹清络楚，顾先生十分欣赏，便把它带回北京。不久，《燕大学报》就登了出来。夏先生说："不久，《燕大学报》

给我寄来稿费，我记得很清楚，是一百个银元。我从银行把钱取回来，同事们都十分惊讶，有的人说，真没想到一篇文章会有这么多稿费……"

坐在一旁的夏先生的夫人吴无闻同志笑着说："其实真不容易，老先生有一首诗，'江湖秋浩荡，魂梦夜飞沉'，说他自己作学问作得梦寐以求，常常整夜难眠。"

岁月流逝。六十年代是夏先生意气风发，硕果累累的季节。一九六一年写了《李清照词的艺术特色》《龙川词校笺》（与牟家宽合作），一九六二年写了《辛弃疾》（与游心水合作）、《读词常识》，一九六三年写了《词源注》，成果与日俱增。当时，夏先生写了一首《望江南》，抒发了自己的情怀：

支筇去，万象塔山前，解道夕阳无限好，衔山异彩忽弥天，相顾几华颠。

这首词写的是一九六三年他去莫干山旅行的情况。同行几位都是"华颠"老汉了，但大家老当益壮，志在千里。古人说，夕阳无限好，只是近黄昏。夏先生说，即便是夕阳，也要放出弥天异彩来。从莫干山回来，暑气未退，夏先生便着手修改《词林系年》《词例》等稿。正当此时，史无前例的运动开始了。

青山遮不住，毕竟东流去

夏先生越谈越健，吴无闻同志笑着问我："你知道《瞿髯论词绝句》前言中'禁足居西湖'是什么意思吗？"没等我回答，夏先生便哈哈大笑起来："禁足，不得随便行动也。那是我在'文化大革命'中蹲'牛棚'的收获啊！"

夏先生见我莫名其妙，又接着说："杭州大学的'文化大革命'是从'林夏战役'开始的。林，就是杭大校长林淡秋同志，他是党内资产阶级的代表；夏就是我了，我是党外资产阶级反动学术权威……"

"回忆是最美好的"，这话不无道理，即便是十分痛苦的往事，经过岁月的变迁，也会使人从中抽象出一些动人的东西来。

一九六六年六月二日，杭州大学校门口贴出了一幅大标语："绞死牛鬼蛇神夏承焘！"下面抄录了一首诗：

敢想容易敢说难，说错原来不等闲。
一顶帽子飞上头，搬它不动重如山。

杭大的师生都很熟悉，这是夏先生一九五八年写的一首打油诗，批评某位同志不让人讲话。这次重抄出来，大字报的作者给戴上了一顶大得吓人的帽子："一首恶毒攻击教育革命的黑诗。"夏先生惊得目瞪口呆，但他还是掏出笔记本，一字一句地抄了下来，准备向革命群众交代。

当晚，大会批斗林淡秋。夏先生与其他"牛鬼蛇神"奉命陪斗。尽管在书斋里作了一辈子学问，夏先生还是明白，先党内后党外，打倒了林淡秋，下一个就该轮到他了。回到家里，他亲自书写了一幅大标语："打倒夏承焘！"然后，端端正正地贴在自家的门墙上。他想，应该表这样一个态吧？

夏先生一生治词，最崇拜苏东坡。这时候，苏东坡的达观思想帮助他解脱了困境。夏先生说：东坡贬官到海南，并不感到痛苦，所谓"日啖荔枝三百颗，不辞长作岭南人"，相反倒心满意足；秦观则不同，才到郴州，就抑郁而死。于是，夏先生默念着苏东坡"也无风雨也无晴"的诗句，平静地继续着他的学者生活。然而，一个更大的罪名又压了下来：夏承焘里通外国！

"您怎么还有这个罪名呢？"我被"里通外国"弄糊涂了。

"就是因为这篇文章。"说着，他打开《月轮山词论集》，指给我看《岳飞〈满江红〉词考辨》一文。我还是不得要领，便说："里边泄露了什么机密吗？"

"哈哈……"夏先生爽朗地笑了。

吴无闻同志说："他一个书呆子知道什么机密，原因也很简单，就是因为这篇文章是在日本的刊物《中国文学报》上发表的。"

《中国文学报》是日本京都大学的一个学术刊物，日本的著名教授、"中国学"专家吉川幸次郎先生、清水茂先生都曾经参与编辑工作。五六十年代他们和夏先生时有书信往来，互相交流研究心得。一九五三年，夏先生在信中谈到韦庄的《又玄集》，说在中国，这本书只见著录书名，却找不到完整的书。清水茂先生热情地把日本保存的版本整部书影印出来，寄赠夏先生。夏先生交出版社出版。这样，韦庄的《又玄集》，经日本友人的帮忙，又回到了它的祖国。

为了表示感谢，夏先生把据清水茂先生寄来的版本影印出版的《又玄集》，回赠给日本朋友，同时，将自己的论文《岳飞〈满江红〉词考辨》寄给日本同行，请他们指正。

其实《岳飞〈满江红〉词考辨》是一篇考证性文章。几百年来，人们都认为"怒发冲冠，凭栏处，潇潇雨歇"是岳飞之作。"壮志饥餐胡虏肉，笑谈渴饮匈奴血"，慷慨激昂，鼓舞了多少仁人志士抗敌救国。但夏先生说，对词的"科学鉴定"与词的"历史意义"不应该混淆起来。他认为这首词不是岳飞的作品，理由是：一、这首词最早见于明代，从不见于宋元人记载；二、岳飞的儿子和孙子两代搜访父祖遗稿，不遗余力，历经三十余年，而不曾见到脍炙人口的《满江红》；三、从地理常识上说，"驾长车踏破贺兰山缺"，贺兰山在今西北甘肃、河套之西，南宋时属西夏，而不属于金，岳飞要直捣的是金国上京黄龙府，黄龙府在今天的吉林境内。南辕北辙，怎么能把《满江红》同岳飞联系在一起呢?夏先生颇为兴奋地把自己研究的心得贡献给读者，就正于方家，哪里料到却招来一场横祸！

事情很清楚，这是中日两国学者以文会友互相切磋的友好关系；这种交往，只会促进两国的文化交流和两国学者的友好情谊。而且，中日两国学者这种友好的往来，源远流长，早在一千多年前的唐朝，就已经开始了。日本的遣唐使晁衡回国，误传噩耗，伟大诗人李白曾写诗悼念："日本晁卿辞帝都，征帆一片绕蓬壶。明月不归沉碧海，白云愁色满苍梧。"为什么我们连一千多年前的古人都不如呢？但是，那时候，这些如白日青天一样的事实有谁听？跟外国人通信来往就是"里通外国"，不必多说！

"'林夏战役'把您斗得够可以的吧？"

"算我幸运，大会批斗没有轮上。刚要斗我，全国大串联开始了。红卫兵杀向全国，他们顾不过来斗我了，就把我们关了起来。书不让看，报不让读，不许随便走动，这不就是'禁足居西湖'吗？冬日夜长，没法打发日子，我就开始作诗。但毕竟是铁窗风光，哪里考虑得齐全呢？这就是我在前言中说'仓卒未写定'的意思。"

"这真是'林夏战役战果辉煌'啊！"在座的几个人都哈哈大笑起来。

谈到"里通外国"，夏先生回忆起往事。抗战时期，夏先生避地上海，眼看汪精卫政权卖国投敌，充当了可耻的汉奸，他作词谴责。在《鹧鸪天》（一九三九年作）下阕中，他写道：

持涕泪，谢芳菲。冤禽心与力终违。

衔山填海成何事，只劝风花作队飞。

"冤禽"，就是影射汪精卫。《述异记》中说："炎帝女溺海，化精卫，一名冤禽。"夏先生批判汪精卫逆历史潮流而动，必将身败名裂。

夏先生一个旧友投奔了汪精卫，他给夏先生写信说："希望你赶快来，汪先生是知道你的。"

夏先生回信说："你说投奔汪精卫是为了糊口，那你就在南京吃你的饭算了，不许你再开别的口。"他还作词表达自己的决心。在《玲珑四犯·过旧友寓庐感事》（一九四〇年上海作）中，他写道：

待东窗、换了颓阳，才许袖罗重把。

你要和我见面吗？等着东窗见到夕阳时再说吧，表达了决绝之意。"东窗见到夕阳"，这同古代民歌中所说的"白日参辰现，北斗回南面，水面上秤砣浮，直待黄河彻底枯"都是同样不能实现的。

我们的话题又扯到去年春天吉川幸次郎、清水茂二位先生来中国访问的事。那次夏先生因故未能同他们见面，后来日本友人曾来信表示遗憾。于是吴无闻同志，找出清水茂先生的信，信一开头就写道："看到先生大著《瞿髯论词绝句》，十分高兴。西泠尚传樊榭遗风，兴致极富，金堡为乾隆所嫉，今读高作，乃知其由。唯乾隆与金并提者有屈翁山，论词未及，颇可惜也。……"又说："吉川师（指吉川幸次郎，吉川为清水的老师）比获微恙，暂时不能奉书，托茂道谢。"看到两国学者互相鼓励，共同研讨，友谊与日俱增，我想到宋朝大词人辛弃疾的词句："青山遮不住，毕竟东流去。"诬陷、诽谤、造谣中伤，怎么能改变历史发展的必然规律呢？

还有一个"新的开始"

一九七五年，夏先生离开居住了几十年的西子湖畔，来到了北京。他给自己住的地方起名"朝阳楼"，以示胸怀。

一九七六年，周总理、朱委员长、毛主席相继去世，夏先生是何等的悲痛啊！此刻，他颇动感情地谈起他们对中国人民所作出的伟大贡献，对知识分子的关怀。夏先生说，中国有句古话，叫作"士为知己者死"，党就是我们的"知己"，我们怎么能不努力干！

夏老谈起了陈毅副总理和他的一段交往。一九六三年，政协在北京开会，夏先生作为特邀代表，出席了会议。会议期间，陈老总特地到代表们下榻的民族饭店看望夏先生，谈话热烈而欢快。当时夏先生曾写了《玉楼春·陈毅同志枉顾沪寓谈词》，记下了相互切磋论词之乐：

> 君家姓氏能惊座，吟上层楼谁敢和。辛陈望气已心降，温李传歌防胆破。 渡江往事灯前过，十万旌旗红似火。海疆小丑敢跳梁，囊底阎罗头一颗。

上阕写对陈老总豪迈诗章的倾倒，下阕抒发了对陈老总彪炳功业的敬仰。

陈老总亲自到民族饭店看问之后，又请夏先生、马一浮、熊十力、沈尹默夫妇、傅抱石六位，在政协礼堂盛宴。夏先生说，席间十分欢快，陈老总曾约定从此以后年年为此文酒会。

一九七五年，夏先生又过政协礼堂，想起陈老总对他的深切关怀，想起十二年前的盛会，想起陈老总相约"年年为此文酒会"，如今陈老总已经辞世，当年出席宴会的六个人仅剩下他和尹默夫人，物是人非，不禁神伤。但夏先生依然豪情满怀，高唱"西山爽气，依旧秋光红与紫。招手鸾凰，他日来寻六客堂"（《减字木兰花》，作于一九七五年）。江山不改，历史前进，美好的事物，为社会做出贡献的人，总是要被人们怀念与景仰的。谈到这里，夏先生轻轻地舒了一口气。从他所住的朝阳楼的东窗望出去，太阳渐渐升高了，屋子里还剩下的一点阳光，正照在夏先生的书案上，越积越高的书稿，横七竖八的参考书，可以看出主人的勤奋。不由得我又被墙上刘海粟先生的《老松图》吸引了过去……

夏先生呷了一口茶，说："我今年八十岁了，如果掉过来，十八就好了，有那么多事情要做，时间来不及了。"其实，夏先生正在兼程而行。正如他在新近出版的《月轮山词论集》的前言中所说："今天，就我个人来说，已经'垂垂老矣'，因而更加恳切地希望得到读者的帮助和指正，使我还有一个'新的开始'。"一位八十岁的老人还在努力争取"一个新的开始"，要为时代做出新的贡献，我们这些后生又该怎样做呢?此刻，当这篇访问记即将结束时，这个问题又冒了出来，它好像在对面望着我，你怎样争取一个新的开始呢?

本文原刊《人物》一九八〇年第四期。

夏承焘先生印象散记

王玉祥

一

夏承焘先生的名字印入我的脑海，那还是早在一九六二年，作为一个非常幼稚的初中学生，我第一次从伙伴手中借读到先生所编《唐宋词选》的时候。我的喜爱古典诗词，就是从那一次开始的。没有想到，十八年后仍然极为浅薄的我，居然有幸亲聆这位仰慕已久的当代著名学者和词人的謦欬，面受先生的谆谆教诲和启迪了。

那是一九八〇年八月的一个中午。我冒着暑热，第一次来到夏老的寓所——京华朝阳楼。这是北京一所极为普通的住宅楼，但我站在这里，仍然感到有点儿拘谨。像许多冒昧投师的文学青年一样，我是怀着一种"高山安可仰"的忐忑心情轻轻地叩响了四楼中间那个单元的房门的。

然而事实很快证明，我的拘谨完全是多余的。当我刚刚迈进门去的时候，正进午餐的夏老已经辍箸而起，从左侧的房间颤巍巍地迎了过来（夏老一来春秋已高，二来腿脚有些不便，所以走路较慢），口中的饭还没顾得咽下，便同素昧平生的不速之客打招呼握手了。我感到，老人的手是那样强劲有力。

右侧的起居室里设有好几架摆满了线装书的书橱，一张紫檀色的写字台，以及铁床、茶几、沙发、木椅等家具，墙上悬挂着夏老的半身素描画像，还有几张诗词条幅。雅致的房间，以一种浓烈的学术气氛吸引着来访者。夏老拉着我的手，再三让我来坐沙发，而他自己却要去坐木椅。我坚持着扶老人坐到沙发上。这时，我留意到，老人形貌端庄，精神矍铄，面色和蔼，举止从容。身着中式青布衣，足蹬圆口青布鞋，装束朴素而寻常。如果他在街头那熙熙攘攘的人群里，陌生人绝不会想到，他就是我国当代屈指可数的著名词学研究家和词人。而谁又能想到，就是这样一位著名专家，一位与我们本世纪同龄的老人，在一个一无建树的后生晚辈面前却丝毫不以长者自居，就连一个座席也如此谦让呢！一种敬意不由得从我心底油然而生。

旋见一位年过花甲、热情洒脱的老妈妈沏上茶来，并陪坐在一旁。后来知道，她就是夏老的夫人、夏老治学著书的得力臂助吴无闻先生。

我为自己无端打扰了夏老的进餐而深感抱歉，老人却毫不介意，微笑着连声说道："没有关系，没有关系的！"随即用他的温州口音同我攀谈起来。也许，这种情况对老人来说已是司空见惯，那么，他老人家为栽培后进又该付出了多少精力呀！

我的感情已融进周周亲切和谐的空气中，初来乍到的那股拘谨劲儿为之一扫而空。说明来意之后，我便不揣浅陋，大着胆子将自己牙牙学语的诗文习作呈请夏老审正。夏老欣然允诺了，拿起笔来，仔细地审阅着我那些歪歪扭扭的分行文字，渐渐地念出声来，不时地在上面圈画着，并向我指示其中的得失。有些句子，老人还当场直接为我推敲修改。能得这样的名师面对面、手把手地施教，我真感到如坐春风，莫名欣幸！现在每一回想，当时那动人的情景便历历如在眼前。夏老为我批改过的诗稿，都已被我珍存起来。而文稿中的一篇，则由夏老和吴先生热心推荐，后来在北京的一家杂志上发表了。

考虑到年届八旬的老人不宜长时间会客，午后两点多钟，我向夏老和吴先生告别了。临别之际，夏老和吴先生将油印线装本《瞿髯诗》（夏老字瞿髯）一册和夏老手迹《西湖杂诗》一幅题名惠赐给我。这是尤其令我感动的。我翻动那装帧精致的诗集，整整齐齐的手刻工笔字散发出沁人心脾的油墨香；而那张柔软的宣纸上，书有夏老一首格调淡远的七绝，字体是清秀圆润的行草：

忽有诗心画不成，听人吹笛过西泠。
梦中岩濑茫茫绿，枕角吴山宛宛青。

这对一个茫然无知的小学生来说，该是多么巨大的鼓舞呵！

如今，这些珍贵的纪念物，不仅使我感戴前辈的温暖关怀，而且正在激发着我产生刻苦自学的无穷动力。

二

从那以后，我一进京，便要去朝阳楼寓所拜望夏老，接受老人的开导。每次都获益非浅。而夏老为人和治学的点点滴滴，在我的心目中也渐渐清晰起来了。

记得一九八一年二月的那次拜访，正值夏老身体不适。可是老人不但没有谢客，而且一见面就兴致勃勃地向我索诗。我连忙呈上几首新近的习作请老人审阅批改。其中有句云："水心榭北镜湖西，深浅杂花吐未齐。"夏老再三斟酌后，将"杂花"的"杂"字改为"闲"字。这一改，不但使于声律不太妥帖的入声字换成了平声字，而更重要的，是把由于"杂"呈现出有些芜乱的景象，由一个"闲"字引入更为幽雅的境界。

有时候，就连诗题他也都予以细密地推敲。如果说，将《怀乡诗草》改为《怀乡吟》，是由繁赘而利炼的话；那么，将《避暑山庄情诗》改为《避暑山庄有作》，便是化显露为含蓄了。

夏老改诗，能保留题旨而深化意境，确有琢璞为玉，点铁成金之妙，表现出深湛的修养。对此，我有切身体会，因而是极为叹服的。

那一次，除了改诗，夏老还向我谈到学诗的要着，即"多读，多写，多商量"。这个"三多"原则，是夏老几十年来从事理论研究和实际创作的经验之谈。他老人家自己一向就是这样做的。

人们知道，现任杭州大学教授和中国社会科学院文学研究所兼聘研究员的夏承焘先生，年轻时并没有上过大学，是靠着刻苦自学而卓然成家的。

首先，在"多读"方面，夏老有着传奇般的事迹。正如他自己所说的："我从七八岁开始读书，读了几十年，除了生大病，没有一天离开过书本。"当年夏老背书，竟刻苦到这种地步："有一次，背得太疲倦了，从椅子上直摔到地面。"二十年代在温州时，为了多读书，他索性特意把家搬到图书馆附近。有些大诗人如元好问的诗，他还一首一首地抄录下来，朝夕咏诵。做到这些，该需要何等坚韧的毅力呵！当然，夏老对所读的书并不一律看待，而是将它们分成泛读和精读的两种，泛读的只求了解个大概，而精读的则读透了。正是由于如饥似渴的多读，夏老为研究和创作打下了深厚的基础。

说到"多写"，大家自然会想到，夏承焘先生已经出版的十几种古典文学研究专著和诗词专集（词集已出版，诗集亦将印行）。这些著作，都是夏老用毕生心血浇灌出来的丰硕成果。就拿旧体诗词来说，夏老之所以能达到今天这炉火纯青的地步，是同他六十多年来的勤学苦练分不开的。

夏老从十四五岁就开始写诗填词。他至今还记得，当时填的第一首词《如梦令》，曾以"鹦鹉，鹦鹉，知否梦中言语"的佳句，博得学校国文教师张震轩先生的激赏。就这样，一直勤奋地写到今天，即使是在那"史无前例"的年月、"禁足居西湖"的逆境中，夏老也未尝搁笔。已出版的《夏承焘词集》收词三百首之多，那还只是夏老词作的一部分。在这里，我要特别提到，在丙辰清明之际，人们争相传抄的诗词当中，有一首《水龙吟·总理周公悼词》，以其凝重的感情，深远的意境，鲜明的形象和恢弘的气韵而激动人心。当时无从得知谁人所作。后来才知道，这篇不胫而走的佳作原来出自夏老的手笔。这首词不仅呼出了那个奇寒季节里，中国广大正直知识分子缅怀周总理、痛恨"四人帮"的共同心声；而且，也使我们从中窥见夏老精湛的词学艺术修养之一斑。现在，我愿将它重录于此，与读者诸君共赏：

水龙吟·总理周公悼词（一九七六年作）

昨宵海岳都惊，拿云千丈长松倒。当胸红旭，当年同画，山河杲杲。一代伟人，千秋公论，六洲此老。记西泠高会，灯边梦境，还制泪，温言笑。

百万工农素缟，耐霜风学童翁媪。九关豺虎，重阍魑魅，公心了了。大地江河，送公归去，神游八表。但云端一哂，祁连高冢，任长风扫。

所谓"多商量"，既包含向前辈请教，也包含与同行切磋的意思。据我所知，夏老在这方面也为青年树立了楷模。年轻时，他不仅面壁苦读，锲而不舍；而且广开学路，遍访名师。像近代文坛前辈朱孝臧、吴梅、夏敬观、陈匪石、马一浮、冒广生等，都在他登门拜访之列。特别是近代词学大师朱孝臧先生，竭力栽培后进，总是细心披阅夏老寄去的诗词文稿，并亲为夏老的第一部著作《白石道人歌曲考证》题签。以至五十年后的今天，夏老还深情地忆念着他。如今，夏老栽培后进的热情、耐心，不正像当年的朱先生那样吗？

夏老还认为，"经常与同学、朋友切磋探讨，也大受其益"。早年在温州任教期间，他曾先后参加慎社、瓯社等诗社，在那里与社友谈诗论词，共同进步。当他听说南京唐圭璋、扬州任中敏等人对词学素有研究的时候，就马上与他们取得联系，一道探讨。

夏老曾颇有感慨地说："几十年来，我在词学方面如果说取得了点滴成就，与师友间的互相启发，是分不开的。"

"多读，多写，多商量"，既意味着勤奋，又体现出谦虚。夏老是这样做的，许多有成就的前辈都是这样做的。我们年轻人有什么理由不去这样做呢？

三

在这些日子里，我还每每被夏老那令人敬佩似的长者风度所深深地感动着。一幕幕细微而又难忘的场景不时地浮现在我的眼前。

记得有一次，我在午后到了朝阳楼。正聆听夏老的言教，

444

只见睡在床上的夏老的小孙子翻了两个身。夏老走过去，俯下身，用手拍拍孩子的后背，轻声唤道："遥遥，遥遥！醒一醒啦！你看看谁来了？承德的客人来啦。你没有见过哩。"这对孩子的一席话，却说得我心里暖烘烘的。呵，"宾至如归"！如果说，以前我还只能从书本上笼统地理解它的抽象概念；那么，现在我才算是从实际中真切地体会到它的具体含义了。在这样和蔼朴厚的长者面前，谁还会感到拘束呢？

还有一次，我代承德的一个诗刊特意向夏老约稿。不久，就收到了夏老寄来的一首《水调歌头》和一首七绝。这两首诗词，都是他一九七七年游承德时所作的，并附有吴先生所作的注释。后来，编辑部要为夏老的诗制版，我又进京去请夏老的手迹。当时，夏老正在为一位旅美的友人赶写条幅，听说我们要请他写字，爽然应允，并就书写格式征询我的意见。为了使我能即时把手迹带走，夏老不顾身手的疲劳，又马上搦笔蘸墨，伏案而书。不一会儿，横幅写成了，诗题为《游承德离宫热河源》：

要携天下往昆仑，王令当年有壮论。
分我晓凉三万斛，横筇来访热河源。

夏老一边递给我，一边对我说，如果觉得行距大了些，使用时还可以剪接。夏老这样的知名学者，对一个新诞生的小刊物，也这样关心，尽量满足它的要求。

四

　　也许，对于一位德高望重的名家来说，最可贵的莫过于他的谦虚谨慎了，而夏老恰恰在这方面强烈地感染着我。他的虚怀若谷的作风，他在这方面对我的谆谆教诲，是我永志不忘的。

　　一九八一年八月十六日下午，我特地从北京城里赶去颐和园，拜望正在那里消暑的夏老。

　　一场豪雨刚过，幽美的颐和园显得更加明净。我穿越游兴未阑的人群，顾不得流连那秀颀的长廊和洁白的石舫，直奔坐落在颐和园西南角的藻鉴堂。

　　夏老和吴先生是应中国美术家协会之邀，来这里为正在作画的画家们题诗的。

　　在服务员同志的指引下，我找到了夏老的住处。主人高兴地把我延入清幽的客房。吴先生用园中产售的蜜桃款待走得汗流满面的年轻人。我一边品桃，一边欣赏夏老聚精会神地在一幅由几张宣纸拼成的巨幅葡萄上题诗。诗是他与吴先生合作的：

　　葡萄佳酿热，夜光杯似玉。

　　老人饮千钟，醉颜红可掬。

　　另有一首题红菊松幅的诗云：

古菊多黄花，今菊多颜色。

和霜复伴月，依傍长松侧。

　　书毕，老人坐下来与我交谈。我们从注诗谈到做学问的态度。夏老语重心长地告诫我说："一个人应该做到'有若无，实若虚'。"说着，又一笔一画地在纸上写下这六个字，并进一步解释道："有了学问要像没有学问那样，充实要像空虚那样，不要怕别人不知道自己，不要有了一点学问就骄傲起来。"我静静地听着，想着……蓦地，我仿佛看到了遥远的杭州六和塔边月轮山上那清辉朗照的月轮，看到了曾在那里勤奋治学多年的老人那月轮般澄澈的襟怀。是的，夏老自己一向不正是这样做的么?平时，谈起别人来，夏老总是看到人家的长处:谁个是才子，谁个的诗词写得如何好……对师友如此，对素不相识的人也是如此。而对于他自己，却很少谈及。于是，我又猛然想起了有一次夏老为我改诗的情景。

　　那诗题为《读〈瞿髯诗〉呈夏承焘先生》，首句原为"寒窗廿载仰高山"，是取李白诗句"高山安可仰"的意思，来表达自己近二十年来对老人的仰慕心情的。我觉得，这并不过誉。可是，夏老看过后，首先就将"仰高山"三字去掉，改为"梦幽燕"。这样改，固然是为了恪守旧诗韵，避免与下句的韵脚"天"字邻韵相押（"山"字属"删"韵，"天"字属"先"韵。）；但我体会，实际上更主要的是，夏老不同意以"高山"比况自己。

　　那情景，当时是很引起了我的一番深思的。证之以此刻，老人的博大谦虚，不也可以从中略见一斑了吗?这是夏老用自己的行动给"有若无，实若虚"作的最好的注脚。老人不但在悉心指导无端相扰的后生晚辈做学问，也随时随地在关怀着后生晚辈的健康成长，随时随地在用自己的行动影响着后生晚辈呵!……我知道，由于曾在那动乱岁月里直接吃过年轻人的种种苦头，有些老年人已经对年轻人保持一种本能的戒意，不大愿意再管年轻人的事情。这是完全可以理解的，年轻人不必因此而责备于长者。但是，同样饱经磨难的夏老却仍然同年轻人这样推心置腹、热诚有加，而不论他们来自天南还是地北，仿佛昨日那惊心动魄的生死轮回不曾发生过似的。这是多么豁达，多么磊落，而又多么可贵的胸襟呵!

想到这里，我把那张写有"有若无，实若虚"的纸片小心翼翼地收存起来——那是前辈的殷切期望，它将成为我心中的座右铭，永远惕励着我正确地对待自己。

斜晖给藻鉴堂的碧树青瓦染上了一层淡淡的金色。我意识到，老人应当休息了。于是，我不得不催促着自己同夏老和无闻先生依依握手道别。

走在藻鉴堂外静静的浓荫夹道的曲径上，我犹自不时地回过头，朝那碧树青瓦的方向凝望，凝望……

一九八一年十一月十二日草于承德

本文原刊《人物》一九八二年第四期。

词坛名师夏承焘教授

周颖南

彭靖在《夏承焘词集》的书后中说：

夏承焘先生在他的《论词绝句》中，论及孝臧先生，有句云："一轮黯淡胡尘里，谁画虞渊落照红。"吴无闻先生在注释中，说："虞渊落照句，谓他的词可以说是唐宋到近代数百年来万千词家的殿军。"承朱先生之学而别开境界，炫天耀海，奇彩灿然，夏先生在朱先生以后的中国词坛，是有其重要的地位和影响的。学术界称之为"一代词宗"，是对他在词的理论修养和创作实践方面的总的科学评价。

使我们知道夏先生在中国学术界的地位。

一九八〇年，我为俞平伯师的大作《重圆花烛歌》向国内外名家征求题咏，夏先生以《好事近》词牌，集宋人句：

喜气拥朱门（王益），

玉影半分秋月（周密）。

留得鬓须迟白（程大昌），

醉高烧红蜡（曹勋）。

诗人门户约花开（汪莘），

东风共披拂（辛弃疾）。

相对夜深花下（朱敦儒），

作摧妆佳阕（吕渭老）。

由吴闻夫人书写，一时传为佳话。

词集句远比诗集句为难，若非有精湛的功力，不能为之。

"文革"期间，夏先生在杭州也有一段耐人寻味的佳话。当时，红卫兵要他表态，他就在自己的家门口，贴了一张"打倒夏承焘"的标语。那时候，他在杭州大学执教。

这回我们在北海公园仿膳饭庄餐叙，我特地向夏先生探询其真实性。我问：

"夏先生，听说'文革'时期，您在自己大门口贴上了'打倒夏承焘'的大标语，有这回事？"

"有这回事。"

"自己打倒自己。"

夏先生哈哈大笑起来，在座的人也都大笑起来。他说：

"自己打倒自己，很好，这是个'发明'。"

"后来那张标语谁拿走?"

"不知道。"夏先生问:"你在哪里听到这个故事?"

"香港的杂志上看到,这是中国文坛的一件妙事。"

"妙事。"夏先生又哈哈大笑起来。那天,他精神很好,兴致很高。

他携来湖南人民出版社最新出版的《夏承焘词集》赠我。

这是夏先生六十年来《词》的结集。

夏先生一九〇〇年出生在浙江温州。

词集的《前言》中,他叙述了学习填词的过程和出版这部词集的缘由:

予年十四五,始解为诗。偶于学侣处见《白香词谱》,假归过录。试填小令,张震轩师尝垂赏调笑令结句:"鹦鹉鹦鹉,知否梦中言语"二句,以朱笔加圈。一九二〇年,林铁尊师宦游瓯海,与同里诸子结瓯社,时相唱和。是时,得读常州张惠言、周济诸家书,略知词之源流正变。林师尝以瓯社诸子所作,请质于况蕙风、朱彊村先生。其年秋,出游冀陕。在陕五年,治宋明儒学颇事博览。二十五岁归里,僦居邻籀园图书馆。其后,客授严州乃重理词学。并时学人,方重乾嘉考据。予既稍涉群书,遂亦稍稍摭拾词家遗掌。三十左右,居杭州之江十年。讲诵之暇,成词人年谱数种,而词则不常作。抗战以后,违难上海,怅触时事,辄借长短句为之发抒。林师与映庵、鹤亭、眉孙诸老结午社，予亦预座末。拈题选调，虽不耐为，而颇得诸老商量之益。昔沈寐叟自谓"诗学深，诗功浅"，予于寐叟无能为役，自忖为词，则正同比。故涉猎虽广，而作者甘苦，心获殊少。若夫时流填涩体、辩宗派之论，尤期期不敢苟同。早年妄意合稼轩、白石、遗山、碧山为一家，终仅差近蒋竹山而已。一九四二年，逸群、怡和夫妇抄予词成，嘱记学词经历，爰略书如此。一九七六年，避地震客居长沙三月，承陈云章、彭岩石诸君帮助，拙作《瞿髯词》油印成册。翌年，《瞿髯诗》油印本亦相继在长沙印成。一九七九年冬，湖南人民出版社欲以拙作诗词付梓，乃在《瞿髯词》油印本基础上，略事扩选，共得三百首。一九八〇年春，无闻注释藏事。爰检往年为逸群夫妇手抄本所书之学词经历旧稿，即为此书之简短前言。

词集的第一首《清平乐——鸿门道中》，作于一九二一年，对当年军阀内战，表示愤慨。鸿门：在陕西临潼县东，古代项羽与刘邦会饮处。

吟鞭西指，满眼兴亡事。一派商声笳外起，阵阵关河兵气。马头十丈尘沙，江南无数风花。塞雁得无离恨，年年队队天涯。

中国抗日时期，夏先生填写较多。
一九三八年填写的《贺新郎》序中说：

戊寅避寇瞿溪，居停为余治舍而覆燕巢，入晚群羽哀鸣，恻然赋此。

瀚海飘流惯，甚年年、低回故宇，伴人长叹。一夜空梁惊尘起，玉砌雕栏都换。绕危幕、欲飞还恋。何处蓬蒿双栖稳，更爱居钟鼓何心美。风雨急，泪如霰。　谢邻旧侣重相见。应念我、江湖赁庑，十年游倦。石出水清归无日，莫唱艳歌相饯。几兄弟、他乡异县。安得驾鹅衔君到，恨凋残、毛羽排风短。依树鹊，共魂断。

忧国忧时，溢于言表。

在这八年间，夏先生填写与抗日有关而较突出的，如作于上海沦陷前夕的《浣溪沙——楼夜》；避免为汪伪处任事的词友所诱惑的《鹧鸪天——沪寓除夕赠妇》；自杭州避寇过钓台的《虞美人》；浙江大学有解散之说的《鹧鸪天——和养瞿翁山中忧饥》；挈家避地瞿溪，谢鹭山雁荡之约的《小重山》；日寇退出湖南的《鹧鸪天——传湘中寇退，敬五翁治庖相视》与投往南京之旧友表示决绝的《洞仙歌》。

一九四五年，抗日战争胜利了，他填了《浣溪沙——九月九日温州观祝捷》：

犹有秋潮气未平，八方听角学春声，深杯莫问醉何名。　夜

453

夜天心忘却月，家家人面好于灯，八年前事似前生。

他高兴到忘却看月的地步。

解放后，他精神愉快，一九五六年，他填写《好事近——天安门国庆节观礼》，表示内心的喜悦。

拥上旭轮高，云阵万旗同色。动地飙车过处，起鸽翎似雪。花枝如海沸歌来，花底笑涡活。看取国家朝气，在学童双颊。

八十自寿寄温州诗人吴鹭山的《鹊桥仙》抒写他退休后，《要看人物造承平》的大好形势：

尊前试听，门头啄剥，醉把梅花共嚼。终南太白枕函边，记过眼万千丘壑。　须髯方蘘，齿牙欲豁，筋力犹堪行脚。要看人物造承平，梦同驾巾车入洛。

最后一首是与无闻（吴闻）夫人合作的《减字木兰花——鉴真法师塑像回国纪念》，歌颂中日两国人民的深厚友谊：

轻舟浮渡，六次功成临彼土。愿力无边，招手冯夷看海天。高坛讲律，盏盏禅灯明暗室。杖锡千家，环海都开友谊花。

六十年的漫长岁月里，词人倾注了自己的感情，为人们留下多少大笔淋漓、可歌可泣的篇章。

经历了"自己打倒自己"的岁月，又逢上这蒸蒸日上的八十年代，可以预见：夏翁将有得意的力作问世！

一九八一年九月稿于新加坡映华楼

本文选自《颖南选集》，福建人民出版社一九八三年七月第一版。

管领风骚六十年
——访词学大师夏承焘教授

林步宽

　　蝉鸣初歇的一个中午，我轻声叩开了北京朝内大街九十七号南楼的一家寓所。朝阳楼天风阁的主人、杭州大学中文系教授、中国社会科学院兼聘研究员夏承焘先生，和他的夫人吴无闻先生热情地接待了来自家乡的客人。夏老虽已须发斑白，步履蹒跚，却仍是容光焕发，神态自若。

　　踏进书房，首先映入眼帘的是满室横陈的书。历代名人诗词集、论著、手稿，汗牛充栋，连床上都被占去一大半。

　　成就，永远属于辛勤耕耘的人。夏老一生专心致志研究词学，在词的研究和创作上，被海内外学术界誉为"一代词宗""词学大师"。现今在脑血管硬化情况下，仍冒暑放弃午休，与无闻先生赶撰专著，校稿，查阅资料。

　　老教授比划着手势，语重心长地说："我今年八十二岁了，老天爷给我做学问的时间不会太长啦! 即使变八十二为二十八，恐怕也不能心安理得休息啊!"呷了一口茶，他接着说："做学问，没有什么捷径可走，唯一秘诀就是勤勤恳恳，踏踏实实。"他一生就是这样一丝不苟地在知识的海洋里探索真理，简直成了'书呆子'"，一直埋头在书堆里的他的夫人风趣地说，"然而，他的治学经验确实值得人们借鉴。"

二十世纪头一个春天，夏承焘出生在温州市谢池巷一个普通商人家庭。用他的话说："我没有什么胜人一筹的天赋，我很笨，'笨'字从本，'笨'是我做学问的根本。一个人怕的是不肯下苦功，虚度年华。"他十分感激指导他对词学发生兴趣的两位先生，一是温师国文教师张震轩先生，另一位是当时名闻遐迩的近代词学大师朱彊村先生。他向我背诵六十三年前张先生临别时的赠诗：

诗亡迹熄道沦胥，风雅欣君能起予。
一发千钧唯教育，三年同调乐相于。
空灵未许嗤欧九，奔竞由来笑子虚。
听尔夏声知必大，忍弹长铗赋归欤。

夏老说，像朱彊村这样的大师，一点架子也没有，虚心诚恳，心胸博大，回答我提出的问题非常精详，这对于年青人做学问关系极大。

夏老治学，首在爱憎分明。他的词作，热情歌颂具有民族气节的英雄人物，同时也毫不留情鞭笞了丧失民族气节的无耻之辈。他的一个旧日朋友投靠汪精卫，曾给他来信说：希你赶快来，汪先生知道你。夏老当即寄去决绝词，其中二句是：待东窗换了颓阳，才许袖罗重把。从此决不许他再开此口！从早年起，夏老就摒弃一切利诱，宁肯在温州小学、建德九中教书，靠执教鞭糊口，决不依附权贵。

春天终于到了。在中国词坛上，他最早唱出来："引红旗过市……独眦众中先裂。""尊前谁道尚非春，应信明朝春更好。"一九七三年，周总理陪同法国总统来杭访问，在西子湖畔的一次宴会上，周总理邀夏老饮坐于他与蓬皮杜总统中间。党对老知识分子的亲切关怀，给了夏老无限温暖。（编者按：此处记录有误，夏承焘曾致《温州日报》作更正。）在周总理与世长辞、天地同悲的日子里，夏老饱蘸无限哀思，发表了被学术界公认是"传世之作"《水龙吟·总理周公悼词》："昨宵海岳都惊，拿云千丈长松倒。当胸红旭，当年同画，山河杲杲。一代伟人，千秋公论，六洲此老。记西泠高会，灯边梦境，还制泪，温言笑。百万工农素缟，耐霜风，学童翁媪。九关豺虎，重阍魑魅，公心了了。大地江河，送公归去，神游八表。但云端一哂，祁连高冢，任长风扫。"

六十多年的治词生涯，使夏老深切感受到：只有中国共产党、社会主义制度，才使他的才能得以发挥。至今，他已出版《李清照词的艺术特色》《龙川词校笺》《词源注》等，其中最脍炙人口的有《姜白石词编年笺校》《唐宋词论丛》《唐宋词人

458

年谱》《月轮山词论集》。新近还出版了《清词选》(与吴无闻合作)、《天风阁词集》《夏承焘词集》, 即将付印的有《域外词选》《韦庄词校注》《朝阳楼词注》等几十种、数百万字言。

在告别天风阁主人时, 我握住这位大师的手, 不禁想起了去年春节的一件事。那天, 夏老的亲朋故旧云集京华朝阳楼, 年逾古稀的学生王权同志在赠夏师的一首贺寿诗中, 有这么两句:

亲栽桃李三千树, 管领风骚六十年。

以此为题, 不是很妥帖么?

本文原刊《温州日报》一九八一年十月三日。

写在《夏承焘集》出版之际

吴思雷

　　一九八一年暑期，我听说养疴北京的夏公承焘健康状况不佳，可能是患有老年痴呆症，于是就专程去看望他老人家。当时他住在东城朝内大街的"朝阳楼"，相见之下，觉得他确实比几年前在杭住的时候衰老多了。头一天吃饭时，他问我："是坐车来还是乘船来？"我告诉他是从上海乘火车来的，过不了三分钟，他又重新问那句话，真弄得我莫名其妙。后来才知道，这在医学上称为"近遗症"，就是对过去的事记得很牢，而眼前的事一听过马上就忘了。一天晚上，我陪他看电视，起先是播放新闻，大概是报道安徽凤阳，他便对我说："这是明太祖朱元璋的故乡，阿雷你晓不晓得？老早这地方'穷险穷'（温州话，很穷困的意思）。"我称赞他记性好，他喜形于色。接下去播出《李清照》电视剧选段，他对我说："李清照南宋建炎三年，她四十六岁时到过我们温州，可惜没有留下词篇，当时是逃难呵……"他对"画外音"播出的清照词的唱腔感到纳闷，认为宋词不能那样吟唱，他还自信地说："这个戏要请我当导演才对!"虽然夏公这是戏言，但我觉得言之有理。

那次我在京逗留了半个多月时间，告别时我买了一本册页，夏公为我题了签，还高兴地在扉页写上他的一首诗："胡（蝴）蝶飞来入小诗，日华五色在蛛丝。世间微物天安置，各赞春工不自知。"从这短短的几句诗里，我感受到一种活泼泼的生机，从深层了解到他老人家是个非常热爱生活的人。但是，不料在四年之后，却传来了他的噩耗，简直使人难以置信!一九八六年五月十二日，当我从报纸上读到新华社发布的那则关于夏公遗体告别仪式的新闻报道和一九九三年十一月偕友人到淳安千岛湖展谒夏公陵墓时，又勾起了许许多多的回忆……

记得有一次，夏公指着"朝阳楼"中藏有书稿、日记的九只大箱对我说："阿雷啊，这里是我的全部财富!"的确，夏公勤奋治学，以毕生心血写下近千万字的著作，已出版者二十多种，未结集论文百余篇，待整理的遗作数量亦不少。其中《唐宋词人年谱》《唐宋词论丛》《姜白石词编年笺校》等，都是词学以来少有的巨著。同时他还创作了大量诗词，其代表作为《天风阁诗集》《夏承焘词集》。另外，夏公从十六岁就开始记日记，迄于易箦之前，六七十年从未中断，日记中多有读书教学、研究撰述、诗词创作、友好过从、函札磋商、南北游历等方面记录，反映了半个多世纪以来的词学史和当代许多学术界掌故，具有重要的学术文献价值。夏公对于自己学术著作的出版问题，在一九六四年的一篇回忆性的文章中曾感慨地写道：

> 学术研究方面，我在之江文理学院（按：后为浙江师范学院）之前，曾写过许多稿子。在之江任教时，又写出一部分，如《唐宋词人年谱》，但那时不可能出版，自己也作"藏之名山，传之其人"之譬……解放后，《唐宋词人年谱》《姜白石词旁谱》等先后出版，同学们提出意见后，又进一步修改提高，使其更完整。像《词例》，也请同志们帮助整理。这都是党的领导对我的关心使我精力不至于浪费，为以后的研究积蓄力量。

年前，从杭州吴战垒先生处获悉，他们浙江古籍出版社要与浙江教育出版社联合出版《夏承焘集》，于一九九五年起组织人员着手工作，至今年四月将出齐八大册，三百五十万字。这样，最足以代表夏公学术成就的著作，全部归纳进去了，这是学术界、教育界值得庆幸的一件大事，它将实实在在地嘉惠于学林，令人感到欣慰。

早在三十年代初，经梅公冷生介绍，夏公与我父母鹭山公契为金兰，往后一直时相过从，交谊甚笃。前年是他俩忌辰十周年，为了表达对先哲的缅怀之情，我决意编撰《一代词宗夏承焘轶闻》，欲使学界后辈能从各个不同的侧面来了解夏公的道德风范，阐发其治学精神。经过一年多时间的努力，根据夏公生前友好及门弟子提供的回忆资料，现已撰成一百七十多则内容，行将杀青付印。

我将以此来纪念温州文坛上继孙诒让之后出现的这位大儒，并庆贺《夏承焘集》的出版。

本文原刊《温州日报》一九九八年三月二十七日。

西湖鸳鸯曲
——忆吴闻和夏承焘

郑　重

雪还在下着，按照约定时间，我到了后海南沿，取张伯驹老人为我题就的《西湖小景》。收拾好画卷，将要离开时，伯驹老人像是自言自语："此卷能找夏承焘题跋就更好了。"

伯驹老人的话正是我心中想着的事。既然是画西湖景色，总得找几位和西湖有关的人题跋，伯驹老人虽然不是杭州人，但他毕竟在西子湖畔行吟多日，湖水拍窗使他难以入眠，我也正准备南归后携卷去杭州，请沙孟海、夏承焘、陆维钊等几位前辈作题呢。我随即向伯驹老人说出我的打算。

"夏承焘就在北京，你去找吴无闻啊。"伯驹老人的声音仍然是很低沉地说着。

呵，吴无闻，不正是我们《文汇报》的驻京记者吗?她常用的名字是吴闻，在"文汇人"中，她算是前辈了，很少有人知道她原来名叫吴无闻。据说，一九四七年，她曾在《文汇报》工作了短暂时间，因《文汇报》被国民党查封之后，她就离开了。我确切知道，一九四九年，徐铸成在筹办《文汇报》在上海复刊时，吴闻和浦熙修一起受聘于《文汇报》。

文汇报社，特别是北京办事处出人才，除了被毛泽东称之为"能干的女将"浦熙修，还有在她领导下的姚芳藻、吴闻、朱嘉树。一九五六年，印度尼西亚总统苏加诺在北京访问时，她们三位联袂采访，特别那篇把苏加诺游园活动写得声容并茂的通讯，在京华新闻界独树一帜，连毛泽东都为之称赞。

在我的印象里，吴闻沉静寡言，即使说话也是细声细语，性格温婉。除此之外，对她知之甚少。还是在多年之后，我在准备写《毛泽东与文汇报》这本书时，逐页翻阅《文汇报》，凡是著有"本报记者"名字的文章，我都一一读过。从报纸上，我才发现她最活跃的时候，还是在一九五七年夏季之前，她写了许多通讯报道，有医生、有教师、有演员、有科学家、有社会科学的学者，在文化的诸多领域中，都留下了她的采访足迹。到一九五七年夏季，吴闻的名字就没有出现在报纸的版面。她也似有预感，不再写稿和不再做采访报道，就是报社内的鸣放会上，她一言不发。在反右派时，文汇报北京办事处，从主任浦熙修到记者梅朵、姚芳藻、朱嘉树、谢蔚民、杨重野、刘光华都被打成"右派分子"。到了一九五七年七月，又看吴闻写的几篇报道，写的都是北京办事处批判浦熙修的会议内容。可以设想，北京办事处只有她一人还没有被剥夺写新闻报道的权利，写作这类文章的担子当然要落在她的肩上了。到了一九五九年以后，报纸的版面上再也没有出现过"本报记者吴闻"了。

从报纸的版面上，我似乎听到吴闻藏在内心的声音："我不说了，不写了，也不干了！"这是在那个时代里的知识分子，特别是一个新闻记者自我完善的办法。虽然如此，吴闻并没有停止和外界的联系，从一些迹象表明，她仍活跃在学术界。一九五九年，学术界曾兴起对美学问题的讨论，有的文章谈"山水美"。张庚写了《桂林山水——兼谈自然美》，发表在六月二十六日《人民日报》上，上海学术界曾围绕张庚的文章举行座谈。张庚就让吴闻通过《文汇报》了解座谈会的情况，她就写信给沈国祥，请他帮助把上海讨论的情况告知她，并说《文汇报》也可以发表这类文章。那时的《文汇报》发表了几篇北京学者写的学术文章，是否由吴闻组织来的，就无从查考了。

庆祝中华人民共和国成立十周年时，吴闻组织红学家周汝昌写了套曲，其中包括《双调新水令》《沉醉东风》《得胜令》《雁儿落》等几折，发表在《文汇报》《笔会》专栏。吴闻对这几折曲子爱不释手，并讲了自己的见解，使周汝昌很兴奋，似乎找到了知音，说："国内已无人能作南北曲了。"此外她还组织周汝昌写了有关中国古典诗词评析的文章，发表在《文汇报》上。吴闻对《红楼梦》读得也较深入，这也是她和周汝昌经常交谈的话题，把北京对"红学"研究的信息传递到报社。和我在办公室相向而坐的李立坤是吴闻的好友，她每次来上海，总要到办公室和李立坤谈些家常，给我留下了淡淡的印象。

吴闻不但对南北曲有较高的欣赏水平，而她确实是一位女词人。报社的人对此知之甚少。我也是在一个偶然机会中得知的。一九六五年二月，上海市第二女子中学高中年级的一位学生写了一篇题为《茉莉花》的作文，描写了人与花的情感交流，低徊婉转，写得很动情，也很感人。语文老师张珍怀把此文列为范文，为学生讲解。但是，有的教师认为这是在向学生灌输小资产阶级情调，反映到《文汇报》社。我去市二女中把这篇文章拿到报社，总编辑读后也很赞赏，为此在报纸上组织一场《如何评价和指导学生写作文》的讨论。这样，我就和张珍怀老师熟悉起来了，彼此可以作些工作之外的交流。她告诉我：她和吴闻都是夏承焘的学生，在无锡国专时组织词社，王蘧常为之取名"变风词社"，夏承焘为词社题名，张珍怀老师还告诉我，吴闻的父亲吴莉宾，也是词学家，吴闻有了这样的家学，词也写得好。

后来，我就称吴闻为"女词人"，并要她抄几首词给我欣赏。她只是淡淡地一笑，什么话也没有说，更没有把自己的词抄出来。

"文革"期间，文汇报社更是风风雨雨，在几年的时间里，吴闻和北办的人都滞留在上海，有家难归。这时，我和吴闻见面的机会多了，得知她丈夫仇岳希带着"生不如死"的忧怨，在一九六六年自杀身亡了，但是她仍然是那样沉静，面色仍然是那么平和，仍然是淡淡的。审查了一段时间也没有审查出她有任何问题，是不是因为有"我不说了，不写了，不干了"意志的主宰，使她有一个平安的结局呢？

一九七二年的一天，刘群突然告诉我：吴闻和夏承焘结婚了！刘群也是北办记者，一九六二年，北京"红学"家在北京刮起了寻找大观园遗址的风，刘群以"本报记者吴柳"为名写了一篇《京华何处大观园》的名篇，在社会上迎来一片赞许声。因为他是"脱帽右派"，平时不敢乱说乱动，由于我们有着共同的书画爱好，常结伴去旧货商店买旧的红木镜框和小文玩，心中有什么话还敢和我说。后来，我向报社领导沈国祥求证，吴闻的确和夏承焘结婚了。一天晚饭时间，我买好饭菜在吴闻的对面坐了下来，举起食堂公共的搪瓷饭碗和吴闻"碰杯"，说了一句祝贺的话，她仍然不说话，只是会心地一笑。二〇一七年，吴闻之子吴常云告诉我："母亲于一九七二年退休后赴杭州，断然与当时单身一人的老师夏老喜结连理。"那时她儿子常云已大学毕业，留在学校待分配，她也就没有任何牵挂了。

在那样的年代，五十五岁的吴闻要和七十三岁的夏承焘结婚，在杭州成了惊世骇俗的新闻，满城的风言风语。但他们并不遮遮掩掩，而且把结婚的日子选择在六一儿童节。我并不了解吴闻和夏承焘从恋爱到结婚的历史，只是感受到她沉静的内在力量，看到她对爱的追求和勇敢，像鲜花一样在沉默中绽放了。

在雪花飞扬中，我带着这些往事走进吴闻的家，见到一代词宗夏承焘。在青年时代就自称"瞿髯"的词翁，的确是瞿然清瘦，但并没有像于右任、张大千那样蓄着长髯，坐在书桌前闭目养神，即使来了像我这样的客人，他也眼皮沉重，似乎懒得睁开。吴闻把画卷打开，看了一阵，连同张伯驹的题跋放在书桌，说：这是谢稚柳画的西湖，请你写一个题跋。词翁伏案，对画卷凝神了一阵，特别注意张伯驹的题跋，就顺手把画卷推到旁边去了。我没有读过夏翁的词作，一时找不到闲聊的共同话题。

吴闻就招呼我到了另一个房间，她还没有忘记当年在食堂里以搪瓷碗"碰杯"相贺之谊，给我说起了她在西湖和夏承焘鸳鸯戏水的事。

一九七二年，吴闻还在报社的零印车间劳动，一位温州的同乡路过上海，向她谈到夏承焘的游夫人已经去世，一个人过着孤苦生活。吴闻听了之后，随即向报社请假去杭州看他。夏承焘和吴闻不只是有师生之情，词心相通，还有着通家之谊，吴闻的哥哥吴鹭山，擅长诗词，和夏承焘有着兰契之交。这样吴、夏之间又多了一层兄妹之情。吴闻就以小妹、学生、词友多重身份和夏承焘相恋，以词传情，夏承焘向她寄上《减字木兰花》：

左班兄妹，风谊平生朝世世。风露何年，湖月湖船得并肩。
一灯乐苑，相照心光同缱绻。待学吹箫，无琢新词过六桥。

词的首句就点了吴闻的身份及两家之友谊，兴奋的心情不亚于姜白石新娶小红，所以末句用了姜白石的"自作新词韵最娇，小红低唱我吹箫"的典故，他们不是泛舟苕溪，而是在西湖的六桥。显然词翁自比姜白石了。这不难理解，他不但词有姜白石的风韵，而且著有《姜白石年谱笺稿》，一生在追寻姜白石。

吴闻也写了一阕《减字木兰花》作唱和：

雁书来去，字字殷勤传细语。如此杭州，绛帐春风读好逑。
愿春长久，莫把黄花比人瘦。携手西泠，同唱新词约月听。

吴闻词中"绛帐春风读好逑"，仍然是以学生的身份来读老师的"好逑"之词了。

结婚之后，夏承焘孤身一人住在杭州，吴闻经常往返于京杭间进行照顾，很是不便。一九七四年，她干脆把夏承焘接到北京在一起生活。在告别杭州前，他们又游了西湖，除写了西湖联句《感皇恩》词，吴闻还有一阕《减字木兰花》，题目是"侍夏承焘夫子踏雪杭州西湖白堤"，词曰：

长筇短笛，啸傲湖山追白石。词问笺成，说与梅旧月听。
断桥雨路，抱朴仙翁招手去。不是仙翁，冰霜孤山一老松。

吴闻的这两首词，其意境不在宋人之下，更不在其师之下，才女风雅，说她是当代"女词人"，是当之无愧了。吴闻还告诉我，她现在很忙，帮助夫子整理校勘文稿。

吴闻仍然是当年的那种沉静，淡淡的，说话柔声细语，但她潇洒起来，一切都很放松，脸上的肌肉也不像过去绷得那样紧了。说到她的变化，吴闻告诉我：你还不知道吧，一九五七年之后，我就是闻名的懒虫，报社的领导都知道我懒，不做事也不逼我。没法做事，以懒得之。我现在不懒了。

噢，我觉得此时才算读懂了吴闻。

回到书桌前向词翁告辞，他只是扬扬手，没有说话。吴闻对我说，麻烦你，你改天再跑一次吧。

十天后，采访工作结束，准备回上海，我又去了吴闻的家。词翁坐在案前翻书，画卷就放在手边，我先鞠躬道谢，词翁却出语惊人，说："谢稚柳的画，我不题。"吴闻取了画卷，徐徐展开，原来已经题两首绝句：

别有诗心画不成，听人吹笛过西泠。
梦中岩濑茫茫绿，枕角吴山宛宛青。
断云别我向西峰，绕过孤山却又逢。
正有一诗无觅处，杖头飞堕凤林钟。

没有署上款，只写了他自己的款识曰："西湖杂诗两首，夏承焘八十二岁。"显然这两首诗是他的旧作，不是专为此卷而写，但他还是动了一番心思的。我又一次感谢地说：诗意很好。他说："不好，谢稚柳不给我画，我也不题他的画。"词翁有些像小朋友赌气，令人不得要领。我看看吴闻，她说："这两首诗是夫子抄了送给你的，不是为题这个手卷作的。"虽然如此，词翁送给我一本新出版的《唐宋词欣赏》，并在扉页题写"明昭同志正，夏承焘奉"，"明昭"是我原来的名字，是我让他这样写的。

虽然如此，我还是带着很大的满足，携卷回到上海后，即去看望壮暮翁谢稚柳。壮暮翁看了张伯驹的题跋，称赞说诗的情意很真切；看了诗后夏承焘的题识，说：这位老兄还是书呆子。我说了见到夏承焘时的情景，他爽朗地笑了起来，说：他有一本书出版，来信叫我画封面，我没给他画，他生气了。壮暮翁说时的表情带有一点调皮的味道，就像小弟弟逗大哥哥。

两翁之间孩子似的表现后面，深深地隐藏着夏、谢两家的兄弟友情。一九二六年，谢稚柳之兄谢玉岑执教永嘉，与夏承焘同校共事，两人都以诗词闻名于世，惺惺相惜，夏承焘称之为"平生第一知己"，结为莫逆之交。谢玉岑有《永嘉杂咏》多首，其中一首是赠夏承焘之作，为"清奇雁荡数东瓯，秀发青衿丽句收。才子敢随黔夏后，八声檀板唱甘州。"谢玉岑在诗后自注云："黔夏谓瞿禅，所作《八声甘州》，颇为浙生传诵。"谢稚柳在少年时代就与夏承焘相识了。谢玉岑离开永嘉时，作词《南浦》与夏承焘惜别，词中有句云："回首池塘青遍处，一夜离情都满。何时杖燕还逢，说赚人词赋，长卿应倦。"在这以后的时间里，夏、谢不常相见，只是以信相慰藉，夏承焘说："别十余年，书问往复无虚月，其为词，每俾予先读。"彼此写下书信一百余通，切磋词意。此时，夏承焘正在编撰姜白石词疏，谢玉岑给他寄来参考资料，夏承焘《天风阁学词日记》，屡屡提及谢玉岑；谢玉岑作画，亦多由夏承焘题识。谢玉岑在病中，仍作词《忆永嘉旧游》致夏承焘，夏承焘赴常州问病。一九三五年，谢玉岑因病去世后，谢稚柳曾致信夏承焘，请帮助提供玉岑遗稿。谢、夏的词风都与姜白石相近，和姜白石的情况也差不多，都是以诗为词，后来诗名为词名所掩。自谢玉岑逝世后，夏承焘词龄长达五十年之久，词风由吴梦窗转向东坡和稼轩。凭着谢玉岑与夏承焘的友谊，如果谢稚柳不是以小弟弟的任性，给夏承焘画了新作的封面，在《西湖小景》的卷后，词翁肯定会兴致勃发，写出一阕很好的词来。要不是吴闻的面子，恐怕以往的词连旧作也不愿意抄上去的。他们都很有性情，各自任性，多可爱。

夏承焘于一九八六年去世，隔年，吴闻将其灵骨落葬于浙江千岛湖。吴闻写了《贺新郎》词，更见女词人本色。词曰：

幽绝湖堤路。最关情，轻梳白羽，一行鸥鹭。缥缈间云美峰顶，似有仙槎来去。拍手招，词翁同住。千岛回环拱一墓，荡晴波，万顷涵丛树，春不老，人千古。

平生心在林泉处。记流连，西湖北雁，竹筇麻屦。唤取桐君与严叟，还有南邻神姥。共商酌，诗词隽句。我有离愁如絮乱，任天风，吹梦成烟雾，鹃语咽，四山暮。

本文原刊《新民晚报》二〇一七年五月二十八日。

和夏承焘先生合影

李广德

　　我珍藏着一张夏承焘先生的单身照片，还有一张我与恩师夏承焘先生的合影。今天，望着这两张珍贵的照片，一团沉甸甸的师生情结油然而生。

　　一九八二年七月二十三日，我由于参加中国写作学会举办的写作讲习班，第一次到北京。在中国艺术研究院深造的老同学周育德来火车站接我。我和他是杭州大学中文系的同窗好友。两人多年不见，互诉衷情，格外亲热。

　　往北京师院报到、住下之后，我即去看了天安门和人民大会堂等雄伟建筑。第二天，我就要育德陪同去探望夏先生。路上，他告诉我，夏先生久病，现住在北京卫戍区医院诊治。走进住院区，心想：不知夏先生住在哪个房间？育德一抬头，正巧发现夏先生和夫人站在三楼往下眺望，就喊了一声"夏先生"。夏先生看到了，笑着招手让我们上楼。

我有二十多年未见到这位敬爱的老师了。一九五七年七月至一九六一年七月，我在杭州大学中文系求学。当时，夏先生为我们讲授古典文学。他虽年近花甲，却青春焕发，一身朝气。在随同学赴农村劳动期间，还作有《下乡八首》，如其二云："不是搴旗草檄才，下乡意兴尚豪哉。竹鞭在手如军令，将得一群鹅鸭来。"建国十周年时，夏先生在全校师生大会上表示，要努力争取成为一个共产党员，为共产主义奋斗一辈子。当时我心为之震撼，曾作《老教授的心》一首，寄《东海》杂志发表。此诗在"文革"中虽被诬为"歌颂资产阶级反动学术权威"的"毒草"，我却始终不悔。因为，在我们莘莘学子心目中，夏先生是位一贯追求进步的教授，他富有爱国心和正义感，刻苦治学，待人谦逊，无论修身还是治学，均为我辈楷模。

今天，我再一次看到夏先生，他已八十三岁高龄，满头银发，面容清癯，但目光明亮，精神颇好。然而，由于十年浩劫期间深受迫害，加上高血压等疾病，手脚活动不便，需人搀扶。

育德告诉我，前段时间探望夏先生时，他的右手不听使唤，无法写字，据说是低血糖造成的。此次见到，师母吴无闻先生说，那还是血压高的影响。经过医生一段时间的精心治疗，现在病情好多了。

夏先生问我在哪里工作，我答道："湖州，嘉兴师专。"他听了高兴地说："湖州是个好地方，彊村是那里人。"我知道，彊村是清末著名词人朱孝臧的号。师母说："你们湖州王一品笔庄有人来过信。"又问："到湖州怎么走法？"我回答："从杭州或上海乘汽车、坐轮船都可以，夏先生年纪大了，还是坐轮船来得平稳，最好秋天去。"师母说："很想去看看湖州，不知道他身体行不行？"夏先生望着老伴，面带微笑。我想，夏先生必定是想来湖州一游，再看看太湖山水，重吟咏一番"十年唤我苕溪月，一笑相逢笠泽春。万里各为穷海客，扁舟今是五湖人"。（张勃《吴录》："五湖为太湖之别名。"）说不定又会有多篇诗词佳作产生呢。

夏先生问我几岁，我惭愧地说："虚度年华，已经四十六了。当年听您讲课时才二十出头。记得一九六一年春，中文系应届毕业同学委托我编辑《初阳集》，夏先生曾特意为我们写了两首语重心长、诗情浓郁的绝句。我和同学至今还记得呢！"夏先生听了，微笑着频频点头。我问师母，那两首诗不知有没有收入夏先生的诗集?师母听了即去壁橱里拿出一本书——夏先生创作而由她作注的《天风阁诗集》，翻了翻说，这是本选集，没有收全。她随即把书交给夏先生。

夏先生问我："什么号?"我说："学生没有号，只有名字。"他于是在这本诗集的扉页上挥毫写下"广德同志 承焘奉"七个字，送给我。我激动地接过书，连声说道"谢谢"。

捧书在手，看着老师遒劲的书法，我心中竟然萌生了一种贪欲：何不趁此求夏先生留下一帧墨宝呢?于是我拿出一个本子，问师母："能否请夏先生重写一下题赠给我们的那首咏青竹的诗?"师母笑着点点头，就从案头书下取出一张宣纸，说:"这里有折好的宣纸。"她把纸铺在夏老的面前。只听她背一句，夏老写一句，顷刻间，纸上现出:"云栖一径足幽寻，数子能为浩荡吟。我爱青年似青竹，凌霄气概肯虚心。"（后来知道此诗为夏先生一九三〇年作，载《天风阁诗集》第十六页）夏先生回头又问了我的名字，书下"广德同志两正"，孰料当他写自己的姓名时，才写了"夏承"，竟写不下去，问夫人:"焘"字怎么写?师母笑道，"寿"字下面四点。他听了点点头，继续写好名字，又写下"八十三岁"。写毕看了看，反复说着:"写得不好，不好，像小孩子写的。"

我得了这件墨宝，异常高兴。出了医院，对育德说:"今天若不是有你在场，我回去对其他同学说起夏先生竟会一时忘了名字中的'焘'字怎么写，他们肯定不会相信。"

至于夏先生的谦逊，我是早有深刻印象的。记得夏先生指导我们治学时说过:"评价一个人或一个作家，要实事求是。"并且转过身在黑板上一笔一划写下"不实之谀，甚于恶骂"。从此，这八个大字就铭刻在我的心上了。

而他对自己更是如此，愈有成就愈加谦虚。夏先生从一九一八年担任教职，一生研究中国古典文学，于唐诗宋词造诣极高，学术论著与诗词作品质高量丰，在国内外享有很高声誉。老来体弱多病，他却在师母的协助下，连续出版了《瞿髯论词绝句》《域外词选》《夏承焘词集》《天风阁诗集》等著作，并与唐圭璋教授一起主编《词学》丛刊。即使在病房里，他的案头也堆满书籍，几上叠着文稿。在治学的道路上，他数十年如一日，从未有丝毫的懈怠。

八月中旬，我见到老同学张涤云，他听说我不仅获得了夏先生的赠书，而且还得了一件墨宝，羡慕得很，即要我陪他去看望夏先生。第二天（八月十七日），我们在前往医院的路上，特地买了几斤又红又大的桃子。在面呈夏先生时，我们祝老师长寿。夏先生笑着点点头收下了。这回，张涤云带了相机，师母为我们和夏先生摄下了上述那张宝贵的合影。

临别时，夏先生要送书给张涤云，师母说："真不巧，书刚送完，我给你寄好了。"不久，张涤云就收到了夏师母寄来的有着先生题款的赠书。

弹指间，三十多年过去，那年陪我去探望夏先生的周育德，后来成为国家级有突出贡献的专家、教授，曾任中国戏曲学院院长多年，张涤云同学也成为浙江教育学院古典文学教授，而我在夏先生和其他师长、亲友的勉励下，也成了湖州师范学院中文系教授。如今则已都是退休老人。

睹影忆旧，饮水思源。我又忆起夏先生一九六一年夏天题赠给我们毕业同学的另一首诗："风船打桨共歌呼，万柳双堤白与苏。鹏背他年回首看，花光红处是西湖。"那年探望夏先生回来，博闻强记的周育德回忆此诗后，特地书写在我的一个笔记本上，使我得以留念。

夏先生后来虽然未能躬临湖州，但到一九八五年，他接到湖州建造碧浪碑廊征集书法作品的专函时，不顾八十六岁高龄，仍然创作了一首《浣溪沙》："岸柳斜风碧浪船，骚人墨客有新篇，高歌圆绿一湖天。载雪苕溪怜白石，倾杯雪水忆张先，自来吴分最多贤。"诗作表达了他对湖州的相思深情。"碧浪"当指湖州胜景之一的碧浪湖，古今有许多名人皆创作诗文吟咏；"白石"指诗词大家姜夔。孝宗淳熙年间，他客居湖南，结识萧德藻。萧以其兄之女妻之，携之同寓湖州。居与白石洞天为邻，因号白石道人，又号石帚。其诗词均自成一派。诗格秀美，为杨万里、范成大等所重；词尤娴于音律，好度新腔，继承周邦彦词风，在当时和后世词人中有较大影响。晚年自编诗集三卷，已佚。今存《白石道人诗集》《白石道人歌曲》《白石诗说》等。夏承焘先生著有《姜白石系年》。而张先（990－1078），字子野，乌程（今湖州吴兴）人。为北宋时期著名的词人。曾任安陆县的知县，因此人称"张安陆"。天圣八年进士，官至尚书都官郎中。晚年退居湖、杭之间。曾与梅尧臣、欧阳修、苏轼等游。善作慢词，与柳永齐名，造语工巧，曾因三处善用"影"字，世称张三影。"吴分"指湖州。如今人们来到湖州南门外的"碧浪碑廊"，就会找到刻有夏先生这件手迹的碑石。伫立细品，可以认识夏先生对诗词名家和湖州名胜之渊博知识和深厚造诣，更能够感受他对湖州这个文物之邦的热爱深情。

面对夏先生和我的合影，吟读他书赠我的墨宝和诗集，寄赠湖州的词作，遐思往事，不禁感慨万端。

夏先生早已于一九八六年五月十一日仙逝。一九六一年毕业于杭州大学中文系的我辈学生也已年逾古稀，此时唯有寄希望于年轻学子和后代文学爱好者，务必铭记一代词宗夏承焘教授的殷切期望："我爱青年似青竹，凌霄气概肯虚心。"为我中华民族复兴和文学事业繁荣做出应有的贡献！

二〇一二年二月二十六日作，二〇一四年十二月十六日小改

本文原刊作者新浪博客，由李丹先生提供，题目为编者所改。

词笔中华第一流
——访词学宗师夏承焘

鲁 丁

　　当代词学大师夏承焘先生今年已八十五高龄。他以皓首穷经的治学精神从事词学研究，出版了《唐宋词论丛》《唐宋词人年谱》《月轮山词论集》《放翁词编年笺注》《瞿髯论词绝句》《天风阁诗集》《金元明清词选》等三十余种著作。一代词宗，为举世公认。去年十二月，中国文学会、杭州大学等在北京全国政协礼堂庆祝他从事学术与教育工作六十五周年时，胡乔木同志特为题词："文坛先进，词学宗师。"叶圣陶先生也写了贺诗："趋谒彊村少壮年，叙评词客几多编。有缘季刊尝谁谁校，大作如干快睹先。"苏步青先生的贺诗云："词笔中华第一流，祝公京邑日悠悠。而今四海金风遍，漫道天凉好个秋。"杭州大学贺联："词在月轮山，万卷文章惊海内；日照天风阁，平生心迹爱中华。"对夏承焘先生一生的学术和教育工作给予高度评价。

　　前不久，笔者收到夏承焘先生和夫人吴无闻从北京寄来的洋洋三十五万字的《天风阁学词日记》一书。这本书是浙江古籍出版社吴战垒担任责任编辑，由浙江新华印刷厂出版的夏先生第一册学词日记。看到这本书，就联想起去年在京走访夏先生一事。

一九八四年三月二十八日这天上午，我受省古籍出版社之托，带这本书的校样来到北京市团结中路夏承焘先生的寓所。夏先生虽年逾古稀，身体仍然强健。当他知道我是来自浙江丽水，且送来了自己著作的校样，夏承焘先生紧紧握住我的手，激动得老眼混花，竟流下了两串兴奋的泪水，连声说："很好，谢谢家乡的同志。"在会客室里，夏承焘先生和吴无闻夫人把校样摊在桌上，兴致勃勃地回忆起当年在温州、青田、龙泉、丽水、杭州、金华等地的往事。吴无闻指着校样中夏先生写的前言说："先生写的五百余字的前言，把这本书的背景概述得很明白了。"我顺她的手指，看到有这样几段话："予儿时读李莼客越缦堂日记，心甚好之。故自十余岁辄学日记，迄今已七十年矣。中经兵乱，虽颠沛流离，而日记未尝一日中断。岁月既久，积稿盈箧，约有六七十册。十年浩劫中，颇有散佚，无法追回。""一九八一年，应施蛰存先生之嘱，始选抄部分日记，刊载于词学创刊号，名之曰天风阁日记。次年，浙江古籍出版社来信，谓欲为之印成专册。爰选抄自一九二八年至一九三七年十年之日记为第一册，先付剞劂。此十年，正值予作《唐宋词人年谱》及《白石道人歌曲斠律》诸篇，在日记中，多有读书、撰述、游览、诗词创作、友好过从、函札磋商等等事迹。今日回顾，雪泥鸿爪，历历在目。"我这个不速之客带来的"校样"，完全使夏先生沉浸在回顾往事之中。经吴无闻夫人的解释，这时我才明白，夏先生的巨著，正是通过个人读书、生活、悲欢、爱憎的抒写，唱出了中国在几个历史时期中民族的危存、国家的废兴、人民的忧乐。

夏承焘先生，字瞿禅，又字瞿髯，浙江温州人。一九〇〇年生，一九一六年肄业于温州师范学校，"三十前后，始专攻词学"，与朱彊村、吴梅诸先辈通向受教。他毕生研治词学，弘博精深，对当代词学起了奠基和开拓的作用。词学肇于唐、五代而盛于宋。然而清末以来，词家多重版本校勘，而于词乐、词史的研究却未予顾及。而夏承焘先生创造性运用宋词这一艺术形式，努力开辟词坛新境。关于"白石旁谱"的辨认和研读，也是夏先生在词学研究上的另一个创获。南宋词人姜夔十七首词旁缀音谱，是流传至今的唯一完整的宋词乐谱，是研究唐宋词乐珍贵的艺术文献。自唐宋词乐失坠以后，一直叹为"绝学"。《四库总目提要》甚至以为"莫辨其似波似磔，宛转欹斜，如西域旁行字者"。清代数辈学者致力于此，可惜进展不大。夏先生二十多岁时，就以敢于攻坚的勇气，研治"白石旁谱"，著文于《燕京学报》，对"白石旁谱"的谱字谱式作出了合理的科学的解释和论断，为宋代词乐研究开拓了新途径。总之，夏先生以考信求实的态度研究词体、词乐和词史，使传统词学走向科学化、系统化和理论化，为词学研究开创了一个新阶段。夏先生历任之江大学、无锡国专、太炎文学院、浙江大学、杭州大学教授，主持东南词学讲席数十年。他以词学研究的突出成就，成为学术、教育界和词坛共同推尊的"文坛先进，词学宗师"，赢得了"令我高山同仰止，钱塘一塔一词人"（裴樟松句）的称誉。

夏先生在研究诗词的过程中有什么快乐和苦恼?有哪些值得永远怀念的事?家乡浙江的学生中在词学研究上哪几个成绩突出?我见夏先生和夫人吴无闻都对我热情，且兴致极高，便冒昧地发问了。

夏先生和吴无闻首先谈到筹建中国韵文学会一事。中国韵文学会是一九五六年由章士钊、叶恭绰、张伯驹提议建立，并经周总理同意成立的，只因反右运动而告中断。拨乱反正后，夏承焘、张伯驹又联名向中宣部重申前议，终于得以成立。夏先生被推为名誉会长。去年，为了促进词学研究和奖励词学人才，夏先生捐款四万元，以提供词学基金。中国韵文学会为此设立了"夏承焘词学奖金"。谈起词学奖金，夏先生深沉地说："我已垂垂老矣，要做的事已来不及做了，我亟希望于中国韵文学会，希望后来人都超过我。浙江古籍出版社的吴战垒是我的学生，功底比较深，很有前途。他担任这本书的责任编辑，我要很好地感谢他。他要的书法我一定尽快写好寄去!"

谈起夏先生与中央领导的交往以及有关诗作时，吴无闻说，夏先生曾有《贺新郎》一词祝贺党的四十周年，记述他几次见到毛主席的激情："老闻名语犹增气，况几回、京门亲见，绛霞东起。"一九六三年在政协礼堂开会时，陈毅副总理曾两次约见他，一起评论诗词。当时夏先生曾写了《玉楼春·陈毅同志枉顾京寓谈词》，记下了相互切磋论词之乐："君家姓氏能惊座，吟上层楼谁敢和。辛陈望气已心降，温李传歌防胆破。渡江往事灯前过，十万旌旗红似火。海疆小丑敢跳梁，囊底阎罗头一颗。"还定下了"年年为此文酒会"的后会之约。以后遭遇十年动乱，陈老总与世长辞，夏先生身心备受摧残，没能如愿以偿，深为憾至!一九七六年周恩来总理逝世的噩耗传来，他写了一首《水龙吟·总理周公悼词》，以"九关豺虎，重阍魑魅，公心了了"和"大地江河，送公归去，神游八表"，对当时"四人帮"倒行逆施的行径表示愤慨;以"昨宵海岳都惊，拏云千丈长松倒"词句，长歌当哭，夏先生把周总理比作"海岳都惊"的"千丈长松";还以"一代伟人，千秋公论，六洲此老"，高度评论周总理的丰功伟绩。充分表达出夏先生对周总理的无限深情。粉碎"四人帮"的消息一传出，他就与周谷城、苏步青作诗唱和:"箅边昨夜地天旋，比户银灯各放妍。快意乍闻收雉雊，论功岂但勒燕然。冰消灼灼花生树，霞去彤彤日耀天，筋力就衰豪兴在，谁同万里着吟鞭?"字里行间，表现了作者对"四人帮"的刻骨仇恨，对党和国家领导人的热爱和敬仰。

提起十年"文革"，夏承焘先生显得格外动情。吴无闻夫人和在座的一位某大学语言学副教授（夏先生的学生）对我讲了夏先生当时的有关情况。一九六六年六月二日，杭州大学门口贴了一幅大标语:"绞死牛鬼蛇神夏承焘!"下面抄录了一首诗:"敢想容易敢说难，说错原来不等闲．一顶帽子飞上头，搬它不动重如山。"这首诗夏先生于一九五八年批评某位同志不让人讲话而写的打油诗。这次重抄出来，夏先生给戴上了一顶吓人的帽子："一首恶毒攻击教育革命的黑诗。"当晚，林淡秋被当作党内"走资派"批斗，夏先生等人奉命陪斗，这就是当时杭州大学轰动全国的"林夏战役"一幕。谈及在杭大"文革"中的处境，夏先生最气愤的是那顶"里通外国"的帽子。吴无闻夫人又向我谈了这顶帽子的由来。五六十年代，日本的著名教授、"中国学"专家吉川幸次郎先生、清水茂先生与夏先生有书信来往，互相研究交流词学心得。一九五三年，夏先生在信中谈到韦庄的《又玄集》，说在中国这本书只见显录书名，却找不到完整的书。清水茂先生热情地把日本保存的版本整部书影印出来，寄赠给夏承焘先生。夏先生交给国家出版社在中国出版。这样，韦庄的《又玄集》，经日本友人的帮忙，又回到了祖国。为了表示感谢，夏先生将自己的论文《岳飞〈满江红〉词考辨》寄给清水茂先生，清水茂先生即将此文在京都大学校刊《中国文学报》上发表了。这样就招来了一场横祸。在座的语言学副教授对我说，夏先生的《岳飞〈满江红〉词考辨》一文是一篇考证性的学术文章。几百年来人们都认为"怒发冲冠，凭栏处，潇潇雨歇"是岳飞之作。但夏先生通过考证，认为不是岳飞的作品，理由有三：一、这首词最早见于明代，从不见宋元有记载；二、岳飞的儿子和孙子两代搜访父祖遗稿，不遗余力，历经三十余年，而不曾见到脍炙人口的《满江红》；三、从地理常识上说，"驾长车踏破贺兰山缺"这句，贺兰山在今西北甘肃、河套之西，南宋时属西夏，而不属于金，岳飞要直捣的是金国上京黄龙府，黄龙府在今天的吉林境内，南辕北辙，怎么能把《满江红》同岳飞联系在一起呢?夏承焘先生想把自己研究的心得奉献给读者，求得方家指正，这种科学精神和严谨学风是多么宝贵啊!可是却得到了一顶莫须有的"里通外国"。夏先生风趣地说："大难不死，必有后福。我现在快变成寿星了!"

谈的时间太长了，我怕夏先生太累，便起身提出告辞。这时，吴无闻从书架上拿出《瞿髯论词绝句》《天风阁诗集》《夏承焘词集》等夏承焘先生著作的书，签了字，赠送给我。她翻出《游云栖赠诸从游》一诗说："诗中'我爱青年似青竹，凌霄志气肯虚心'，是夏先生对青年的赞扬和希望，祝我们浙江人才辈出，事业兴旺!"

三月二十九日上午，我又来到夏先生的住处。如约，夏先生和吴无闻夫人各写两篇书法送我，我受宠若惊。离开时，吴无闻送我出来，她说："一九八〇年，丽水师专学报曾发表过夏先生的词，那个时候，由于'左'的流毒影响，不少出版部门和有名气的报纸杂志还不敢发表他的作品，'瞿髯论词绝句'一书还是你们地区的丽水师专学报先用出来，说明丽水地区有这方面的人才。夏先生当时还为这个学报题了字。""这几年，他很少书法。他热爱家乡，想念家乡的人们，这次一口气写了两篇送给你，望能妥善保管。"

本文原刊《丽水师专学报》一九八五年第三期。

一代词宗夏承焘

郑逸梅

钱基博的《现代文学史》，列词为两大家：一朱祖谋，附王鹏运、冯煦；一况周颐，附徐珂、邵瑞彭、王蕴章、龙沐勋。晚近以还，永嘉夏承焘崛然而起，称一代词宗，这是足以一述的。

夏承焘，字瞿禅，晚以蓄髯故，易称瞿髯。浙江温州谢池巷人，其地邻近东山，有飞霞洞、春草池、永嘉诗人祠堂等胜迹。春草池相传是南朝诗人谢灵运梦中得"池塘生春草"句的遗址，因取谢邻为别号，表示对这位山水诗人的倾慕。一九〇〇年二月十日生。早年读小学，与郑振铎同砚。十四岁时，在二千余考生中，以第七名的成绩，考入晚清国学大师孙诒让所创办的浙江省立温州师范学校，当时，深受张震轩老师的赞赏。毕业后，从事教育工作。喜词学，从林铁尊游，着手撰写唐宋诸词人的年谱，及姜白石研究资料，得词学大师朱祖谋的称许，又请益于吴梅。一九三〇年，任杭州之江文理学院国文系讲师，旋升教授。抗战军兴，之江迁沪，兼任无锡国学专修学校和太炎文学院教授，时与夏敬观、冒鹤亭、林子有、吴眉孙、龙沐勋等相切磋。一九四一年，任之江大学国文系主任，与上海著名学者共同发起"龚定庵逝世百年祭"。次年，上海沦陷，携眷入雁荡山，未久，出任浙大龙泉分校教授。抗战胜利后迁杭州，仍任浙大教授。此后任杭州大学语言文学研究室主任、中国语文学会会长、中国作家协会理事，又编《文学研究》《中国大百科全书·中国文学》《词学杂志》等。

温州是个水清山秀的好地方，一般知识分子，大都不愿远离故乡，因此有"温不出""十鹿九回头"（温州一名鹿城）等俗语，承焘却毅然到西北去，任课西北大学，得窥汉唐故都的雄伟、华岳连峰的峥嵘，扩大了他作词的境界，如"足下千行来白雁，马头一线推黄河"简直可与前人诗"山从人面起，云傍马头生"相比美。晚年犹流落北京，直至一九八六年五月十一日病逝，年八十七岁。

和承焘相交六十年的王季思，又在浙大龙泉分校共事三年，知道承焘的往事特别详尽，他撰了一篇《一代词宗今往矣》，琐琐碎碎，却很耐人寻味。如云：

龙泉分校设在浙南龙泉的坊下，万山丛里。战时物质供应困难，教师待遇菲薄，生活相当艰苦，我们住在一座竹竿松皮搭盖的集体宿舍，照明只有桐油灯，夜读稍迟，次晨起来，满鼻孔都是烟灰。承焘生活有规律，早晨见曙光就起，晚上十时就上床，我往往迟至深夜，一天，他从帐子里探出头来说："季思！你还没睡，做学问靠命长，不靠拼命！"有一次，我灯下靠在椅子上睡着了，他用粉笔把我投射在板壁上的影子描下来，还题了"睡虎图"三个字，第二天学生到房里一见就认出来，从此王老虎就在师生中被叫开了。当时中文系教师同住在集体宿舍的，还有嘉善徐声越、如皋任心叔、寿县孙养癯，彼此志趣相投，又得文字商量之乐，物质生活虽很苦，精神上还愉快的。我们称坊下为"芳野"，宿舍名为"风雨龙吟楼"，多少表现我们的共同情趣。尤其我和他白天对桌夜间对床，他治词，我治曲，相约作读书笔记，有创作也互相交换看，有时我把自己的近诗，请他修改。

季思又谈到承焘在温州参加北瓯社，曾和季思的姐夫陈仲陶一同参加。这时林铁尊在温州做道台，为提倡风雅，倡办此社，社课由铁尊甄选，然后寄给上海朱祖谋、况周颐评定寄回，季思常在仲陶处看到朱况二老圈圈点点的社课卷子。承焘和仲陶得力于此，受到相当影响，但仲陶后来不专力于词，所以成就也较逊于承焘。季思年幼，未及参与其盛，且喜的是曲学，也就分道扬镳了。季思谓承焘的性格内涵，抱着于忍无可忍之处，存着若无其事之心。有时半日兀坐，如泥塑人，名心淡泊，对个人毁誉不大计较，但在国家民族存亡、社会风气等重大问题上，胸中了了，毫不含糊。

季思和承焘相交有素，故能得深知承焘之婚姻事。谓承焘的初恋对方是他邻居少女，他放学回来，常见她在门口等他。她是嘉善人，在她跟妹子一起回嘉善时，承焘正好同轮到上海，她叫妹子约承焘到她房舱里话别，后来就没有再见面。他当时为她写的《菩萨蛮》一词：

酒边记得相逢地，人间更没重逢事。辛苦说相思，年年笛一枝。

还不无感慨。承焘前夫人游氏，没有生育，他在词里也"山妻""孱妻"提到她。七十年代初期，游夫人逝世。（据我所闻，承焘夫妇，生活俭约，游夫人却喜金约指，节衣缩食之余，辄兑金约指以保值，逝世后，奁间捡得金约指一百余枚。）他真正的美满家庭生活，是和吴无闻夫人结婚开始的。无闻是他在谢池巷同住的好友吴天五的妹妹，承焘看她从小成长，后来又是无锡国学专科学校时的学生，曾任《文汇报》驻京记者。她国学有基础，两人结合不但是他生活上的好伴侣，还是他学问上的好帮手。他们的结婚，无闻的身影就多次在承焘的词里出现。一九七八年，季思到北京朝阳门去看承焘，他出门送季思，无闻说他忘了带手杖，季思对无闻说："你就是承焘的手杖，还带什么？"他们夫妇笑得多欢喜啊！后来承焘的著作陆续整理出版，无闻为编《夏承焘教授学术活动年表》，她又搜集马叙伦、唐圭璋、汤国梨、王季思等的纪念文章，编为《长怀编》，又将苏仲翔、张慕槎、缪钺、吴小如、陈兼与、苏步青、徐震堮等庆寿文章为《祝嘏编》，又将冒效鲁、黄君坦、周汝昌、陈从周、王蘧常、萧劳、钟敬文、施南池、寇梦碧、张牧石等追念文章为《哀悼编》，又附从学者的杂文为《问学编》，合成《夏承焘教授纪念集》，由中国文联出版公司印成巨册。于是无闻之名竟名闻遐迩，这好比著《水边》《竹林的故事》的别署废名，结果还是有人知道，他的真姓名为冯文炳。

季思又记叙了承焘的最后生活，摘录如下：

一九七八年后，承焘记忆力逐渐衰退，近几年来，连有些老朋友都不认识了。我每次到北京还是去看他，只要说起"王老虎"他就清了些，能点头示意或作简单的对答。今年我来开会，约同龙泉浙大分校的学生杜梦鱼去探望，他已双眸紧闭，卧床不起，我说："王老虎来看你了！"他微微张眼，似有反应，这是我留给他的最后一句话，也是这一代词宗留给我的最后一个印象。

翻到他的最后一页年表："五月二日，以心肌梗塞住进中日友好医院，十一日晨四点三十分逝世，视疾者甚多。叶至善代表乃父叶圣陶，殷勤问候。参加遗体告别仪式的，有周谷城等三百余人。"无闻夫人尚在多方征集遗稿及有关纪念性的文章，预备补充年表，日后编成年谱。无闻对于词学有相当的理解，如云："敦煌曲是词的初型，而敦煌曲又是从唐教坊出来的。这些民间小调，对社会现实生活有相当广泛的反映。"又云："晚唐以后，文人的香艳词多起来，他们使词走上了歧路，它离开了词的正确发展的方向。"这些都是中肯之谈，可知她受到承焘的熏陶是很深的了。因为承焘也共同提到这些问题，如说："词起源于民间小调，六朝民间小乐府，是它的前身。到了晚唐五代，它落到封建文人之手，他们用齐梁宫体来填词，于是词便失去了民间文学的特色。前人都推尊温庭筠是词家始祖，其实他却是开始使词失掉民间文学本色的人。"

湖南人民出版社曾刊《夏承焘词集》，从一九二〇年起，直至一九八〇年止，整整六十年间，我国发生的一切重大事实，在他的词里几乎都得到了反映。徐朔方撰了篇跋语，认为："承焘的词，不但总结了宋代以来的词学家的经验，并为词家一个新的开拓者。"一九八四年浙江古籍出版社出版了《天风阁学词日记》一巨册，但限于学词，那日记也就非完全整本了。承焘有一前言：

予儿时读李莼客《越缦堂日记》，心甚好之。故自十余岁辄学为日记，迄今已七十年矣。中经兵乱，虽颠沛流离，而日记未尝中断，岁月既久，积稿盈箧，约有六七十册。十年浩劫中，颇有散佚，无法追回。今存日记，始至一九一六年丙辰正月初一日，时予肄业于温州师范学校，此儿时之言，嗣后涉足社会，饥驱四方，三十前后，始专攻词学，迨抗战爆发，时局动荡，陆沉之惧，旦夕萦心，自悔所学无济于时，尝思跳出故纸堆中，另觅新径，然积习既深，欲弃去终未能也。凡此种种矛盾苦闷心情，无可告语，夜阑灯下，一再诉之于日记。一九八一年，应施蛰存先生之嘱，始选抄部分日记，刊载于《词学》创刊号，名曰之《天风阁学词日记》。次年，浙江古籍出版社欲为之印成专册，爰选抄自一九二八年至一九三七年十年之日记为第一册，先付剞劂。此十年，正值予作《唐宋词人年谱》及《白石道人歌曲斠律》诸篇。在日记中，涉及读书、撰述、游览、诗词创作、友好过从、函札磋商等事迹，今日回顾，雪泥鸿爪，历历在目。吴无闻、周寿渠、胡君曼诸君参与抄写工作，并此致谢。

他刊有《天风阁诗集》《唐宋词论丛》，又刊有《夏承焘词集》，他作词主张"小、好、了"三个字，谓："长篇不是词的正经办法，但必须小中见大，小而出色，而且明了。"他在十年浩劫中，生平所有工作悉变为"罪行"，他在被批斗之余，还是偷偷地写成《瞿禅论词绝句》八十首，今始公开。

有一位是水先生，对于夏老的词大为称赏，并比诸扬州八怪之画，颇有见解：

夏先生的词，是无首不奇，无句不健，无韵不响，无字不炼的，避熟、避巧、避雅。避熟避巧是读者所能理解的，避雅则只能为知者言了。依常理说，诗词不同村言俚语的俗文学，应力求其雅。可是词如一味求雅，使陷于饾饤或者陈辞滥调，书生气太重，这也是词学一大病。可把词和画作一比拟，工笔的仕女和四王的山水，当然是以秀丽见称，但美中不足的，是缺乏生趣。回过头来看看，扬州八怪，他们泼墨挥洒，笔势未到气已吞，远非工笔画所能及，它那种生趣盎然，愈是近俗，愈见其真。避熟、避巧、避雅，说穿了，其道一以贯之。

承焘对于前人诗，也有独特之见，如谓："放翁有为，白石有守，合而为一，始为完人。"又云："我学古词，好捧韩、苏、黄三家，韩，取其炼韵，苏取其波澜，黄取其造句。"他又涉猎近代当代人各种杂著，加以品评。如云："阅《浮生六记》，沈复以画名而无意中成此名著，醉人心魂，在《影梅庵忆语》之上。"又谓："李涵秋之《广陵潮》，洵近代一部佳著。"又："伍光建译法国大仲马《侠隐记》，较《水浒传》究相差甚远。"又："鲁迅《朝花夕拾》，疏快可喜。"又谓："胡适译拜伦《哀希腊》一首，甚爱之。又谓："《苏曼殊集》嫌其有烂名士习气，绝句佳者十首左右而已。其译拜伦《哀希腊》五言诗，不若胡适以骚体行之，用古字太多，以曾受改削于章太炎也。"又读《钱名山集》谓："思想基旧，而人品高，其诗稍逊于文而颇自负，论诗有云:'正当痛快忽支离,玉石纷陈未可师。安得数年天假我,闭门编改少陵诗。'令人咋舌。"又谓:"购得叶德辉《书林清话》,甚喜。"又:"阅苏雪林女士《李义山恋爱事迹考》,繁征博引,虽小品之作,无关宏旨,然依其说以谈李诗,胜旧注穿凿之谈,出于一女子之手,尤难能可贵。"又:"阅近人顾颉刚《古史辨》,此君笃学可佩。钱玄同且以为胜崔东壁。"又:"阅刘半农校点之《何典》,满纸鬼话,皆以土谚贯串成篇,无足观。"又谓:"近日《时报》载老汉之《古城返照录》,记北京旧官场佚事甚详,其书仿《孽海花》,而关系一代典故,价值在《孽海花》上。"又:"阅郁达夫之《茑萝集》,比较《日记九种》诸书好。"

承焘日记慕李越缦,颇有神似处,如云:"午后招三生导游九溪十八涧,半小时抵理安寺,小坐楠木林间,绿阴蔽地,盛夏不见天日,过九溪茶馆啜茗,自此至龙井,溪流愈入愈清,碎石齿齿,一径穿山峡行,清聪满耳,白云时起。再行抵龙井寺,一潭清澈,水作淡蓝色,可鉴毛发,即所谓龙泓也。"

又:"夜雇舟游湖,月明如昼,水平若镜,过三潭印月,傍树阴行,漏光在衣,画不能到。自西泠桥入里湖,繁灯逾万,缀星不动。出玉带桥,水面闻少女歌声。"

又:"游西湖,沿城墙行,日光水面返照,人有浓淡二影,一淡影如烟如梦,细谛模糊不可辨,行时则了了相随,予得淡影浑疑隔世人七字。"原来他执教之江大学约近十年,频频作湖上游，所记湖上景色也就较多。之江大学濒钱塘江，靠月轮山，他的诗即以月轮楼为集名，复有《月轮楼填词图》广征题咏，又调寄望江南，作月轮楼记事，凡观日坐雨，听风吟雪，悉以入诸篇章。广州中山大学拟聘之，以不忍舍离六桥三竺，未作粤东之行。

他交游甚广，频通函札或时相过从的，如陈倦鹤、任二北、龙榆生、唐圭璋、邵潭秋、李雁晴、李佩秋、唐玉虬、顾颉刚、赵叔雍、马孟容、赵万里、夏敬观、金松岑、冒鹤亭、卢冀野、曹纕蘅、钱南扬、陆丹林、孙德谦、程千帆、张尔田、汪辟疆、钟泰、郝苪衡、郭绍虞、钱仲联、潘景郑、陈廖士、汪旭初。又与前辈朱古微、吴瞿安，通函论词，他辄以全函录入《日记》中。又邵潭秋为人直率，与承焘相龃龉者，承焘一无芥蒂，此后通问益勤。又以谢玉岑之介请益钱名山，彼此诗翰馈赠，常由玉岑转递，厥后玉岑病废，承焘时询玉岑病状，名山往往一一复告。名山诗，承焘赞誉备至，至于况蕙风，颇多指摘，不以为然。我和承焘初不相识，后同隶国学会，在席间把晤。当一九八四年，杭州大学、中国韵文学会、中国社科院文学所、浙江省作家协会等为之举行夏承焘教授从事学术与教育工作六十五周年庆祝会，在北京举行，到者三百余人，我嘱孙女郑有慧绘了一幅红梅，题上"梅花小寿一千年"，寄给他，他很欣喜，即书一册页寄邮。如云：

一朵忽先变，百花皆后香。

欲传春消息，不怕雪里藏。

陈龙川咏梅五律之中四句，乙卯元旦为有慧小友作，瞿髯赠。

又为余书一小幅，行书皆极秀逸，盖有人劝承焘致力于八法，谓：精于书法亦治生之一道。适承焘得马一浮楹帖，悬诸壁间，每日临之。又得黄石斋手札一巨册，兼以临摹，从此每日挥洒，上追古人，如此有年，书法大进，余绍宋力誉之。他经常为人书条幅，尤多为书册题，因此书名亦著。他有时作滑稽画，饶有讽刺意味，他对于戏剧亦殊爱好，且能结束登场，优孟衣冠，演来入妙，一度欲学佛，一度又欲治宋史，一度又欲为经世济时之术，但以深耽于词，始终未为动摇。

他为人和易，从无疾言厉色，一自抗日军兴，他慷慨激昂，大有为国捐躯之概。他以中日两国，同文同种，且一衣带水，又属近邻，应当礼尚往来，奈日本军国主义者，驱使军队，屠杀友邻百姓，这才使中国军民奋起反抗，他愤激之下，做了一首诗：

同气相残悯汝曹，东瀛妻母梦徒劳。

归来满袖黄人血，含泪灯前看大刀。

又做了通俗的《抗战歌》，均刊入《天风阁诗集》，致使日本学者清水茂为之感动，致书承焘，深表衷心惭愧，伤心不已，并和作一诗，随信附来，以示是非感及正义感，日本人民和中国人民是一致的。更说明中日两国人民的心声，是息息相通的。

关于夏承焘之杂碎，足以一述的，如入武夷山，啖虎肉，谓："香裂殊常。"他桃李门墙，弟子蔚然，尤以朱生豪为最杰出，谓为："才智超迈，不当以学生目之。"陈其美之子，亦曾读书之江大学，从之为师。他执教之江，其日记有云："楼前万绿填山，清晨鸟声满耳，之江真足留恋。"他的学生潘琦君力称他：授课时总是笑容可掬的，使满室散布温煦的阳光。讲解任何文字篇章，都和人生哲理、生活情趣，融成一片。他教《文心雕龙》，每每以铿锵有节奏的乡音高声朗诵。那优美的骈文，使我们对深奥的文学理论，好像已领会了一大半。诗词经他一吟诵，也就很快会背了。他教《左传》《史记》，都予以独特的评价，他说："左丘明与司马迁表面上是传史实，骨子里是写小说。但因中国在仕途得意的文人都不重视小说，小说只是落魄失意文学家写来作为消愁解闷工具的，因此传记即使有小说的味道、小说的娱乐性，文士们也不敢强调，连作者自己也不得不以究天人之际、通古今之变作幌子。"又他的词，有："湖山信美，莫告诉梅花，人间何世。"人称绝唱。

又承焘逝世，埋骨千岛湖，大理石碑文即出其夫人吴无闻手笔。而无闻于一九八八年十一月十四日亦病卒，距承焘迟死仅二年。

———————

本文选自《近代名人丛话》，中华书局二〇〇五年七月第一版。

最后一点义务

——夏承焘词丈逝世二十周年祭

徐培均

词学大师夏承焘先生离开我们已经二十年了。遥望千岛湖，我想此时的夏先生，正安卧在羡山深处，面对绿竹猗猗、松涛滚滚的丛林，耳听汹涌澎湃的波涛和清脆悦耳的鸟鸣，神骛八极，驰骋想象，构思他的绝妙好词吧。在先生生前，夫子之墙万仞，均也不得其门而入；但在先生身后，却有幸为先生尽了最后一点义务——那就是请王蘧常（瑗仲）师为先生撰写墓志铭。

一

事情要从一九八七年说起。这年七月七日，夏公的夫人吴无闻先生从北京寄来一信。为保持历史的真实，全录如下：

培均同志：

六月十五手书敬悉，王瑗师处承多次往访，至感盛情。我

501

于六月至浙江千岛湖为瞿老选定坟地，昨始返京。墓地选定在千岛湖中之美山，依山面湖，坟式以伦敦海德公园马克思墓为模型（另附图），墓志铭在墓阴，刻在汉白玉石上，大约有二百字即够，望转告瑗师，不必写得太长。现附上琦君、施议对两文复印稿，供瑗师作形象思维之用。惟因复印，字迹不太清楚，望阁下费神读与瑗师听。琦君原名潘希真，系瞿师之江大学学生，现居美国，她是台湾国宝级作家。

我在千岛湖住了一个多星期。千岛湖是森林公园，湖山甚美，上海去旅游的人甚多。与杭州西湖相比，西湖是吴宫的西施，千岛湖是苎萝村的西施。千岛湖还年轻，有待开发。湖主人们嘱我多作宣传，我为她写了八首望江南词，现抄奉两首请指疵：

望江南

七 美山

山高下，百卉竞芳妍。鲜果香藤朝献佛，青峰白月夜寻仙。四季是春天。

美山有林场，种百果香药，四季有花开。

美山与姥山南北对峙，原新安江流经两山之间。姥山旧有圣姥祠，我以为，此圣姥即新安江女神，犹白石满江红词中所咏之巢湖仙姥，湘水之神湘灵及洛水之神洛神也。

八　羡山夏承焘教授墓

明湖曲，卜宅住词仙。映水石莲开一朵，花头趺坐好参禅。入定不知年。

羡山有莲花岩。

二词如能得瑗师指教，尤为感激。

匆复，即颂

夏安

请代向瑗师叩安

吴无闻顿首

七月七日

信后附一张无闻先生手制的墓型图：在白色大理石雕琢的夏公头像下，是一座青灰色大理石碑，中嵌黑色大理石长条，准备镌"词学家夏承焘墓"七个金字，碑阴上半为墓穴，呈青灰色；下半刻墓志铭，为白大理石。另于墓之东西两侧，拟墓联一副，上联曰："浩荡天风，宙宇神游词笔健。"下联曰："苍茫烟水，湖山睡稳果花香。"从吴无闻先生的来信和附图中，可见她对夏公的一往情深：既是尊敬，又是缅怀，更寄予无尽的哀思。为了不辜负无闻先生的殷殷嘱咐，我随即到宛平路王蘧常师府上，请求撰写夏公墓志铭。时王老师已八十七高龄，身体孱弱，常卧床休息。一听说夏公病逝，矍然而起，立即让我朗读琦君发表在台湾《中国时报》上的长约一万字的文章《卅年点滴念师恩》。琦君之文回忆夏公在之江大学及上海四大学联校任教时教书育人的情景，具体而生动，且饱含感情，读得我热泪盈眶，王老师亦为之动容不已。不数日便将墓志铭写好，交我寄北京，我又誊录一份，在解放日报《朝花》上发表。

二

我既不是夏瞿禅先生的入室弟子，平时又很少往来，先生的墓志铭何以托我去办，细细想来，大约有以下一些渊源。

第一是我曾与瞿禅先生有过几次接触。最早的一次是在一九五九年，那时我在复旦中文系三年级读书，曾在新落成的红砖教学大楼里聆听先生的词学报告。我估摸先生当时正在上海参与郭绍虞师所主编的《中国历代文论选》的编注工作，故有机会来复旦讲学。复旦在一九五二年院系调整后，名家云集，给我们上课的都是第一流的学者，不像现在当了正教授或博士生导师就很少给本科生上课了。别的不说，单中国文学史这门课，就由蒋天枢、朱东润、赵景深、王运熙诸先生亲授，其中，有诗、有文、有赋、有戏曲、小说，这些都是老师们各自的专长；然而唯有词，除朱东润先生在讲宋代文学时重点讲了放翁词外，其余则很少涉及。可是夏瞿禅先生是词学专家，他所作的词学报告别具特色，让人感到新鲜，娓娓动听。他从词为倚声的角度，谈词的音乐性、词的艺术风格和词的发展史。报告中常常联系具体作家作品，作深入细致的分析；如讲李煜的《浪淘沙》（帘外雨潺潺）、苏东坡的《念奴娇》（赤壁怀古）等词时，莫不生动深刻，声情并茂，引导听讲的人进入词作的意境。这次报告留给我的印象极为深刻，历五十年而不忘。我之所以热爱词，并于后来从事词学研究这项工作，推原其始，当以此为权舆。

第二次的接触是间接的。一九八四年秋末冬初，我赴长沙参加中国韵文学会成立大会。听说此会原由张伯驹老人等向周总理提出申请，后来夏承焘先生等著名教授参与发起，然而夏老因不良于行，此次开会未能出席。为了庆祝夏老治词六十五周年，会议一结束，与会代表大半乘京广路火车转赴北京，向夏老致贺，此时天气突然变冷，朔风凛冽，寒气逼人。深感愧疚的是，我因所备冬衣和川资不足，中道返沪，未能参与盛会。为了弥补这一缺憾，我回忆夏老当年在复旦讲学的情景，连夜填了一首《清平乐》词，寄往北京。词云：

柳条低亚，复旦园如画。绛帐高悬迎鹤驾，喜听髯翁词话。别来念七年华，沧桑历尽堪嗟。大匠添筹海屋，老枝绽满新花。

夏老收到词以后，来信予以谬奖。不久，上海《文汇报》发表了这首词。自此而后，夏老对我关爱有加，不仅惠我以《夏承焘词集），并给拙著《唐宋词小令精华》题签，同时附有一信，认为"唐宋词小令"不如"唐宋令词简洁"。一九八七年此书由中州古籍出版社出版，扉页上印着夏老题签。今日重见，手泽如新，不觉怆然有怀。

一九八五年，继拙著《淮海居士长短句校注》问世之后，上海古籍出版社要我将《淮海集》全部笺注出来，因此我到北京各大图书馆看书，为期约两个月。在此期间，我有机会多次拜访夏老。夏老住在团结湖路的新房子里，室内陈设简洁清雅，一幅字画高悬壁上，两边微微卷起。这是因为气候干燥所致。每次谒见，夏老夫妇都热情接待，畅谈词学。临别时，夏老常常紧握我的手，迟迟不肯放松，并一再询问我的姓名和单位。看来他的记忆力有些衰退。也许为了记住这次会见，故不厌其烦地一再询问。琦君在《卅年点滴忆师恩》文中也曾提到这种情况，并感慨地说："以一位历尽浩劫的学人，阅尽人间沧桑，也贡献了一生的学问精力，最后失去记忆，浑然忘我，未始非福。"当时我也有同感。这是我与夏老第三次、也是最后一次接触。

我虽算不上夏老的入室弟子，但我是龙榆生教授的研究生，而榆生师又是夏老的好友，故也似可以僭称夏老的"师侄"。夏老与龙师生前过从甚密，交谊深厚。他们不仅在词学上相互切磋，而夏老受龙老师的帮助和影响似乎更大一些。早在一九三四年十二月三十日的《天风阁学词日记》中，夏老就说道："夜阅严州日记，念僻居山邑，如不交榆生，学问想不致有今日。居杭四年半矣，虽多余暑可读书，终嫌少通人质正，明年暑假，决作北平之游，拟招榆生同行。"在以后的日记中，一再记载"榆生过我论词"。榆生师主编《词学季刊》时，夏先生常常在上面发表论文，如《白石歌曲旁谱校》《张子野年谱》等六种唐宋词人年谱。夏先生当时之得以拜谒词学大家朱祖谋、夏敬观、冒广生，皆由于榆生师之引见。夏先生在学问上有时也与龙先生比较，谓"榆生长于推论，予则用力于考证"。（《夏承焘全集》第一册，330页）对龙先生在现代词学上的贡献，夏先生更给予很高的评价。一九八五年上海书店影印《词学季刊》时，夏老在卷端题辞曰："《词学》问世，颇为词坛老宿所赏，同时学者如叶恭绰、张尔田、夏敬观并为延誉，多所匡赞。盖词之为学，久已不振。旧学既衰，新学未兴。龙君标举'词学'，使百年来倚声末技，顿成显学，厥功甚伟。"夏先生推崇龙榆生师之语，不胜枚举，可见两位大师相知之深、交情之厚。常言道：爱屋及乌。也许是由于这个原因，夏先生才对我这个"师侄"关爱有加，并以身后之事相托。

三

夏先生辞世之日，未能执绋送行；夏先生安葬之时，未能抚棺一哭。请王蘧常师撰写的记载着夏公词学业绩的墓志铭，想已刻石……每念及此，心中总充满着惆怅。一九九六年，当夏公逝世十周年之际，于清明前二日，我赶往千岛湖，为夏公扫墓。墓址和墓型，一如吴无闻先生昔日信中所云，只不过由图纸变为现实，更加雄伟，更为壮丽。我在墓前焚香默祷，祝瞿禅老人长卧湖山，永垂不朽。然后绕墓一周，只见蘧常师所撰墓志铭，赫然刻在碑阴，但已由吴无闻先生过录，笔迹娟秀圆润而饱含感情。拜罢先生，悲情难抑，率意为《鹧鸪天》一首，以申悼念之情。词如下：

玉像峥嵘入翠微，羡山深处白云飞。诗情浩荡摩霄汉，词笔神奇映夕晖。　松作盖，竹成帷。千山万壑听鹃啼。门墙万仞承私淑，堕泪抚碑不忍归。

来时群山默淡，雾气濛濛，此刻忽化作霏霏细雨，洒湿了墓碑，洒湿了衣襟，顿时一股凄凉况味侵袭心头，是不是天公也动了悲怀，哀悼这位长眠羡山的词学大师，为之一洒凄清的泪水？

又一个十年过去了，往事萦怀，谨为此文，纪念敬爱的夏承焘词丈。夏公泉下有知，当亦莞尔而笑否？

本文原刊《中国韵文学刊》二〇〇六年十二月第四期。

编后

方韶毅

　　筹办"夏承焘教授从事学术与教育工作六十五周年庆祝会"的时候，吴无闻就已开始组织夏门弟子撰写《问学记》，这些文章后来多收入中国文联出版公司一九八八年版《夏承焘教授纪念集》"问学编"。同年，《词学》第六辑也曾刊登《夏承焘先纪念特辑》，两者并不重复。此外，夏承焘去世后，还有其他纪念和回忆文章陆续发表。

　　近年来，编者一直关注夏承焘文献，已编就《夏承焘墨迹选》出版。收集纪念和回忆夏承焘文章，其实早于编《夏承焘墨迹选》，还与北京三联书店、浙江古籍出版社等沟通过出版工作。同时，约请当事人撰写新的文章，刊载于《瓯风》。现在看到新旧文章汇编在一起，竟然厚厚一本，七十多篇，五百多页，多于《夏承焘教授纪念集》"问学编"和《词学·夏承焘先纪念特辑》之合数三倍，出乎意料。

　　这套丛书虽然名曰"印象"，其实还是纪念集的思路，只不过研究性文章未予收录。文章作者都与夏承焘有过直接的交往，所记尽管只是点滴，但合在一起还是能较为全面呈现夏承焘的生平风貌和人格魅力。本书按所述主体时间排序，我们大致可从这条时间轴勾勒出夏承焘的一生轨迹。从发表时间来看，最早的是《大公报》一九三九年九月二十六日刊载的《夏瞿禅先生》，最晚的是二〇二〇年十二月《瓯风》第二十集刊登的《怀念姑丈夏承焘先生》，跨度逾八十年。这某种程度也说明夏承焘的魅力。

本书在编选过程中，得到诸多同道的帮助，在此一并感谢。尤其是文汇出版社编辑、审读人员在审稿过程中指出原有文章存在的一些问题，令人获益匪浅。但编者仅对明显错讹迳改，个别问题加注说明，还有些史实、事实、引文错误或各人说法不一之处不便大动干戈，此乃为保持文献原貌考虑，特别提请读者注意。

作为一代词宗，至今没有一本传记，令人遗憾。此书或可作为传记的基础之一。文献收集整理是一项深不见底的工作，如有遗漏，敬请谅解，并祈惠告线索为盼。

辛丑霜降后三日

温州市文史研究馆

温州学人
印象丛书

考古泰斗夏鼐........................王世民　编

一代词宗夏承焘...................方韶毅　编

图书在版编目（CIP）数据

一代词宗夏承焘 / 方韶毅编 . -- 上海 : 文汇出版社，2021.12

（温州学人印象丛书）

ISBN 978-7-5496-3668-6

Ⅰ . ①一… Ⅱ . ①方… Ⅲ . ①夏承焘（1900-1986）
—纪念文集 Ⅳ . ① K825.6-53

中国版本图书馆 CIP 数据核字（2021）第 229177 号

一代词宗夏承焘

出　　品　温州市文史研究馆
编　　著　方韶毅
责任编辑　苏　菲
装帧设计　何天健
排版制作　胡文胜

出 版 人　周伯军

出版发行　**文汇**出版社

上海市威海路 755 号（邮政编码 200041）

经　　销　全国新华书店
印刷装订　温州市北大方印务有限公司
版　　次　2021 年 12 月第 1 版
印　　次　2021 年 12 月第 1 次印刷
开　　本　889×1194　1/32
字　　数　300 千字
印　　张　16.5

ISBN 978-7-5496-3668-6

定　　价　78.00 元